철학적 선학

철학적 선학禪學

– 제일철학이념의 온전한 구현

인쇄 1쇄 인쇄 2024년 11월 30일
발행 1쇄 발행 2024년 12월 10일

지은이 | 신오현
펴낸이 | 김태화
펴낸곳 | 파라아카데미 (파라북스)
기획편집 | 전지영
일러스트·디자인 | 김영민

등록번호 | 제313-2004-000003호
등록일자 | 2004년 1월 7일
주소 | 서울특별시 마포구 와우산로29가길 83 (서교동)
전화 | 02) 322-5353 팩스 | 070) 4103-5353

ISBN 979-11-88509-83-6 (93150)

* 값은 표지 뒷면에 있습니다.
* 파라아카데미는 파라북스의 학술 전문 브랜드입니다.

철학적 선학 禪學

제일철학이념의 온전한 구현

낙도재樂道齋 신오현申午鉉 선생님이 생전에 발표한 논문들 중 일부를 모은 논문집이다. 이미 세상에 발표된 논문들을 이렇게 다시 출판하는 이유는 이 글들이 선생님의 평생에 걸친 학문적 활동을 꿰뚫고 있는 특별한 주제들과 밀접한 관련이 있기 때문이다. 그 주제들은 지난 수십 년간 출판된 선생님의 저술들 제목에 잘 나타나 있다.   신오현 저

파라아카데미

편집자 서문

 이 책은 3년 전에 작고하신 낙도재樂道齋 신오현申午鉉 선생님이 생전에 발표한 논문들 중 일부를 모은 논문집이다. 이미 세상에 발표된 논문들을 이렇게 다시 출판하는 이유는 이 글들이 선생님의 평생에 걸친 학문적 활동을 꿰뚫고 있는 특별한 주제들과 밀접한 관련이 있기 때문이다. 그 주제들은 지난 수십 년간 출판된 선생님의 저술들 제목에 잘 나타나 있다.

 신 선생님은 1979년에 저서『자유와 비극: 사르트르의 인간존재론』(문학과지성사)을 출간한 이래 "반드시 걸어가지 않으면 안 될 도정"을 "일관되게 흐르는 관심"으로 꾸준히 천착해온 결과물을 수시로 출간하였는데,『자아의 철학』(문학과지성사, 1987),『철학의 철학』(문학과지성사, 1988),『절대의 철학』(문학과지성사, 1993),『원효 철학 에세이』(민음사, 2003)가 그것들이다. 이 책들은 논문집이긴 하지만 여기저기 발표한 단편적 업적을 편의에 따라 묶은 통상적인 의미의 논문집이 아니다.『자아의 철학』은 인간과 자아의 문제를 동서양의 철학적 시각에서 조명한 논문 모음이며,『철학의 철학』은 철학의 정체를 해명하고 철학의 이념과 방법을 탐구한 메타철학적인 논문집이다. 그리고『절대의 철학』은『철학의 철학』의 연장으로서, 절대絶對를 지시하는 것이 철학의 임무이며, 절대와 동화하는 것이 철학의 목표임을 천명한 논문집이다. 마지막으로『원효 철

4

학 에세이』는 원효대사가 남긴 깨침의 학문, 즉 불학佛學을 서양 현대철학의 언어로 재해석한 글들을 모은 것이다.

이번에 선생님의 새 논문집을 『철학적 선학』으로 표제한 것은 위의 각 저술이 표제된 방식과 맥을 같이한다. 이 책은 특히 『철학의 철학』과 『절대의 철학』의 연장선상에 있다고 보아도 좋을 것이다. 『철학의 철학』에는 "제일철학의 이념과 방법"이라는 부제가, 『절대의 철학』에는 "제일철학의 임무와 목표"라는 부제가 각각 붙어 있는데, 이 논문집의 부제를 "제일철학이념의 온전한 구현"이라고 붙인 것은 제일철학 즉 형이상학의 이념이 철학적 선학을 통하여 마침내 온전히 실현되었음을 뜻한다.

'철학적 선학'은 말하자면 선생님께서 당신 자신이 암중모색해온 제일철학의 이념에 붙인 이름이다. 그것은 이 책의 앞부분에 실린 3편의 논문, 「선·불학의 철학적 본성: 선험-현상학적 해명」, 「선·불학과 21세기철학」, 「반본환원과 선학의 현관: 선험현상학적 환원과의 유비적 해명」을 관통하는 주제이기도 하다. 이 논문들은 선생님이 오랫동안 봉직한 경북대학교 철학과 교수직을 정년퇴임한 2004년 2월을 전후하여 심혈을 기울여 집필한 3부작 역작이다. 따라서 '철학적 선학'은 이 책의 제목으로 삼아도 전혀 무리가 없을 정도로 철학자 신오현의 생애 후반기의 사상을 대표하는 키워드가 될 수 있다고 여겨진다.

그렇다면 철학적 선학은 어떻게 가능하며 그것의 철학사적 의의는 무엇인가? 이 중요한 질문에 대한 대답은 물론 저 3편의 논문에 자세히 서술되어 있지만, 여기서는 우선 철학적 선학의 의미와 그것이 지니는 철

학사적 의의와 관련하여 본문에서 발췌한 두 대목을 직접 인용함으로써
예비적인 답변으로 삼고자 한다.

결국 '선에 대한 철학적 연구' 즉 '철학적 선학'은 '선의 정체성'을 철학
적으로 확인하는 작업에 다름 아닐 뿐만 아니라, 그것은 동시에 '철학의
정체성'을 선학적으로 확인하는 작업과 상호동반적으로만 실현될 수 있
는 것일 수밖에 없겠다. 아마도 우선은 아주 생소하게 들릴지 모르겠으
나, 진정한 선학은 진정한 철학으로서만 가능하다는 것이 우리의 선학-
철학적인 확신이기 때문이다. 환언하면, 우리에게 선학이 무엇인가의
문제는 결국 철학이 무엇인가의 문제와 동일한 것이기에 말이다. (본문
27쪽)

[…] 불학의 밀의密意가 이미 중국선학中國禪學의 황금시대를 통하여
극명하게 체인·증득되었다면, 플라톤-아리스토텔레스에서 표방된 철
학이념은 나름으로나마 겨우 20세기 선험현상학에 와서야 명증적·명
시적으로 체현되었다고 할 수 있다. 여기에 동서고금의 순정철학純正哲
學 이념이 이제야 그 정점에서 합치하고 있음을 목격할 수 있으며, 바로
이 지평에서 20세기 서양철학이 그 한계를 극복하고 하나의 세계철학
에로 회통會通됨으로써, 역사상 최초로 '세계철학의 21세기'를 전망할
수 있는, 아주 새로운, 가히 혁명적인 가능성이 예견됨은 '크게 다행한
일'이라 하겠다. 결론부터 말한다면, 이론적으로 현대 서양철학에서 비
로소 완결적으로 정체확인된 철학이념이 이미 중세 선·불학에서 가장
구체적이고 완벽한 형태로 실현되어있다는 사실 확인은, 아직도 위기와

절망에서 온전히 헤어나지 못하고 있는 21세기 서양철학에 참으로 획기적일 수도 있는 하나의 신선한 전향을 범례적으로 예시하고 있다고 하겠다. (본문 79쪽)

이 발췌문의 요지를 종합하여 부언하면, 동양의 불학이 플라톤 이래 서양철학이 그토록 추구해온 보편적 철학이념과 그 근원에서 정확히 일치한다는 것, 그리고 서양철학이 20세기에 이르러서야 겨우 발견한 그 철학이념(선험현상학)이 놀랍게도 중국의 중세 선·불학에서 일찌감치 완성되었다는 것, 그리고 이 엄연한 사실은 세계적 차원에서 '철학의 정체성'을 확립하는 데에 획기적인 기여를 하게 될 것이라는 점이다. 이것은 하나의 거대담론을 불러일으킬 수 있는, 상당한 무게감이 느껴지는 학문적 주장이 아닐 수 없다. 적어도 학문으로서 철학의 정체성 문제를 역사적 차원에서 진지하게 생각하는 사람이라면 그 누구도 가볍게 외면할 수 없는 주장이 아니겠는가.

철학적 선학 3부작에 이어서 실린 글은 신 선생님이 쓰신 영어 논문을 편집자가 우리말로 옮긴 것을 원문과 함께 영한대역의 형식으로 구성한 것이다. 영어 논문 "Direct Pointing to the Heart of Metaphysics: In Defense of Heidegger's Existential Metaphysics in the Spirit of the Mature Zen of Chinese Buddhism"이 쓰이게 된 내력을 간단히 밝히자면, 한국철학회가 2008년 7월 서울에서 개최된 세계철학자대회를 준비하면서 한국을 대표하는 철학자들의 학문적 관심과 연구 동향을 국제적으로 소개하고자 몇 권의 영문 논문집을 준비하였는데, 신 선생님에게는 형이상학 분야의 논문 집필이 위촉되어 이 글이 나오게 되었다. 제목에서 알 수 있듯이 이 논문은 하이데거의 실존적 형이상학을 중국 선불교의 입장에서 옹호하는 것인데, 저자는 하이데거와 선불교가 만날 수 있는 접점을 "왜 도대체가 존재자이고 오히려 무無는 아닌가?"라는 서양 형이상학의 근본 물음에서 찾는다. 하이데거에 따르면, 묻는 자 자신이 물음과 함께하는 이 물음을 통하여 한 개인은 현존재로 변화할 수 있으며 존재를 만나는 자리에 들어설 수 있다. 다시 말해 무에 대한 물음은 인간이 인간에서 벗어나 존재의 화육化育 속으로 들어가는 방편인 것이다. 저자는 하이데거에 있어 모든 형이상학적 개념이 자기 자신의 변화를 이끌어내기 위한 '형식적 지시'이듯이 선불교의 모든 화두도 헛된 견해에 사로잡힌 인간이 자신의 본래면목을 발견하기 위한 방편임을 지적한다. 바로 이 점에서 하이데거의 실존적 형이상학은 선의 황금시대 말미에 무문혜개가 편집한 『무문관無門關』 제1칙에 나오는 무자화두無字話頭에 함축된 사상과 정확히 일치한다. 가장 성숙하고 철저한 형태의 선禪과 하이데거의 사유가 무의 물음을 기점으로 상호 동질성을 갖고 있음이 확인된 것이다. 이 논문은 서양 현상학과 중국 선불교의 관계를 다루었다는 점에서 '철학적 선학'을 다룬 앞의 3부작 논문의 후속편으로 읽어도 좋을 것이다. 특히 3부작의 마지막 논문은 무문혜개의 『무문관』을 자세히 다루고 있어서 많은 내용이 압축적으로 서술된 이 영어 논문과 번역본을 이해하는 데에도 도움이 될 것이다.

철학적 선학은 물론 이 책에 실린 모든 글의 주제는 아니다. 하지만 모두가 현상학 혹은 현상학적 방법을 주요 주제로 삼고 있다는 점에서 각각의 논문은 궁극적으로 철학적 선학과 관련되어 있다고 볼 수 있다.

영한대역 논문에 이어서 소개되는 「현상학과 심리학」은 선생님이 당신이 번역한 후설의 『현상학적 심리학 강의』(민음사, 1992)에서 본문에 앞서 독자들이 현상학과 심리학의 관계를 파악할 수 있게 도움말로 쓴 서론 緒論이다. 현상학을 창시한 후설은 현상학에 접근하는 가장 효과적인 방법이 "심리학을 통한 길"이라고 믿었고, 그런 이유로 그의 현상학은 시종일관 심리학과의 긴장된 관계 속에서 발전되어 나간 것이다. 현상학과 심리학의 관계를 올바로 이해하는 것은 현상학 자체를 올바로 이해하는 데 결정적으로 중요하다.

「현상학과 심리학」이 현상학의 핵심을 현상학적 심리학의 관점에서 서술한 비교적 평이한 글이라면, 「현상학적 철학개념: 후설의 제일철학 이념」은 방대한 분량으로 작성된 전문적인 학술논문이다. 이 논문은 후설 현상학이 지향하는 철학이념과 기본 골격을 이해하는 데 아주 중요한 내용들을 담고 있다. 현상학적 방법원리, 사태자체, 직관, 명증성, 뿌리로 돌아감, 선험적 주관성, 현상학적 환원, 의식의 지향성, 선험현상학, 이성의 절대성 등의 개념 및 주제가 다루어지고 있는데, 글 전체에 흐르는 문제의식은 언제나 그렇듯이 철학의 정체 해명에 있다. 현상학이 철학이라면, 그것도 '제일철학'이라면, 과연 그것은 어떤 방식으로 존립할 수 있으며, 그 방식은 학문적인 정통성과 정당성을 충분히 획득할 수 있는 것인가? 논문은 이 물음에 대한 세부적인 대답을 다양한 문헌 인용을 통하여 철저하고 설득력 있게 개진하고 있다. 이 논문은 저자가 본문의 각주에서 밝힌 바와 같이, 원래 현상학의 두 거목인 후설과 하이데거의 철학개념을 대조적으로 해명하는 것을 목표로 작성되었는데, 논문을 게재할 정기간행지의 분량 규정을 따르느라 부득이 후설 부분만을 분할 게재하면서 제목을 「현상학적 철학개념: 후설의 제일철학이념」이라고 표기하게 되었다.

마지막으로 소개되는 논문 「하이데거에 있어서 '행'의 개념」은 아마도 선생님이 국내 철학 학술지에 발표한 가장 오래된 논문이자 최초의 논문일 것이다. 이 논문은 당신이 미국으로 유학을 떠나기 1년 전인 1968년에 발표된 것인데, 그 당시 30대 초반의 저자가 처한 학문적 상황의 분위기는 『자유와 비극』 머리말에 적힌 한 구절을 통해 어느 정도 짐작할 수 있다: "서울대학교에서 10년간 하이데거와 씨름하던 나는 마침내 나의 철학 수업의 위기를 의식했고 [……] 침몰할 것 같은 침체 상태에서 견디다 못해 언어분석철학의 본산이라는 미시간대학으로 '전지 요양'을 떠나야 했다." 학문적 열정과 패기가 가장 왕성했을 시기에 하이데거 공부에 자신을 바친 끝에 난파의 위기에 처했다고 고백하고 있지만, 하이데거와 씨름하면서 남긴 이 진지하고 치밀한 논문은 그 당시 선생님의 혼이 깃든 소중한 문헌이라고 믿는다. 저자는 이 논문에서 하이데거의 '존재 사유'에 대한 체계적이고 일관된 해석을 시도하고 있다. 특히 하이데거의 난해한 철학 용어들에 대한 과감하면서도 독창적인 번역은 매우 흥미롭다. 위기를 돌파하기 위해 유학길에 오른 이후 반백 년 긴 세월 동안 7년을 주기로 하이데거를 새롭게 읽고 또 읽었다는 저자의 후기 사상의 씨앗도 이 논문 안에 숨겨져 있는지 모른다.

신오현 선생님은 철학을 일평생 자신의 숙명으로 삼고 살아오셨다. 은퇴 후에도 낙도회 세미나를 오랫동안 이끌어오셨고, 마지막 순간까지 진리 탐구의 열망을 멈추지 않으셨다. 이번에 세상에 내보내는 이 논문집을 고독하고 치열한 삶을 살다 간 한 철학자의 '지혜사랑'의 기록으로 남기고자 한다.

　이 책은 신 선생님의 가르침을 받은 제자들이 뜻을 모아 유가족의 허락을 얻어 만들었다. 편집에 직접 참여한 사람은 모두 네 명으로, 석원호는 자료 수집과 원고 정리 작업을, 임헌규는 출판사 섭외, 영문 논문 번역본의 검토 및 최종 원고의 교정 작업을 각각 맡았고, 정낙림은 최종 원고의 교정 작업에 참여하였다. 그리고 안세권은 영문 논문 번역 및 색인 작업, 원고의 세부적 교열 등 전반적인 일을 담당하였다.

　끝으로, 수십 년의 간격을 두고 세상에 나온 글들을 모아 한 권의 단행본으로 출판할 수 있게 허락해주신 여러 학회 및 관련 출판사에 감사드린다. 어려운 출판 환경에도 불구하고 대중의 관심에서 동떨어진 이 책의 출판을 기꺼이 떠맡아 수고하신 파라북스(파라아카데미)의 김태화 대표께 진심으로 감사의 마음을 전한다.

2024년 11월
편집자를 대표하여 안세권 씀

11

일러두기

1. 이 책에 수록된 각 논문 내 소제목에 붙이는 번호는 1, 2), (3)의 순서로 표시하였다. 네 번째 논문으로 수록된 영문 논문의 경우 원본에는 소제목에 번호 표시가 없으나 이 책에서는 번호를 붙였다.

2. 각 논문의 원본에서 사용된 한자어 표기는 이 책에서 대부분 우리말 표기로 바꾸었다. 단, 우리말로 의미의 전달이 불충분하다고 여겨지는 곳에는 우리말 표기 바로 뒤에 한자를 병기하였다.

3. 이 책에 수록된 각 논문의 원본에서 사용된 많은 홑화살괄호(〈 〉)는 대부분 작은따옴표(' ')로 바꾸어서 표기하였다.

4. 첫 번째에서 세 번째 논문의 본문 뒤에 실린 참고문헌은 하나의 통일된 방식에 따라 표기하였다.

5. 첫 번째에서 세 번째 논문의 경우 원본의 본문 앞과 참고문헌 뒤에 각각 수록된 '논문개요'와 영문 'Abstract'을 원본과 같이 배치하였다.

6. 네 번째 논문의 영문 원본은 우리말 번역본과 함께 실었다. 하이데거의 전문 용어나 문장들을 우리말로 옮길 때 신오현 선생의 여러 논문집과 낙도회 세미나에서 필기한 노트를 기본적으로 활용하였다.

7. 여섯 번째 논문의 원제목은 「현상학적 철학개념(I): 후설의 제일철학이념」이지만 이 책에서는 「현상학적 철학개념: 후설의 제일철학이념」으로 고쳐 표기하였다.

8. 일곱 번째 논문의 원본에서 사용된 홑낫표(「 」)는 큰따옴표(" ")로 바꾸어서 표기하였다. 아울러 이 논문의 '주' 표기는 원본에는 내주(본문주) 표기 방식을 사용하였으나 이 책에서는 다른 논문과의 일관성을 기하기 위해 전부 각주 표기로 바꾸었다.

9. 일곱 번째 논문의 원본에는 우리말로 번역되지 않은 독일어 (그리고 약간의 라틴어) 용어와 문장들이 많이 나오는데, 이들 용어와 문장 바로 뒤에 우리말 번역어를 작은 소괄호(( )) 안에 고딕체로 표기하였다.
번역어 선택의 방침은 다음과 같다: ① 독일어 용어에 대한 우리말 표현이 본논문 안에 있을 경우 그것들을 활용함; ② 저자의 기존 논문집에서 적절한 번역어를 찾아 사용함; ③ 『존재와 시간』의 국내 번역본(소광희 번역본과 이기상 번역본)을 참고함; ④ 하이데거 철학 용어들이 지닌 심오한 의미를 옮김에 있어 단순화 혹은 고착화의 오류를 줄이기 위해 각 독일어 용어에 대해 복수의 번역어를 허용함.

10. 각 논문의 원본에서 발견된 약간의 오탈자와 맞춤법의 오류는 최대한 수정하였다.

차례

01
첫 번째 논문

선·불학의 철학적 본성: 선험-현상학적 해명

- **주제분야**

    선불교철학, 철학적 선학禪學,
    선禪의 형이상학形而上學, 선불교적 인식론

- **주제어**

    선, 선학, 철학적 선학,
    선험현상학, 돈오견성, 스즈키, 형이상학

논문개요

8~11세기가 중국선中國禪/Chinese Ch'an의 황금시대였다면, 21세기는 아마도 세계 선학禪學의 황금시대로 불릴 것으로 전망된다. 불교 일반이 그러하지만, 특히 선불교Ch'anism는 유별나게 불립문자不立文字의 교외별전敎外別傳을 표방함으로써 불가사의不可思議·언어도단言語道斷의 열반묘심涅槃妙心을 정법안장正法眼藏으로 삼는다. 교종敎宗과는 대조적이게도 선종禪宗은 불전佛典의 교의敎義에 의존하기를 거부하고, 선정禪定을 통한 자성철견自性徹見의 방식으로 증득證得함을 선(禪＝사유수행)의 최고이념(宗旨·宗要)으로 제창한다. 그러기에 철학사에 유례가 없을 정도로 선(＝思惟)은 개념·논리·언어·담론·논변에 의한 의사소통에 부정적·적대적이고, 묵조默照와 간화看話를 통한 이심전심以心傳心을 극력 변호해 왔다. 철학·도학(형이상학)의 정체성 해명이 20세기 인문학·인문주의 위기와 연관된 학문의 가장 절박한 문제요, 철학·도학의 가장 중요한 문제로 수용·검토되면서, 이제 언어와 담론을 거부하는 어떠한 진리 주장도 그 정당성을 오직 언어와 담론을 통해서만 논변되지 않을 수 없게 되었으며, 선의 경우에도 사정이 다를 수 없다. 이러한 학문적 상황인식하에 이제 우리는, 이미 인식론적·문화적·해석학적·해체주의적·이데올로기비판적인 전방위 접근에 노출되어 있는 선禪이해 또는 선학禪學의 위상을 정면으로 직시하면서, '선의 철학적 이해' 또는 우리

18

의 이른바 '철학적 선학'을 본격적으로 시도해 보고자 한다.

선에서 철학적으로 이해될 수 있는 것은 물론 선의 철학적 성격일 뿐이며, 그것이 바로 선의 정체성이며, 따라서 철학적 선학의 핵심과제는 선·선학의 정체성 해명이다. 정체성 문제를 보다 단순하게 제기한다면, '선이란 무엇인가'의 문제에서 '선의 경험적 현상은 무엇인가'의 문제를 제외하고, '선의 선험적 본질은 무엇인가'의 문제만이 선의 철학적 과제로 남는다. 이를테면 개념이해에서 그 외연은 도외시하고 그 내포만을 파악하는 과제에 비유될 수 있다. 그러나 선은 단순히 개념이 아니라 사유 또는 명상 활동이며 인식경험이라는 점에서, 그것은 개념의 내포를 파악하는 논리학의 대상이 아니지만, 이러한 인식경험이 현상적·실증적 경험이 아니라 선험적·초월적 경험이라는 점에서 선험철학 또는 형이상학의 해명과제로, 더 정확하게 말하자면, 선험현상학적 해명과제로 정체확인된다. 그런데 선험적 본질 문제가 현실적으로는 경험적 현상 문제를 떠나서 해명될 수 없다는 점을 감안한다면, 선·선학의 정체를 선험-철학적으로 해명하는 방법론은 또 어떻게 마련되어야 할 것인가? 환언하면, 경험적인 선禪현상으로부터 어떻게 그 본질이 확보될 수 있을 것인가? 여기에 우리는 후설의 선험현상학의 방법이념과 칸트적인 '선험적 연역'의 방법개념을 도입하여, 우선 선의 외연 현상을 선종禪宗 전통문헌을 통해서 통찰하고, 여기에서 현시된 다양하고 풍부한 선의 인식경험을 현상학적 환원조치를 통하여 선의 전형·형상에로 환원하여 그 영원·보편의 본성을 직관함으로써, 선이 본질적으로 어떠한 인식경험인가를 명증하게 확인한다.

그런데 이렇게 정체확인된 궁극적인 선-경험, 각覺-인식을 가장 간명 · 종요宗要적이게 현시顯示 · 해명하기 위한 전략적 조치로서, 우리는 우선적으로 검토된 풍부한 원전 선서禪書를 일일이 직접 거론하는 대신, 우리의 선-이해 및 선학이념에 가장 근사하게 부합하는 하나의 탁월한 전형을 '현상학적 전례典例'로 삼아, 바로 이 전례와의 대조적 분석 · 해명을 통하여 간접적으로 우리의 선 이해와 우리의 철학적 선학을 예시적으로 해명exemplary illustration하고자 한다. 우리는 먼저 우리의 의도와 유사하게 선불교를 철학적으로 재해석하려 했던 '교토학파'를 섭렵하는 가운데, 스즈키 다이세츠鈴木大拙의 선학이 우리의 당면 목적에 가장 적합한 전례example임을 확인하였다. 그리고 스즈키의 주요 저작을 선험현상학적으로 분석하여 우리가 도달한 결론은: 스즈키 선철학Zen philosophy or the philosophy of Zen은 우리의 '철학적 선학Zen as philosophy =philosophy as Zen' 이념에 본질적으로 대등한 것이고, 결국에는 후설의 '선험현상학적 철학' 이념에도 본질적으로 동등한 것으로 증시되었다는 것이다. 풀어서 말하면, 선의 깨달음은, 따라서 '선 · 불의 가르침禪佛教'은, 그 이념의 측면에서 본다면, 철학의 이념과 마찬가지로, 언제나 해석학적 · 이념비판적인 자기이해를 통하여 자기정체성을 부단히 자기구성하면서 면면부절綿綿不絶하게 전승되는바, 사회 · 문화 · 역사적인 인간 · 인류의 생동하는 현실성, 변증법적 · 화쟁론적和諍論的 현실성일 수밖에 없다는 결론이다.

1. 주제 설정: 선의 정체성

여기서 우리의 논제는 물론 선이다. 선에 관해서 논의하려면 우선 우리가 논의하고자 하는 것이 '도대체 무엇'인가를 확인할 수 있어야 할 것 같다. 이를테면, 사물은 지칭되고, 사건 · 상태는 기술 · 설명되며, 사태 · 행위는 해명 · 이해될 수 있는 성질의 것이라면, 선이란 과연 어떠한 지칭 · 기술 · 설명 · 해명 · 이해의 대상인가를 우선적으로 확인하는 것 말이다. 이러한 언표 · 언술 방식은 상식 · 과학의 영역에서는 항용恒用되는 언어사용 양식이다. 이러한 언어사용이 자연담론과 심리 · 사회담론 사이에 모종의 차이와 문제성을 야기하는 경우가 없지는 않겠으나, 그 대체적인 합의를 도출하는 데에는 큰 무리는 없는 것 같다. 그러기에 상식이 일상적으로 통용되고, 그 연장선상에서 과학이 전문지식의 권위를 행사하는 것이 아니겠는가. 이와 유비해서, 선의 경우에는 사정이 어떠한가? '선'이라는 것, 그것은 분명 어떠한 사물이 아니다. 일차적으로 그것에 관한 시간-공간적 확인이 어떠한 경우에도 불가능할 것이기에 말이다. 그렇다면 그것은 모종의 사건 · 사태 · 상태로는 기술 · 설명될 수 있는 것인가? 물리적인 것이 아니라면, 이를테면 심리 · 사회 · 문화적인 것, 곧 인간적인 것으로서라도 말이다. 그리하여 이제, 선은 또는 선현상은 심리적인 현상 · 상태 · 사건 · 사태 등등으로 규정될 수 있는 것인가? 그렇다면 심리현상의 기술 · 설명이 그러하듯이, 선-현상도

과학적으로 기술 · 설명될 수 있는 심리학적 대상 · 주제로 이해되어도 무방할 것인가? "선학사전"이니, "선학의 황금시대"니 하는 표현에서 보듯이, 소위 '선학禪學'은 모종의 '학문'으로, 이를테면 '심리학'으로 분류될 수 있는 성질의 것인가? 여기서 문제되는 것은, 물론 선-현상의 신체적 · 제도적인 측면을 종교 · 사회 · 문화 · 인류학적으로 기술 · 설명하는 이론 · 학문으로서의 '선학'이 아니다. 우리가 여기에서 그 성립 가능성을 문제 삼는 것은, 사물 · 사태로서 그 실체적인 측면이 아니라 사건 · 행동으로서 그 작용적인 면을 강조하는 의미에서의 '선-현상'이며 '선-학문'이라는 점이다. 왜냐하면 전자의 의미에서 선학이 성립될 수 있는 것은 일반적으로 종교학이나 불교학Buddhology이 적법한 학문으로 인정되는 것과 같은 논리를 따르기 때문이다. 야나기다 세이잔柳田聖山은 '선'과 '선종'을 구별하지만,[1] 우리에게 중요한 것은 게다가 선의 본질과 선의 현상을 구별하는 일이다. 선을 실체주의적인 실물 · 실체가 아니라 현상학적 의미의 경험 · 현상으로 파악하여 이를 '선-현상'이라고 명명할 때, 이 '현상'은 '실체-현상 이원론'의 '현상'으로부터 엄격하게 구별되어야 한다. 따라서 이 같은 의미의 선-현상을 다시 '본질과 현상'으로 구분할

---

1. 야나기다 세이잔, 『초기선종사』(1971), 양기봉 역 I, 능가사자기 · 전법보기 (서울: 김영사, 1990), 16쪽 참조. '선(dhyāna)'이 '명상'을 의미한다는 점에서 "불교가 있는 곳이라면 반드시 거기에는 선이 있었다. 그러나 선종은 바로 명상하는 종교는 아니기" 때문이다. 명상이 있는 곳이 어디 불교뿐이겠는가. 종밀宗密의 분류를 들추지 않더라도 외도(外道) · 범부(凡夫)의 선은 물론이요, 고유명사로서 '불교'가 아니라 '깨달음(覺 = 佛)'이 있는 곳이면, 어디서나 선이 수반되는 것이다. 그러나 '선종'은 인도의 명상불교가 중국적인 실천 · 실용불교로 변형된 대승불교의 한 종파를 지칭하는 고유명사이다.

때, 이 후자의 현상은 전자 현상의 특수화localization, 구체화를 의미하는 것으로 쓰였음에 주목되어야겠다. 즉 전자는 '선＝현상(또는 선＝손재)'을, 그리고 후자는 '선의 현상'을 각각 의미하는 것이다. 본질적인 의미에서 '선＝현상'을 현상적인 의미에서 '선의 현상'으로부터 엄밀하게 구분하기 위하여, 우리는 지금부터 전자의 '선＝현상'을 '선험적 현상'으로 지목하여, 이를 후자의 '경험적 현상'에 대비시켜 이해하기로 한다.

이와 같이 선-현상을 모종의 경험 · 체험 · 인식으로 이해할 때, 그것은 한편으로 지각 · 종교 · 예술 경험처럼 '경험적인 또는 경험론적인 경험'을 의미하며, 다른 편으로는 '절대 진리의 직관' 즉 '정각正覺의 조견照見'과 같은 '철학적 인식'은 '선험적 경험'에 귀속되는 것으로 이해된다. 전자의 의미에서 선 현상은 선의 종교적 · 심리학적 측면 또는 요소를 적시하는 것이요, 후자의 의미에서 선＝현상 즉 본질적인 '선＝현상'은 선의 철학적 · 형이상학적 측면을 부각시키는 것이다. 불가적 용어로 표현하면, 후자는 제일의第一義＝승의제勝義諦/noumenal truth로, 전자는 제이의第二義＝세속제世俗諦/phenomenal truth로 지칭될 수 있는 것들이다. 설령 선＝현상이 선종적인 의미에서는 그 자체 이미 대승불학의 최고봉으로서 최상의 진리경험에 속한다 하더라도, 우리가 여기에서 거론하는 선은 그 중에도 핵심적 · 본질적인 측면에 한정되는 것이다. 따라서 우리가 이 철학적 논의에서 주도적으로 목표하는 것은 선＝현상의 심리학적 · 종교학적인, 그리고 일체의 경험현상적인 측면을 짐짓 치지도외置之度外하고, 오로지 선험적 · 초월적 · 궁극적인 인식경험만을 관조하는 일이다. 다시 말하면, 우리가 논의하고자 하는 선＝현상도 물론 역사적으로 실재하는 선불교, 특히 중국 선종에서 확인되는 선사상 · 선전적禪

典籍을 그 전형적 참조 준거reference-frame로 삼는 것이지만, 거기에서 우리가 최종적으로 목표하는 것은 당연히 역사초월적인 '경험=인식'의, 즉 그 선험적인 본질 구조의, 분석·해명이라는 말이 된다. 플라톤-스피노자적으로 말하자면, '선의 이념(이데아)' 혹은 '영원상 아래 관조된 선'을 선험적으로 연역하는 일이 우리의 철학적 작업이라는 것이다.

승의제는 세간 진리와는 다르게 불가언설·불능언설의 경지라는 의미에서 자주 불가사의하고 초출사구超出四句한 것으로 언표된다. 형식논리학적으로 바꾸어 말하면, 경험주의적 인식영역을 초출하는 선험적 진리에는 아리스토텔레스의 범주가 적용될 수 없다는 것이다. 이를테면 실체와 속성, 능동과 피동, 원인과 결과, 공간과 시간, 수량과 동이同異 등속의 범주를 선험적 진리에 적용하여 진술되는 어떠한 명제도 하등의 의미를 전달할 수 없다는 것이다. 심지어는 긍정과 부정, 유무·시비와 같은 모순 개념도 모순율에 합당하게 적용될 수 없다는 것이다: 즉 모순율의 적용을 받지 않는다는 것이다. 즉 만일 이러한 범주가 선험적 영역에 월권적으로 적용되면, 그것은 경험주의적으로는 모두 희론戲論·우치론愚癡論이 되어 문자 그대로는 무의미하지만, 선험적인 의미를 그 지시의미에서 알아차리면 모두가 일리 있는皆是皆非, 皆有道理 것으로 이해될 수 있다는 말이다. 그리하여 예컨대 '진여眞如'는 세간世間적 의미에서는 있는 것有이 아니지만, 출세간出世間적 의미에서는 없는 것無도 아니라서, 유무-시비有無-是非, 긍정-부정이 동시에 적용될 수 없는 것이기도 하고 있는 것이기도 하다는 '무리無理이면서도 지리至理'요 '불연不然이면서도 대연大然'이라는 일대 모순·역설이 성립한다. 이제 우리의 주제인 '선=현상'도 마찬가지 논리의 적용을 받는다고 하겠다. 『무문관無

門關』, 제6칙 '세존염화世尊拈花'는 선문승습禪門承襲의 기원을 제시하고 있는바, 세존이 마하가섭에게 부촉한 비전祕傳은 "정법인징正法眼藏, 열반묘심涅槃妙心, 무상실상無相實相, 불립문자不立文字, 교외별전教外別傳"이다. 정법안正法眼이란 곧 열반묘심에 다름 아닐 것이고, 열반묘심은 또한 정법장正法藏이기도 할 것이다. 이러한 정법은 곧 심법心法이며, 그러기에 '무상=실상'일 수밖에 없고, 그것은 또한 불립문자이기에 교외별전일 수밖에 없는 이심전심지심법以心傳心之心法 또는 전심지법문傳心地法門이다. 이 점에서 중국 선종의 황금기에 규봉종밀圭峰宗密(780-841)이 초기 선종사를 도시圖示하면서 이를 "중화전심지선문사자승습도中華傳心地禪門師資承襲圖"로 표제한 것이나, 이 제6칙의 정신을 구현하는 총 48칙의 공안집公案集을 편집자 무문혜개無門慧開(1183-1260)가 역설적이게도 '무문관'으로 표제한 것도 같은 맥락에서 이해될 수 있겠다.

'불립문자의 교외별전'도 여전히 문자로 전해오며, 언어도단 · 이심전심의 선종 이념도 전등어록傳燈語錄의 형식으로 전승되었다는 것은 방대한 『전등록傳燈錄』을 위시한 『오등록五燈錄』, 『벽암록碧巖錄』, 『종경록宗鏡錄』, 『종용록從容錄』 등등의 전기 · 어록 · 공안 · 학안學案 전적에서 여실하게 증시되어 있다. 그러기에 이들 텍스트를 통해서 선학을 현대적 학문으로 재조명하려는 20세기의 다양하고 광범위한 시도들이, 그 후반기에 본격적인 단계로 접어들면서, 이들 담론의 본질적인 적법성과 방법론적 타당성의 문제와 연관하여 열띤 논쟁을 불러올 수 있었다. 심리학, 정신분석학, 신경학, 역사학 및 철학의 관점에서 선학에 대한 현대적 이해와 이를 통한 자기개혁을 도모하고, 특히 인식론적, 해석학적, 해체론적, 이데올로기비판적인 접근을 통한 선학 조명은 선에 대한 이해를 학

문적 · 과학적인 차원으로 고양시키는 데 이미 괄목할 기여를 성취한 것
으로 볼 수 있다.[2] 다시 말할 필요도 없이, 여기에서도 우리의 관심은 이

2. 몇 가지 예를 들어 본다면, 심리학적 연구로는 Hubert Benoit, *Zen and the
Psychology of Transformation: The Supreme Doctrine*. Revised edition.
Rochester, Vermont: Inner Traditions International, 1990; 정신분석학적 접
근으로는 Erich Fromm, D. T. Suzuki & Richard De Martino, *Zen Buddhism
and Psychoanalysis*. New York et al.: Harper & Row, 1970; 신경학적 접근으로
는 James H. Austin, *Zen and the Brain: Toward an Understanding of Meditation
and Consciousness*. Massachusetts Institute of Technology, 1998 (944페이지
에 이른 방대한 연구서); 역사학적 연구로는 Hu Shih(胡適), 『胡適學案』. 柳田
聖山, 編. 京都, 1975; 철학연구서로는 Abe Massao, *Zen and Western Thought*.
Ed. William R. LaFleur. Honolulu: University of Hawaii Press, 1985; 초
기선종사 연구로는, 柳田城山 저(1971), 양기봉 역, 『초기선종사』, I (1990), II
(1991), 김영사; John R. McRae, *The Northern School and the Formation of
Early Ch'an Buddhism*. University of Hawaii Press, 1986; Bernard Faure, *The
Will to Orthodox: A Critical Genealogy of Northern Chan Buddhism*. Stanford,
Cal.: Stanford University Press, 1997; 선 전통의 인식론적, 문화비판적인 연구
서로는, Bernard Faure의 자매서 *Chan Insight and Oversight: An Epistemological
Critique of the Chan Tradition*. Princeton University Press, 1993; *The Rhetoric
of Immediacy: A Cultural Critique of Chan/Zen Buddhism*. Princeton University
Press, 1991; 불교해석학의 논문집으로는 Donald S. Lopez, Jr., *Buddhist
Hermeneutics*. University of Hawaii Press, 1988; 해체론적 접근으로서는
Steven Laycock, *Mind as Mirror and the Mirroring of Mind: Buddhist Reflections
on Western Phenomenology*. Albany, New York: State University of New
York, 1994; Mirror Metaphor와 연관하여 해체론적 접근을 시도한 철학적 연구
서로서는 Rodolphe Gasché, *The Tain of the Mirror: Derrida and the Philosophy
of Reflection*. Harvard University Press, 1986; 기타 禪宗史 및 선학연구에 대
해서는 Heinrich Dumoulin의 인도, 중국, 일본의 선종사 연구(1988-1990), 특
히 *Zen Buddhism in the 20th Century*. Trans. Joseph S. O'Leary. New York
& Tokyo: Weatherhill, 1992와 D. T. Suzuki, *Essays in Zen Buddhism*. First,
Second, Third Series 참조. 특히 한국철학자에 의한 본격적인 선학연구서로서 가

들이 이해한 선이 철학과 어떠한 관계에 있으며, 또한 이들이 선과 철학의 관계를 어떻게 이해하고 있는가에 집중되어 있다. 결국 '선에 관한 철학적 연구' 즉 '철학적 선학'[3]은 '선의 정체성'을 철학적으로 확인하는 작업에 다름 아닐 뿐만 아니라, 그것은 동시에 '철학의 정체성'을 선학적으로 확인하는 작업과 상호동반적으로만 실현될 수 있는 것일 수밖에 없겠다.[4] 아마도 우선은 아주 생소하게 들릴지 모르겠으나, 진정한 선학은 진정한 철학으로서만 가능하다는 것이 우리의 선학-철학적인 확신이기 때문이다. 환언하면, 우리에게 선학이 무엇인가의 문제는 결국 철학이 무엇인가의 문제와 동일한 것이기에 말이다.

'선종'은 물론 '교종'에 상관적인 개념으로서, 후자가 교설doctrine · 설법teaching/preaching을 오도悟道/Enlightenment의 매개 · 방도方途(道) · 방법 · 방편으로 삼는 데 반하여, 전자는 명상 · 사유 · 묵조默照를 증오證悟의 수행방편으로 삼는다고 말할 수 있다. 그러나 '선종'이라는 개념에는, 단순히 분교分敎 · 개종이라는 교판敎判 · 분류학taxanomy의 의미를

장 주목할 획기적인 철학연구서로서는 최경호, 『現象學的 지평에서 규명한 禪: 새로운 의식차원의 정립을 위한 禪의 현상학적 고찰』, 서울: 경서원, 2001 참조.
3. 인류에 대한 과학적 연구로서 '인류학'에 대비하여 인간에 대한 철학적 탐구를 '철학적 인간학(philosophical anthropology)'으로 명명하듯이, 선에 관한 학문을 일반적으로 '선학(禪學)'이라 부르는 것에 대비하여 선 · 선학에 관한 철학적 탐구를 우리는 '철학적 선학'으로 명명할 것을 제안하는 바이다. 철학적 선학의 본격적인 사례를 제시하는 것이 우리가 이 논문 이후에 착수할 첫 번째 과제임은 물론이다.
4. 『경덕전등록』에 제시된 풍부한 자료만으로도 선학이 철학이념을 가장 전형적으로 실현한 '철학의 탁월한 전형(philosophy par excellence)'임을 우리는 거듭 확인할 수 있었다. 이 점에서 철학적 선학은 동시에 20세기 철학의 최대과제였던 '철학의 정체성 확립'에 유례없는 기여를 할 수 있을 것으로 전망된다.

넘어서, '선의 종지 · 종요'를 강조적으로 의미하는, 이를테면 '선학의 이념'의 의미도 함축된 것으로 이해될 수 있다. '선종'의 종명宗名이, 여느 경우처럼 경經 · 론論 · 지地 · 인명人名에 의해서가 아니라, '선'이라는 교의에 의해서 명명된 사실에 각별히 유념한다면, 그리고 이 '선'이라는 것이 '사유 · 관조에 의한 수행'을 의미한다는 점에 착안한다면, 게다가 선종 · 교종의 불교가 모두 한결같이 깨달음佛 · 菩提 · 覺行 · 觀行을 그 목표이념으로 설정하고 있다는 이 확실한 이치에 생각이 미친다면, 그렇다면 '선'은 '불'과 함께 선학 · 불학으로서만 합리적 담론의 주제가 될 수 있으며, 그것은 결국 철학 이외 다른 것으로 이해 · 증득될 수 없다는 결론에 이른다는 것이 우리가 이 논의에서 증시하고자 하는 가장 핵심적인 과제이다. 선학은 불학의 한 방법론이며, 불학은 철학의 목표이념을 지칭하는 것이다. '깨달음(불 · 보리)'이 실증적 · 대상적 경험지식과 구별되는 초월적 · 주체적 · 선험적인 지혜로 자리매김된다면, 이 '깨달음의 학문'을 의미하는 '불학'이 '지혜사랑'을 의미하는 그리스적 개념인 '철학'의 목표이념에 정확하게 대응한다는 것은 분석적인 진리이다. 그리고 '선학'이란 '선'이 '깨달음을 증득하는 가장 확실한 방법' 즉 '최상의 불도佛道'라는 것을 해명 · 증득하는 학문 이외 다른 것을 의미할 수 없다. 그렇다면 이제 문제는 "과연 어떠한 '선(명상 · 사유수思惟修)'이 정각을 증득하는 데 최선 · 최상의 것이며, '정각으로 증득된 선' 즉 '선수행의 결과'는 어떻게 또다시 '정각인 것으로' 증득될 수 있는 것인가"이다. 다시 말하면 선의 정체성 문제는 선의 목표이념, 방법론 및 체인體認 · 증득의 명증성 문제와 삼위일체를 구성한다는 것이다. 다시 한번 강조해서 말하자면, **선은 그 정체성 자체가 스스로 구성되고 확인되어야 하는 변증법**

적 · 해석학적인, 언어적 · 역사적인 생명체로서 '삶이요 깨달음 그 자체'라고 요약될 수 있는 것이다. 그러기에 그것은 선험적 현상학적으로만 기술되고 직관되며 해명 · 증시될 수 있는 성질의 것이다.

2. 접근방법: 선문禪門 정통성의 선험적 연역

　다음으로 우리가 해명해야 할 과제는 선학과 철학의 공생관계이다. 선험적인 체험 · 인식 · 학문의 정당성 · 정통성은 오직 철학적으로만 확인될 수 있을 터인데, 선은 선험적 · 초월적인 체험 · 인식양식이며, 따라서 선학은 철학적 탐구방식을 통해서만 실현될 수 있을 것이기 때문이다. 그런데 철학의 유구한 역사와 찬란한 발전에도 불구하고, 철학의 자기이해는, 또는 자기정체 확인작업은, 서양철학에서도 20세기에 들어와서야 비로소 본격적으로 수행되었고, 따라서 동양학에서는 물론 심지어 동양철학에서조차도 '철학'이라는 개념이 진정하게-철학적으로 이해 · 적용된 것은 20세기에서도 아주 드문 현상이었다는 것은 믿기 어려우나 엄연한 사실이다. 근자에 비판적인 서양의 동양학 · 동양철학자들의 "'오리엔탈리즘Orientalism'으로 비하되는 일련의 자기비판"을 들추지 않더라도, "동 · 서학계의 동양철학 이해는 거의 야만적인 지적 횡포intellectual vandalism의 수준을 넘지 못한다"라는 거의 절망적인 혹평에 무방비로 노출되어 있다는 것이 우리의 솔직한 고백이다. 그것은 '비교철학'이라는 이름으로도 결코 용납될 수 없는, 철학의 정체 오인誤認에다 명예훼손을 자행하는 지극히 비非철학적 · 반反철학적인 '철학의 희화戲畵/caricature'에 불과한 것이다. 특히 '철학 중의 철학'이라 할, 아리스토텔레스에서 후설에 이르는 철학 정통 확립과정에서 '철학의 백미白眉'로 확인된 바 '제일철학'의 이념에 가장 근사한 '선 또는 선학'의 경우에는 더욱 그러하다. 아마 지금도 대부분의 수선修禪자나 선학禪學자는 선－현상을 너무나 신성시하는 나머지, 그에 대한 여하한 언어적 접근도, 불가사의 · 불립문자 · 언어도단 · 교외별전을 전가傳家의 보도寶刀로 휘두르면서, 한사코 거부할 공산이 크다고 하겠다. 그러나 너무나 당연하게도, 선에 관한 모종의 담론이 존재한다면, 선에 관한 학문적 담론이 불가결하며, 그리하여 선에 관한 학문적 이해로서 소위 '선학'이라는 것이 적법한 개념이라면,[5] 선학에 관한 철학적 논의 즉 철학적 선학은 필수적이다.

그렇다면 과연 선학에서는 '선'이 어떻게 정의되고, 선의 철학적 이해는 어떠한 사정에 있는 것인가? 우선 이미 언급한 대로, 선학의 황금기 Classical Zen에『선원제전집 · 도서禪源諸詮集 · 都序』와『선문사자승습도禪

---

5. 예컨대, 표준불교학사전으로 간주될 수 있을 全觀應 大宗師 監修『佛教學大辭典』(弘法院, 1996년 제9판)에도 '선학(禪學)'을 "禪家의 학문. 見成道의 법을 말함"으로 정의되어 있음을 찾아볼 수 있고, 吳經熊의『禪學的 黃金時代』(天池, 1997)(영문판, *The Golden Age of Zen*, 1975)가 한국의 지식인들에게 애독되는 사실에서도, '禪學'이 일반적으로 통용되고 있는 학문개념임을 짐작할 수 있을 것이다. 영문 표제가 '선의 황금시대'인데 왜 한문 표제는 '禪學的 黃金時代'로 표기되어 있는 것인지 궁금할 수도 있겠다. 그것은 아마도 '禪學'이라는 용어가 영어로는 아직 확립되어 있지 않은 사정에 기인한 것이 아닐까 추정된다. 스즈키는 자주 'Zen philosophy' 또는 'Philosophy of Zen' 라는 용어를 사용하고, SUNY at Buffalo 대학의 Kenneth Inada 교수는 'Zen Philosophy'라는 과정명칭(Course Title)으로 철학강좌(1996-97)를 개설하기도 한 바 있거니와, 이는 모두 'Zen as philosophy'를 의미하는 것으로 이해되는데, 우리가 여기에서 문제 삼고 있는 주제도 바로 이러한 개념이다. 그런데 거의 유일한 우리말『禪學辭典』(月雲 監修, 佛地社, 1995)에는 '禪學'이라는 항목은 등재되어 있지 않고, '禪學入門'이라는 항목하에 金大鉉이 저술하고 金秉龍이 1918년에 印刊한『禪學入門』, 2권이 있음을 기록하고 있을 뿐이다.

『門師資承襲圖』를 지은 종밀의 선 담론은 선학의 효시로 간주되어 무리가 없을 것 같다. 종밀은 『선원제전집』의 「도서都序」 모두冒頭에서,

> 선문禪門의 근원 도리를 기술하고 언표한 문자와 구게句偈를 편집하여 일장一藏으로 삼아 후대에 전수하기 때문에 『선원제전집』으로 제명題名하였는바, 선은 천축어로 '선나禪那'로 합쳐 부르는 말인데, 중화에 '사유수思惟修'로 번역되고 혹은 '정려靜慮'로 부르기도 하는 말인데, 모두 '정혜定慧'를 통칭하는 것이다. '원源'이란 일체중생의 본각진성本覺眞性이니 혹은 '불성佛性'으로 이름하기도 하고 또한 심지心地로 일컫기도 하는 것으로서, 이것을 깨침은 '혜慧'라 이름하고, 이것을 닦음은 '정定'으로 이름하는 것이니, '정혜'를 통명通名하여 '선'으로 삼는다. 이 성性이 선의 본원이기에 '선원'이라 부르며, 또한 '선나이행禪那理行'이라 이름하는 것은 선나의 본원이 '선리禪理'요, 정을 잊고 선리에 계합契合하는 것이 '선행禪行'이기에 '이행理行'이라 일컫는다. 그러나 제가諸家의 저술·저작을 모은 이 전집이 선리에 대해서는 많이 이야기하지만(多談) 선행에 대해서는 적게 설하기에(少說) '선원禪源'으로 표제한 것으로[6]

해제하는 가운데 기실 선·선학에 대한 자신의 이해를 요약하고 있거니와, 이는 그 이후의 선문 전승에 이정표를 설정하고 있다. 선학의 상식에 의하면, 종밀은 하택신회荷澤神會(665~762)의 하택종荷澤宗 제5대 법사法嗣

---

6. 安震湖 편집, 『懸吐 都序』(서울: 法輪社, 1976), lab. 번역은 논자의 것임. 같은 내용이 『景德傳燈錄』, 第13권(『大正新修大藏經』, 제51권, No. 2076, p. 306a)에 게재되어 있음.

이자 중국 화엄종 제5조이기도 하며, 하택신회는 혜능慧能(638~713)을 홍인弘忍(601~674)의 적통법사로 확립(또는 날조?)하여, 달마로부터 혜능에 이르는 선문 6대조 적통 계보를 수립하는 데 크게 기여한 인물이다. 위의 인용문에서 보듯이, 종밀은 선을 '정혜'로 파악함으로써『육조단경』의 종지를 계승하고 있다.[7] 일반적으로 '선'을 '선정禪定'으로 이해하고,[8] '선정'은 6바라밀의 제5항목으로 암기되고 있을 뿐만 아니라, '정定'은 '삼매三昧/samatha'로 번음飜音되고 있어, '선'을 '정혜를 통칭하는 것'으로 규정한 종밀의 견해는 일견 혼돈되어있는 것 같기도 하다. 더구나 '선'은 '선나'의 축약이며, 후자는 범어 'dhyāna'의 번음임을 지적하고, 게다가 "선문이 6바라밀의 하나인 제5바라밀에 불과하다"는 사실을 언급하면서도, 바로 이 제5바라밀인 '선정禪定/dhyāna'을, '제불지진모諸佛之眞母'로 간주되는 제6바라밀 '지혜prajñā'까지 포함하는 '정혜지통칭定慧之通稱'으로 규정하는 종밀의 선 이해는 어떻게 음미되어야 할 것인가? 그에 의하면,

그러나 선정의 한 가지 행문行門이 가장 신묘하여 진성眞性상에 무루無漏지혜를 발기시킬 수 있으니, 일체묘용一切妙用, 만행만덕萬行萬德 및

---

7. 돈황본『단경』, 스즈키 편, 제13절에서 혜능은 후대의 이른바 '혜능선'의 종지를 이렇게 설파하고 있다. "我此法門, 以定惠爲本. 第一勿迷言惠定別. 定惠體一不二, 卽定是惠體, 卽惠是定用, 卽惠之時定在惠, 卽定之時惠在定." 즉 정혜를 體用관계에서 파악하여, 이를『南宗頓教最上大乘摩訶般若派羅密經』(육조단경의 정식명칭)의 최고원리로 제창하고 있다는 것이다.
8. 스즈키에 의하면, '선정'은 '선'과 '정'의 합성어이며, "samadhi와 dhyāna는 대체로 동의어이며 상호교환적이지만, 엄밀하게는 samadhi는 dhyāna 수습에 의해서 실현된 심리상태이다. 후자는 과정이고, 전자는 목표이다"(E-1: 82).

신통神通광명이 모두 정定을 따라 발하기에, 삼승三乘의 학인이 성도를 구하고자 한다면 수선修禪을 필수로 하기 때문에 이것을 떠나서는 다른 문이 없고 다른 길이 없다. (같은 곳)

는 것이다. 그러나 이것만으로는 저 혼란이 충분하게 정리되지 않는다. 그 진정한 이유 또는 근거는 다른 곳에서 찾지 않으면 안 될 것 같다.

이미 앞서 언급되었듯이, 종밀은 신수神秀의 선문을 북종 점문漸門으로 평가절하하면서 혜능의 선문을 남종 돈문頓門으로 정당화한, 하택신회神會의 법사法嗣이다. '선'을 '선정과 지혜의 통일'로 파악한 종밀의 선관禪觀은 혜능선禪이 달마선의 적통임을 변호하려는 아주 결정적인 시도이다. 달마선이 '능가종'으로 정체확인될 정도로 인도印度적인 '선정'에 무게가 실렸다면, 혜능선은 반야계 경전『금강경金剛經』의 근본개념인 '지혜'를 강조하면서, 선을 선정과 지혜의 통합으로 정의함으로써, 인도선의 정적주의적 · 신비주의적 · 점진주의적인 사변思辨성 · 수동성을 탈피하고, 실천적 · 실용적 · 창조적인 중국선으로 변모시키는 데 성공하게 된다. 우리가 여기서 북-점漸과 남-돈頓을 대비하면서 혜능-하택-종밀계의 '정-혜 동일성 교설the doctrine of dhyāna-prajñā identity'에 언급하는 것은 결코 항간의 '돈-점 논쟁the Sudden-Gradual Debate'에 개입하려는 것이 아니다. 선에 지혜의 요소를 융합하는 것은, 선적 명상을 심리적 · 종교적 차원을 벗어나 형이상학적 · 철학적인 차원에로 승화시키는, 스즈키의 이른바 '혜능의 혁명'에 해당되는 것이기 때문이다. 따라서 선에 대한 우리의 철학적 논의는 바로 이점에서부터 출발하고, 그것이 왜 우리가 종밀의『도서都序』를 이 시점에서 이 정도로 자세하게 언급하는 이유이다. 이 점을 부연하기 위하여, 우리는 다음에 스즈키 Suzuki(1870-1966)의 선 이해와, 선과 철학의 관계에 언급하는 그의 논변을 간략하게 검토하고자 한다. 우리가 여기에서 각별하게 스즈키를 문제 삼는 것은 그가 선학 자체의 연구에서는 물론이요, 선학을 서양학계를 포함하여 전 세계에 전파하는 데 20세기 최고의 공헌자이기 때문만은 아니다. 물론 이것은 머튼Thomas Merton, 융Carl Gustav Jung, 알란 와트Allan Watts, 헉슬리Aldous Huxley, 프롬Erich Fromm, 하이데거Martin Heidegger와 같은 세기적 학자들이 증언하고, 당시 런던의 불교학회장이었던 험프리즈Christmas Humphreys가 자신이 편집한 스즈키의 『선불교논문집』 3권의 「편집자 서문」에서 "그는 아마도 지금 불교철학에 관한 한 생존하는 가장 위대한 권위자일 것이며, 확실히 선불교에 관해서는 최고의 권위자"로 선언한 것에서도 어느 정도 그 신빙성을 보증받고 있는 사실이라 하겠다.[9] 심지어 "토인비Arnold Toynbee의 평가에 의하면, 서양에 선을 소개한 일―스즈키가 혼자 성취한 거대한 업적―은 그 이후의 여러 세기 동안 그 중요성에 있어서 원자 에너지의 발견에 비교될 수 있

---

9. 예컨대, 머튼은 우리에게 잘 알려진 禪學교양서의 명저인 John C. H. Wu, *The Golden Age of Zen*(1975)의 "Introduction: A Christian Looks At Zen"에서 선학에 대한 압도적인 권위로서 스즈키를 5회나 인용하였고; 융은 스즈키의 *An Introduction to Zen Buddhism*(1964)에 "Foreword"를; 와트는 스즈키의 *Outlines of Mahayana Buddhism*(1963)에 "Preparatory Essay"를 기고하면서 머튼의 경우와 유사한 방식으로 스즈키를 찬양하였다. 그리고 프롬은 스즈키와 공저로 발행된 *Zen Buddhism and Psychoanalysis*(1960)에서 "Psychoanalysis and Zen Buddhism"(pp. 77-141)을 개진하면서 주제의 절반인 '불교'의 이해는 전적으로 스즈키의 강의 "Lectures on Zen Buddhism"(pp. 1-76)에 의존하고 있을 정도이다.

다"[10]고 말할 정도이다. 게다가 하이데거의 코멘트로 자주 인용되는 "만일 내가 그[스즈키]를 바로 이해한다면, 이것은 내가 나의 모든 저술을 통하여 말하려고 시도해온 바로 그것이다"[11]는 진술에 이르면 그 신빙

---

10. Frederick Franck, ed., *The Buddha Eye: An Anthology of the Kyoto School* (New York: Crossroad, 1991), "Prologue," p. 5.

11. Hans-Peter Hempel, *Heidegger und Zen*, 2. Aufl. (Frankfurt am Main: Hain, 1992), S. 17. 이 문장은 *Die Drei Pfeiler des Zen. Lehre-Übung-Erleuchtung*. Hersg, von Philip Kapleau (München: Otto Wilhelm Barth, 1981), S. 13에서 재인용된 것으로 이 책의 뒤표지에 이렇게 쓰여 있다: "Wenn ich recht verstehe," Schrieb Heidegger an den Altmeister des Zen, Suzuki, im Hinblick auf die Erfahrung des Zen, "so ist es das, was ich in all meinen Schriften zu sagen versuchte." 그러나 문제의 출처는 원래 Philip Kapleau, ed., *The Three Pillars of Zen: Teaching, Practice, and Enlightenment*. John Weatherhill, 1965의 독어 번역본이며, 인용문은 같은 책의 개정증보판(New York: Anchor Books, Doubleday, 1980), 휴스턴 스미스의 "Forward," xi에서 번역 · 전재된 것이다. 그런데 휴스턴은 자신의 인용 출처로 William Barrett, ed., *Zen Buddhism: Selected Writings of D. T. Suzuki* (Garden City, N.Y.: Doubleday Anchor Books, 1956), p. xi에 언급하고 있다. 이것은 하이데거로 말하면 너무나 중요한 문제이기에 그 출처를 정확하게 밝히기 위해서 우리는 여기 장본인 Barrett의 인용 맥락을 그대로 전재한다: The most original and influential philosopher now alive on the European continent is the German Existentialist Martin Heidegger. A German friend of Heidegger told me that one day when he visited Heidegger he found him reading one of Suzuki's books; "If I understand this man correctly," Heidegger remarked, "this is what I have been trying to say in all my writings." This remark may be the slightly exaggerated enthusiasm of a man under the impact of a book in which he recognizes some of his own thoughts; certainly Heidegger's philosophy in its tone and temper and sources is Western to its core, and there is much in him that is not in Zen, but also very much more in Zen that is not in Heidegger; and yet the points of correspondence between the two, despite their disparate sources, are startling enough.

성은 더욱 높아져 거의 경이의 념念을 불러일으킬 정도이다.[12]

그러나 선의 정체성과 선학의 정초 문제에 관한 철학적 해명을 시도하는 우리의 당면과제를 수행함에 있어서, 우선 선종 텍스트를 그 일차적 전거로 확인한 우리가, 그에 대한 접근방법을 논의하는 이 중요한 단계에서 '스즈키 선학'을 가장 중요한 분석과제로 삼는 것은 단지 그의 외형적 업적과 지명도를 고려해서만은 아니다. 니시다Nishida Kitaro/西田幾多郎(1870-1945), 니시다니Nishitani Keiji/西谷啓治(1900-1990)를 위시한 교토학파의 야심 찬 저서들이 선불교와 서양철학을 접목하려는 일층 더 철학적인 업적을 과시했음에도 불구하고,[13] 어떤 의미에서는 니시다와

---

12. 이러한 스즈키 찬양 일변도에 냉철한 비판을 가하면서 그 근거를 〈이데올로기 비판〉의 차원에까지 소급한 연구로는 Faure, *Chan Insight and Oversight*, op. cit., Ch. Two 참조.

13. 우리가 참고한 교토학파의 주요 참고자료: Kitaro Nishida, *Last Writings: Nothingness and the Religious Worldview*. Trans. with an Introduction by David A. Dilworth, Honolulu: University of Hawaii Press, 1987; Kitaro Nishida, *Intelligibility and the Philosophy of Nothingness*. Trans. with an Introduction by Robert Schinzinger. Honolulu: East-West Center, 1958; Kitaro Nishida, Intuition and Reflection in Self-Consciousness. Trans. Valdo H, Viglielmo et al. Albany N.Y.: State University of New York Press, 1987; Kitaro Nishida, *An Inquiry into the Good*. Trans. Masao Abe & Christopher Ives. New Haven and London: Yale University Press, 1990; Keiji Nishitani, *Religion and Nothingness*. Trans. Jan Van Bragt. Berkeley et al.: University of California Press, 1982; Keiji Nishitani, *The Self-Overcoming of Nihilism*. Trans. Graham Parkes with Setsuko Aihara. Albany: State University of New York Press, 1990; Masao Abe, *Zen and Western Thought*. Ed. William R. LaFleur. Honolulu: University of Hawaii Press, 1985; Frederick Franck, ed., *The Buddha Eye: An Anthology of the Kyoto School*. New York: Crossroad, 1991.

함께 교토학파의 쌍벽이라고도 부를 수 있을, 그러면서도 선불교-서양 철학 비교연구에서는 확실히 저들보다 한 수 아래에 자리매김되어야 할 스즈키를 선택한 데에는 우리 나름의 각별한 이유가 있다.[14] 비록 그가 선불교에 대한 철학적 또는 형이상학적 해석을 표방하지는 않았지만, 따라서 그가 자주 사용하는 주요 개념들, 예컨대 철학, 형이상학, 지성 (작용, 주의), 개념(작용), 논리(학) 등등에 관한 개념규정을 이 개념들의 중요성에 합당하게 명시적으로 시도할 수 있을 만큼 엄밀하게 철학적으로 사유할 수 있는 위치에 있지는 않았을 것으로 판단되지만,[15] 그럼에도 그가 끊임없이 선의 철학적 · 지성적 · 논리적 · 형이상학적인[16] 측면을 본질적인 핵심적 측면으로 강조한 것은, 적어도 선禪-수修 · 증證의 극치

---

14. 앞서 언급한 교토학파 문집 『佛眼』의 편집자의 증언에 의하면, "스즈키가 아무리 존경받을 인물이라 하더라도, 교토학파에 의해서 자신들의 핵심 서클에 속하는 것으로 간주되지는 않았다"는 것이다.

15. 우리는 이에 대한 두 전문가의 증언을 참고로 제시하는바, 교토학파 일원인 아베 마사오는 스즈키가 "전문철학자로 훈련받지 못했음"을 지적하였고, 선불교 특히 일본선불교 권위자인 두물린은 그를 "전문철학자가 아니었음"을 양보하였다. Masao Abe, op. cit., p. xi 및 Heinrich Dumoulin, *Zen Buddhism in the 20th Century*. Trans. Joseph S. O'Leary (New & Tokyo: Weatherhill, 1992), p. 30.

16. 스즈키가 선-체험에서 강조하는 논리는 심리-논리 이원론의 입장에 선 한갓된 논리가 아니라, 심리-논리 일원론에서 본 '심리적 논리 = 논리적 심리', 이를테면 그리스의 로고스(logos)에 상응하는 근원적 '논리=심리'인 셈이다. "선=철학에서는, 실로 일체 불교철학에서는, 논리적인 용어와 심리적인 용어 사이에 아무런 구별이 없어서, 하나가 다른 것으로 즉시 전환된다. 삶의 관점에서는 그러한 구별이 전혀 존재하지 않는다. 왜냐하면 여기에서는 논리가 심리(psychology)이고 심리가 논리이기 때문이다"(*Zen Doctrine of No-mind*, op. cit., pp. 50~51). 이러한 원초적 · 존재론적인 의미에서 '논리학'이란 다름 아닌 '형이상학'을 의미함은 물론이다.

인 각오覺悟나 오도悟道/satori에 관한 한에서는, 철학적 · 형이상학적 측면이 결정적이라는 점을 확신하는 것은, 우리의 당면과세에 아주 중요한 의미를 가지는 것으로 간주된다. 왜냐하면 스즈키가 선의 핵심인 '사토리' 체험에서 철학적 · 형이상학적인 요소를 강조하는 것은 바로 혜능 선의 특징 곧 '반야지혜', 스즈키의 이른바 '반야직관prajñā intuition'을 강조하는 것에 다름 아니기 때문이다. 따라서 무엇이 진정한 선인가, 선의 본질은 무엇인가, 무엇이 진정한 깨달음인가, 또는 깨달음의 본질은 무엇인가와 같은 물음은 동일한 물음의 상이한 표현이며, 그것은 결국 철학(지혜사랑)이란 무엇인가의 문제로 귀착되는 것이다. 그런데 더욱 중요한 것은, 이러한 물음들이 결국 선의 핵심 또는 정체성을 묻는 것에 다름 아니며, 바로 이러한 물음에서 선의 정통 · 적통성 문제가 필연적으로 제기된다는 사실이다. 요약하면, 스즈키가 선에서 그 철학적 · 형이상학적 요소를 강조적으로 논의하는 것은 곧 바로 선의 정체성 · 정통성을 논변하는 것이며, 또한, 너무나도 중요하게, 선의 정체성 · 정통성을 논의하는 것이 선 그 자체의 본질적이고 항구적인 과제를 논변하는 일에 해당된다는 주장인 셈이다. 이러한 근거에서 우리는 스즈키 선학을 분석 · 해명하면서 스즈키 선학에 의해서 대변되는 선학의 철학적 성격을 해명하려는 것이다. 이러한 전략의 철학적 성격은 선학의 역사적 사실을 무시하지 않는 방법으로 '사실을 통해서 사실을 초월하는' 형이상학적 · 철학적인 함의를 선험적으로 연역하는 데 있다.[17] 일언이 폐지

---

17. 이러한 연역 즉 '사실을 통한 사실-초월적인' 연역을 우리는 칸트적인 의미를 넘어서 후설의 선험현상학적 방법으로서 '사례를 통한 典例-예시적인', 후설의 이

하면, 선의 정체성을 철학적으로 해명하려는 우리의 과제는 가장 현대적인 의미에서 '철학적 · 형이상학적'이라고 주장할 수 있다.

혜능은 앞의 각주에서 인용한 대로, 정과 혜의 상호불가분리적인 일체성을 강조하고, 양자를 등燈 · 광光에 비유하여, "등이 있으면 광이 있고, 등이 없으면 광도 없으니, 등은 광의 체體이고 광은 등의 용用이기에, 이름은 둘이나 실체는 두 가지가 아니니, 정혜법도 이와 같다"(『단경』, sec. 15)고 설파한다. 스즈키는, 그의 비판자들이 지적하듯이,[18] 임제선을 통하여 혜능선에 접맥하고, 육조단경을 선의 제일 소의경전所依經典으로 삼는다.[19] 그가 조동선曹洞禪 · 묵조선默照禪에 언급하지 않은 채, 선정만

───

른바 '자유변양을 통한 본질-직관적인' 철학이념에 닿아있는 개념으로 이해하고 있음이 각별하게 유념되어야겠다.

18. 스즈키의 선불교 이해, 특히 혜능과 『단경』의 이해에 대한 비판으로는 John McRae, op. cit., pp. 237, 274; Bernard Faure, *Chan Insight and Oversight*, op. cit., pp. 62~63, 70 참조.

19. 스즈키는 돈황본 『단경(壇經)』을 편집하여 「스즈키 본」을 내놓았고, 혜능선과 『단경』 연구서로 *Zen Doctrine of No-mind: The Significance of the Sutra of Hui-neng*을 저술하였다. 그의 저술을 통하여 한결같이 혜능, 『단경』, 돈오를 선종의 요체로 강조해온 덕택으로 역사학자 호적(胡適)의 호된 비판을 받기도 하였다. 양자의 대표적인 대결로는 *Philosophy East and West*, 3, 1: 3~24, 25~46 참조. 이것은 나중에 소위 '전통 대 역사' 또는 '형이상학 대 역사주의' 논쟁의 고전적 표본이 되었다. 전통적인 禪學에 대해서 비판적인 시각으로 '선-전통의 인식론적 비판'을 수행하면서 선-修史學을 재고하는 자리(*Chan Insight and Oversight*, Ch. Three)에서 대립적인 입장 특히 스즈키-호적의 대립관계를 형이상학적 선험주의 · 보편주의와 역사주의적 상대주의 간의 대립으로 비교적 소상하게 검토한 Bernard Faure는 '선-전통의 문화적 비판'(*The Rhetoric of Immediacy*, 1991, Ch. One)에서는 다시 '전통의 차연(differential tradition)'을 거론하면서 스즈키-호적의 대립을 '역사적-현상학적 접근(historical and phenomenological approach)'(같은 책, p. 27)으로 규정한 바 있다는 사실은 우리의 당면과제와 연관

을 강조하는 참선을 정적주의·신비주의에 취약한 치선癡禪으로 경계하고, 선적 체험에서 유별나게 지성적·사유적intellectual-noetic인 요소를 강조하는 것도 바로 혜능의 정혜일체주의와 동조함에 기인한다. 뿐만 아니라 일체 불교에 공통적인 선종의 종지를 견성이나 오도悟道에서 확인하고, 선을 "오도이론의 중국적인 동화 내지는 실천적인 해석"[20]으로 정의할 정도로 그는 '깨침'을 극력 강조하거니와, 이것도 모두 지혜를 강조하는 그의 선-철학을 대변하는 것이며, 여기에 선철학에 대한, 또는 선의 철학적 성격규명에 대한, 스즈키의 입장을 해명하는 출발점을 발견할 수 있는 터이다. 그가 선 자체나 선의 철학적 성격에 대해서 애매한 태도를 취하는 것은, 아마도 "'선'이 범어 'dhyāna'의 음역transliteration인 '선나禪那'의 생략이기는 하지만, 인도의 Dhyāna와 정확하게 일치하지 않기"(E-II: 326-27) 때문에,[21] 즉 "혜능의 '정혜동시同時·동연성同延性/the identity or simultaneity of dhyāna and prajñā'"[22] 종지宗旨를 선의 혁명적 전회, 즉 '달마의 인도선으로부터 혜능의 중국선에로의 단호한 전향'으

하여 아주 중요한 시사를 함의하고 있다.

20. D. T. Suzuki, *Essays in Zen Buddhism*. Ed. Christmas Humphreys. First Series (New York: Grove Press, 1949), pp. 163, 316; Third Series (New York: Samuel Weiser, 1953), p. 346. Second Series도 Third Series와 같은 출판사, 같은 해에 출간되었는바, 앞으로 이들 시리즈를 인용할 때에는 예컨대 '*E-I*: 163'의 형식을 사용할 것인데, 이는 Essays, First Series, p. 163을 지칭하는 것이다.

21. '선'과 'dhyāna'의 관계 문제에 관한 스즈키의 더 자세한 설명에 관해서는 *E-I*: 79-86 참조.

22. William Barrett, ed., *Zen Buddhism: Selected Writings of D. T. Suzuki* (New York et al.: Image Books, Doubleday, 1996), p. 264.

로 간주하기 때문일 것이다. 선정에 반야가 융해되기에,

> 선에서는 분명 하등의 수동성도 찾아볼 수 없다. 선이 주장하듯이, 그것
> 은 동방대승불교의 강력한 '자력' 종파self-power wing이며, 게다가 진리
> 의 직관적 통찰에 그 모든 강세를 둔다는 의미에서 그것은 지성적이다.
> 그것은 거의 일종의 철학이다. 그러나 심리학에 관한 한에서는, 선의식
> 은 여타의 종교의식으로부터 다르지 않다; 그것이 우리의 경험계 안에
> 서 작동하는 방식은 여타의 종교경험과 동일하다. 우리가 그 경험에 부
> 여하는 형이상학적 해석이나 내용이 무엇이든 간에, 그 안에는 모종의
> 수동성 감정이 있게 마련이다. 한정된 지성작용intellection 영역을 초월
> 하는 것은 지성 자체의 능력을 사용하는 것이 아니다; 그것은 그 이상의
> 무엇으로부터 유래하는 것이다. 그리고 마음을 초월하는 그 무엇이 존
> 재하는 한에서, 그럼에도 그 작용이 마음 안에서, 그리고 마음을 통해서
> 발현되는 한에서, 마음은 수동성의 역할을 감당해야 하며, 이를 위해서
> 는 별다른 선택이 없다. (E-II: 326. 강조는 첨가)

이러한 능동적-수동적 작용이 『대승기신론大乘起信論』의 이른바 심진
여心眞如문과 심생멸心生滅문을 구성하며, 이 양자는 일즉이一卽二요 이
즉일二卽一이며, 동즉이同卽異요 이즉동異卽同이라서, 또한 "수동적으
로·능동적이거나 능동적으로·수동적"(위와 같은 곳)이다. 바로 마음의
이러한 역동적-변증법적 구조로부터 불교철학 일반의 문제와 선철학
특유의 모든 문제가 생겨난다. 일반 형식논리학의 일체 가능적 명제형
식인 유有·무無·구俱(또는 쌍雙)·비非의 4구가 적법適法적이게 적용되

지 않는[23] 모순-변증의 논리, 즉 불립문자 · 언어도단 · 심행멸처 · 불가 사의의 문자 · 언어 · 심행 · 사의思議의 문제가 생겨난다. 바로 여기에 서 세 · 속제-승의勝義 · 제일의第一義제, 생멸-진여, 경험-선험, 내재- 초월, 세간-출세간, 세속-탈속-환속, 의언依言-이언離言 등속의 방편적 이원론이 거론된다. 이러한 모순적 또는 모순-통일(회통)적인 실재가 '실 제무제實際無際'요, 선험적인 경험이 '철저경험徹底經驗'[24]이며, '긍정-부 정'의 긍정이 '불연지대연不然之大然'이고, '실리實理-무리無理'의 진리가 '무리지지리無理之至理'이며,[25] 이 같은 궁극 · 절대의 인식이 바로 철학 이요 '반야지'이다. 그리고 이러한 경험의 순간적 진행이 '선정=반야'의 '사유수思惟修' 또는 '정려靜慮'임은 물론이다. 선정은 반야를 통해서, 그 리고 반야는 선정을 통해서 실현되는 생기生起 · 성기性起 · 발현發現으로

---

23. 선의 표현은 4구(four propositions; catushkatia)에 걸리지 않도록, 이원론적 반 대를 부정하는 방식으로, 즉 차전(遮詮)적인 방식으로(apophasis; via negativa) 진술되어야 한다는 사실을 스즈키는 강조하고 있다. (E-I: 275)

24. 스즈키는 자주 선을 철저한 방법을 사용한다거나 (E-II: 108) "선은 철저한 경험 주의이다(Zen is radical empiricism)"(E-III: 348)라고 주장하는데, 아마도 이 는 William James의 개념을 빌려 쓴 것이 아닌가 생각된다. 스즈키가 선을 '철저경 험주의'로 규정하는 것은 다음과 같은 근거에서이다: "선은 경험주의(empiricism) 이다. 왜냐하면 선이 실재를 포착하는 수단으로 어떠한 우회적 방법론에도 의존하 지 않은 채 반야직관prajñā intuition에 호소하기 때문이다. 선-경험주의는 철저하 다. 왜냐하면 반야직관이 모든 형식의 직관과 지성작용 아래에 위치하며, 반야직관 을 넘어서는 우리를 실재와 직접 접촉하게 하는 아무것도 없기 때문이다." Barrett, *Suzuki*, p. 270. Barrett가 그의 「서문」에서 "오히려 선은 생생하고 구체적인 사실을 원한다. 이러한 의미에서 선은 철저한 직관주의(Radical Intuitionism)로 기술될 수 있으리라" (위의 책, xv)고 주장하는 것도 아마 위에 인용된 스즈키의 견해에 동조 하는 것이리라.

25. 원효, 『金剛三昧經論』, 「述大意」참조.

서 작용·사건·행위이자 동시에 무생無生·무용無用·무위無爲인 사태가 중국적 의미의 참선參禪·수선修禪/Zen practice이다. 열반·해탈·진여·일심·여래·자성·공무空無·공공空空 등등도 마찬가지 논리에서 무생·무상·무위·무득의 체험이며 공덕이다: 그것은 결코 정적·적멸·신비·암묵·황홀·몰아의 심적 상태에 불과한 것으로 치부되어서는 아니 될 것들이다.

스즈키는 그의 대표적 저술을 통해서 참선·수선체험의 이와 같은 모순·변증법적 성격에 첨예하게 주의하면서, 반야의 능동적·지성적 측면을 강조하고, 이것을 그 철학적·형이상학적 차원으로 확인하기를 주저하지 않는다.[26] 다만 선가에서 선정 없는 반야를 '광혜狂慧'로 비판하듯이, 선정의 바탕 없는 참선을 지성작용intellection, 개념작용conceptualization, 주지주의intellectualism, 한갓된 철학 등등으로 비판한다. 마찬가지 논리에서 반야를 무시하는 선정을 선가에서 '치선癡禪'으로 비판하듯이, 체험의 종교적·심리적 요소를 지나치게 강조하는 참선·선학을 신비주의·정적주의·수동주의로 비판한다. 따라서 건전하고 올바른 습선·선학은 심리적·종교적인 수동적·현상적 요소와 철학적·형이상학적인 능동적·본체적 요소가 '불일이불이不一而不二'하게 변증법적으로 융화融和되는 곳에서 제대로 실현될 수 있다는 것을 부단히 주

---

26. 그러나 유감스럽게도, 그의 거의 모든 저서의 색인에서는 그 어디에도 '철학', '형이상학', '논리학' 같은 항목은 발견되지 않는다. 바로 여기에서 저자 스즈키와 색인작성자 간의 선학과 선-이해에 관한 근본적인 차이가 발견된다. 그리고 선의 현대적 이해는 현대적 의미의 철학·형이상학 이해를 떠나서 실현될 수 없다는 것이 우리의 확신이다.

의하고 강조하는 것이 스즈키 선학의 요체라 하겠다. 이제 그의 저술에 서 이점을 검증해 보기로 하자.

선이 자신을 표현하는 그 나름의 방법을 가지고 있고, 따라서 자신을 합리화하는 이론을 가지고 있다는 것은 말할 필요도 없다. …… 만일 선 이 체험적으로 포착되어야 한다면, 반복해서 말하거니와, 그것은 개념 화될 것이 아니다; 그러나 …… 만일 선이 일체의 의사소통수단을 박탈 당한다면, 그것은 선이 아닐 것이다. …… 선의 개념화작업은 불가피한 것이다: 선은 자신의 철학을 가져야 한다. 다만 주의할 것은 선을 어떤 철학체계와 동일시하지 말아야 한다는 것뿐이다. 왜냐하면 선은 무한하 게 철학체계 이상의 것이기에 말이다. …… 선은 철학을, 그리고 우리로 하여금 철학함에로 추동하는 일체의 것을, 경시하지 않는다. 그러나 선 의 업무는 우리로 하여금, 철학함이 궁극적인 것에 이르려는 인간충동 을 남김없이 고갈시키는 것이 아님을, 깨닫게 하는 것이다.[27]

27. William Barrett, ed., *Zen Buddhism: Selected Writings of Suzuki*, op. cit. pp. 241, 260. 앞으로 이 책은 "Barrett, *Suzuki*"로 생략 인용할 것임. 이 책의 편집 자 Barrett는 그의 「서론」에서 이렇게 쓰고 있다: "이리하여 선은 그 자체 철학이 아니다 (여기에서 서양 독자는 경고를 받아야 하리라). 비록 선 배후에 대승불교 의 위대한 철학들의 얼마가 놓여있다고 하더라도 말이다. 비록 붓다가 철학자들 에 반대하는 것으로 시작했다 하더라도, 그럼에도 불구하고 불교는 그 역사과정 을 통하여 지금까지 창출된 철학 중에 가장 위대하고 가장 심오한 철학들의 하나 를 진화시킨 것이 사실이다. 이것이 불교 창시자의 창시 정신에 모순된 것인가? 아니다: 왜냐하면 불교철학은 서양철학의 목적과는 전혀 다른 목적에 의해서 활 성화되었기 때문이다: 불교는 철학을 다만 철학자들을 그들의 개념감옥으로부터 구제하기 위한 하나의 수단으로서만 취하는 것이다; 불교의 철학은, 말하자면, 모

철학을 한갓 개념유희나 형식논리 내지 공허한 사변에 탐닉하는 지성 활동intellection으로 오인誤認할 경우, 이러한 '사이비 철학함'을 '한갓된 철학함'(E-I: 23)으로 배격하는 스즈키는 정각正覺을 추구하는 선을 이러한 의미의 철학으로부터 철저하게 옹호한다. 진정한 철학은 그리스 이후의 서양철학 주도主導 이념인 '지혜사랑'으로서의 형이상학이기 때문이다.

스즈키는 '선 체험을 규정하는 요소Factors determining the Zen experience'를 적시하는 자리에서(E-II: 55-67) "선 체험 내용이 대부분 지성적이라는 것은 쉽게 확인될 수 있는 것"임을 강조하고,

> 선 추종자들의 정신태도mentality는 [종교적 · 심리적이라기보다는] 오히려 무엇인가 일층 형이상학적이며 …… 혜능의 마음도, 거창한 형이상학적 주장들로 가득 찬 금강경의 함의를 포착했을 만큼, 형이상학적이었음에 틀림없다. 그가 반야바라밀경을 이해했을 때, 거기에 내포된 고도로 철학적인 진리는 '미생지전 본래면목未生之前 本來面目'이라는 실

종의 非-哲學, 즉 철학을 폐기시키는(undo) 또 하나의 철학인 셈이다"(xv-xvi). 이렇게 말한 다음 그는 자신의 의견을 예시하기 위하여 붓다와 플라톤을 비교하고 있다. 그러나 과연 그럴까? 분명 스즈키의 철학관은 바레트의 그것과 다를 뿐만 아니라, 선이 어떤 의미에서 철학일 수 있고, 또 그럴 수밖에 없는 것인가에 관해서는 전자의 통찰이 후자의 견해를 훨씬 앞지르고 있다는 것이 우리의 견해이다. 선과 철학의 관계에 관한 문제는 바레트를 포함하는 대부분의 철학자 · 비철학자가 주장하는 것보다 일층 더 어려운 문제라는 사실은 아무리 강조되어도 오히려 부족하다고 하겠다. 이것이 왜 우리가 여기서 이 논의를 전개하는가, 그리고 왜 하필이면 규봉선사와 함께 스즈키의 禪學 · 哲學 개념을 이처럼 자세하게 거론하는가에 대한 이유이다.

천적 문제로 변모되었고, 그 다음에는 마조馬祖의 '온 강물을 단숨에 들이킴'에로 바뀌었다. (E-II: 5)

"이리하여 혜능의 '무념'은 심리학자의 '무의식'과 근본적으로 다르다. 그것은 형이상학적 함의를 가진다"[28]고 스즈키는 해석하고 있다. "실로 심리학적인 의미에서가 아니라 가장 심오한 형이상학적 의미에서 무의식"으로 말이다.[29] 바꾸어 말하면, 선 체험은 인간학적 · 세간학적 · 종교적 · 심리적이라기보다는 지성적 · 철학적 · 형이상학적 색채 또는 요소가 지배적이라는 말이다. 아니 어느 것이 지배적이라거나 더 중요하다는 것이라기보다는, 오히려 선의 두 가지 요소 즉 선정과 지혜 중에 후자를 더 강조하고자 하는 것임을, 그리고 바로 거기에 인도印度선 · 신수神秀선에 대비되는 중화中華선 · 혜능惠能선의 특징을 부각시키려는 것임을 이해하기 어렵지 않다. 마침내 스즈키는 "만약 여기에서 '형이상학적'이라는 용어가 적절하게 사용될 수 있기만 하다면, 선은 각별하게 singularly 형이상학적이다"(E-II: 307, note 1)라고 선언하기에 이르고 만다.

우리는 이상에서 언급한 스즈키의 '형이상학적 선-이해'가 스즈키 선학 또는 선학에 대한 스즈키의 서양철학적인 이해가 핵심적으로 극명하게 표출되는 것으로, 따라서 선의 정체성에 대한 우리의 현대철학적 해명에서 '현상학적 전례'로 차용한 스즈키 선학의 예시 성격이 더욱 분명

28. D. T. Suzuki, *The Zen Doctrine of No-mind: The Significance of the Sutra of Hui-neng (Wei-lang)*, Ed. Christmas Humphreys (York Beach, Maine: Samuel Weiser, 1972), p. 60.
29. 위의 책, 77쪽. 여기서 '무의식(the Unconscious)'은 물론 '無念'의 英譯이다.

하게 노출되는 것으로 이해하기에, 아래에 한 구절 더 인용하여 이점을 아주 확실하게 재확인해 두고자 한다.

실재적 자아는 상대성의 유한한 세계에 귀속되는 심리학적 또는 윤리학적 자아에 반대되는 형이상학적 자아의 일종이다. 임제[선사]의 사람 Man/人은 무위無位 또는 무의無依 혹은 무의無衣의 사람으로 정의되어 있는 바, 이것은 모두가 우리로 하여금 '형이상학적' 자아Self를 생각하게 만드는 것들이다.[30]

그는 때때로 '철학'과 '형이상학'을 상호-교환적으로 사용하는 것 같지만, 아마도 전자는 여타 학문과의 대비에서, 그리고 후자는 경험적 · 실증적 · 세간적인 것을 초월하는 것이라는 뜻에서 사용하는 것 같다.[31] 형이상학적인 것은 언제나 철학적인 것이지만, 역으로 철학적인 것이 언제나 형이상학적인 것은 아니다. 형이상학적인 것과 비-형이상학적인 것의 구별은 비교적 용이하지만, 철학적인 것과 비-철학적인 것의 구별은 항상 문제가 될 수 있다. 전자는 존재에 관계하지만, 후자는 존재자체에라기보다는 오히려 존재의 인식에 관여하는 것이다. 이제 만약 선-

---

30. Suzuki et al., *Zen Buddhism and Psychoanalysis*, op. cit., p. 32.
31. 규봉종밀은 "不變隨緣의 문제가 象外之理이기에 直說難證"이라고 진술한 바 있거니와 여기서 '象外之理'가 '형이상학'에 해당되는 것으로 볼 수 있을 것이다. 이를테면 후자를 '形上學'으로 전자를 '象外學'으로 간략하게 지칭하는 것도 편리한 방법일 수 있겠다. 圭峰 · 宗密, 「中華傳心地禪門師資承襲圖」, 『續藏經』, 433上.

현상 또는 선-체험의 형이상학적인 측면을 부각시키려 한다면, '철학적' 이나 '형이상학적'이라는 용어보다는 '초월적' 또는 '신험적'[32]이라는 용어가 더 분명하고 간편한 것 같다. 왜냐하면 불교에 관한 것이라면, 후자의 개념에 정확하게 상응하는 '제일의第一義' 또는 '승의勝義'라는 용어가 아주 보편적으로 사용되고 있기 때문이다. 서양철학의 용어를 사용해야 하는 스즈키의 영문 저서에는 'transcendental'이라는 용어가 아주 빈번하게 등장하는바, 예컨대 'world'(E-III: 85), 'knowledge'(147, 162), 'wisdom'(II: 253), 'happiness'(I: 349), 'joy'(II: 300), 'vow'(II: 350), 'viewpoint'(III: 272), 'consciousness' 등등에 'transcendental'이라는 술어를 사용할 뿐만 아니라, 심지어는 'transcendental Buddha'(II: 283)라는 용어를 사용하고, 나아가서는 'transcendental intellectualism'(I: 231)이나 'Zen transcendentalism'(II: 253)이라는 용어를 동원하기까지 한다. 선-체험에 함축된 '지성' 또는 '논리'를 스즈키는 아마도 '선험적

---

32. 'transcendental'이 칸트의 인식론에 충실하게 '선험적'으로 번역되곤 했으나, 근자에 와서 이 용어를 'a priori'와 대비시키기 위해서 후자를 '선험적'으로 번역하고, 전자를 '초월적'으로 번역하자는 제안도 제기되고 있는 실정이다. 그러나 이러한 번역용어 선택은 '번역하는 漢字'의 字意와 함께 '번역되는 原語'의 어원적·맥락적·철학적·해석학적 의미를 고려해야 하는 만큼 일의적으로 단정하기 어렵다고 하겠다. 우리는 여기에서 '사실·세간·실증을 넘어서, 또는 그 이전에, 또는 그것을 가능하게 하는 전제'라는 의미에서 '선험적'으로 번역하고자 한다. 스즈키는 예컨대 혜능의 '無念(Unconscious)'이 '과학을 넘어서 있다'는 의미에서 'metascientific'으로, 그리고 '과학 이전의 것'이라는 의미에서는 'antescientific'으로 규정하고 있음을 볼 수 있다. Erich Fromm, D. T. Suzuki, and Richard De Martino, *Zen Buddhism and Psychoanalysis* (New York et al.: Harper & Row, 1960), p. 11 참조. 이점에 관해서는 아래에 다시 언급될 것이다.

논리'나 '선험적 지성'으로 부르고 싶었을 것이다. 하여튼 선의 지혜 측
면을 강조하기 위하여, 한편으로 그 논리 · 지성의 측면을 강조하지 않
을 수 없으면서도, 또 다른 편으로는 한갓된 논리 · 지성 · 철학 · 사변에
로 경도되는 것을 경계하지 않을 수 없는 딜레마를 회피하기 위하여, 그
는 마침내 궁여지책으로 '선험적 지성주의'라는 용어를 만들기까지 하지
않았을까. 그만큼 스즈키의 선학은 철저하게 선-경험적이면서도 동시
에 철저하게 철학적이며 형이상학적이었다는 증거이기도 하다. 이제 우
리는 마지막으로 선-체험 또는 깨달음에 관한 스즈키의 선학-철학적인
분석 · 해명을 검토하고, 우리의 철학적 접근방법을 요약 · 제시하고자
한다. 반복해서 말하자면, 스즈키 사례를 매개삼아 우리의 선-철학개념
을 제시하려는 셈이다.

  스즈키 불학-선학의 근본개념은 보리bodhi/覺/悟이다.[33] 보리는 바로
반야에 연루되고, 후자는 또한 '열반삼사涅槃三事'의 개념에 의하여 법
신 · 열반 · 해탈에 연루되는 만큼,

---

33. 스즈키가 의미하는 satori=Enlightenment는 '覺悟', '見性' 또는 '悟道'로 번
    역될 수 있는 것이며, 여기에서 '覺悟'는 '覺 · 悟' 또는 '覺=悟'로 이해되어 무
    방하다. 우리가 즐겨 참조하는 『佛敎學大辭典』은 '覺悟'를 "깨달아 눈 뜨는
    것. 진리를 會得(깨달음)하여 보리(菩提) 즉 깨달음을 얻는 것. 변하여 決心 ·
    諦念한다는 뜻"으로 정의하고 있는바, 이는 하이데거의 존재론적 실존개념인
    'Entschlossenheit'의 의미에 아주 근사하게 대응하는 것이라서, 우리는 불교 본
    래적 의미인 '正覺'을 대신해서 '覺悟'를 사용하기로 한 것이다. '사토리'가 정확하
    게는 '正覺' 또는 '無上正等正覺(Perfect Enlightenment)'을 뜻하는 개념임을 주
    장하면서도, 스즈키는 통상 이 단어를 단순하게 'Enlightenment'로 영역하는 만
    큼, 우리도 우리 멋대로 '覺悟'로 번역해본 것에 불과하다.

만약 보리가 불교의 존재근거raison d'être라면 — 즉 만약 불교가, 붓다에 의해서 증득되고 그리고 붓다의 존재를 형성하는 것인바, 보리의 확고한 토대 위에 세워진 건물이라면 — 선은 그 건물의 전 구조를 지지하는 중심 기둥이며, 그리고 그것은 붓다 보리심의 내용으로부터 이끌어내어진 직접적인 연속선을 구성하는 것이다. (*E-I*: 60)

환언하면 '선(명상)'을 '선불교(명상불교; dhyāna Buddhism)'[34]이게 하는 것이 바로 '깨달음'이라는 주장이다. 적어도 영역된 저술에 한정하여 말한다면, 선불교에 관한 스즈키 연구의 대강은 우리가 지금까지 인용한 전소 3권의 『선불교 에세이*Essays in Zen Buddhism*』에 충분하게 반영되어 있다 해도 무리는 아닐 것이다. 그 핵심은 제1권의 첫째 논문 「보리이론의 중국적 해석으로서 선」과 제2권의 첫째 논문 「공안수련公案修練」 및 제3권의 「반야바라밀의 철학과 종교」이며, 모두가 단행본 분량의 장편 논문이다.[35] 반야를 '선험적 지혜'로 지칭한 스즈키가 '반야바라밀' 곧 '지혜완성'을 바로 '정각'으로 이해한다는 점에서, 그의 『선불교 에세이』 전 3권은 '보리이론the Doctrine of Enlightenment'에 대한 해석으로 이해되어 무방할 것이다. '선'이 '보리'를 목표이념으로 지향하고 있다는 바로 그 점에서 '선불교'로 자리매김되는 터이다. 첫 번째 에세이가 「보리이론의 중

---

34. Chou Hsiang-Kuang(周祥光), *Dhyana Buddhism in China: Its History and Teaching*. Allahabad, India: Indo-Chinese Literature Publications, 1960.

35. 실제로 「공안수련(*Koan Exercise*)」은 *The Zen Koan as a Means of Attaining Enlightenment* (Boston et al.: Charles E. Tuttle Co., 1994)의 표제 아래 단행본으로 출간되어 있을 정도이다.

국적 해석으로서 선」으로 자리매김된 것은 선을 선불교로, 그리고 중국 선불교를 '불교'의, 풀어 말하면, '보리이론'의, 중국적인 변용變容임을 선언하는 매우 의미심장한 편집전략으로 볼 수도 있을 것이다. 이것은 곧 '불교'가 '보리이론'이고, '보리이론'의 가장 대승적인 결실인 '선학'이 '불학'일 수밖에 없으며, 불학·선학은 결국 '수순반야隨順般若의 학문' 이외 다른 것일 수 없고, 이것은 또한 말을 바꾸어 '지혜사랑의 학문' 또는 '애지학愛智學' 즉 [희]철학[希]哲學'일 수밖에 다른 것일 수 없다는 것은 불학·선학·철학개념의 '분석적 진리'일 뿐만 아니라, 동서고금의 철학이념 전개역사를 통하여 실증된 '사실적 진리'이기도 하다.

「공안수련」에서 스즈키는 '선-체험을 규정하는 요인' 4개 항을 대체로 이렇게 설명하고 있다: 첫째는 "선-체험의 내용이 대체로 지성적이라는 점이다"(E-II: 55). 유신론적 종교나 신비주의와는 판이하게, 선은 신학적·종교적인 정서나 의례와는 너무나 거리가 멀게 느껴질 정도로 "냉철하게 과학적인 증거나 사실matter-of-fact"을 중시한다.[36] 물론 개념분석적이거나 추론적·사변적인 협의의 지성이 아니라, 실천적 지혜나 구체적 사실 또는 사물 자체things themselves를 직관하는 데 필수적으로 기여하는 광의의 지성, 이를테면 전前-형이상학적인 지성 혹은 스즈키의 이른바 '선험적 지성주의적인' 지성을 의미함은 물론이다. 이는 마치 스피노자가 궁극적 실재의 최종적 인식 양식인 제3종지, 즉 '영원의 형상 아래' 우주전체를 단 한번의 직관으로 조명하는 '직관지直觀知/scientia intuitiva'에 선행하는 제2종지, 추론지ratio를 전자의 예비단계로 요청하

---

36. Ibid.

듯이 말이다.[37] 이것은 외형상으로 직관지에 유사한 상상을 지적 직관과 혼동하지 않게 함이며, 정혜 · 지관의 수선을 광홀� · 혼침昏沈의 치선 癡禪으로 침잠하지 않게 하는 경계조치이다.

두 번째 요소는 '형이상학적 탐색metaphysical quest'의 단계로서 첫째 단계의 "궁극 진리에 대한 지성적 탐색"을 강화하고 심화하는 노력으로서 "선-의식의 지성적 선행조치an intellectual antecedent of Zen consciousness"인 바, "선학도의 생활에 새로운 도정을 여는" 것이다.[38] 여기서 '형이상학적 탐색'이란 습선자習禪者가 "개인적 존재로서 그에게 부과된 일체의 한계를 초출하려는, 자신을 넘어서려는 강력한 열망"[39]을 의미한다. 하이데거의 표현을 빌리면, 존재자 전체를 넘어서 무 · 공 안으로 들어가 존재의 개시開示에 대대待對하는 태도 · 자세 · 입장을 의미한다.[40] 그것은 경험 · 세

---

37. 실제로 스즈키는 「胡適의 비판에 대한 반론」에서 그의 선불교 핵심개념인 '반야직관'을 '스피노자의 직관지(Spinoza's *scientia intuitiva*)'에 대응하는 것으로 설명한다. Daisetz Teitaro Suzuki, "Zen: A Reply to Hu Shih," *Philosophy East and West*, 3.1 (1953), p. 34 참조. 스피노자의 '직관지'의 개념은 'sub specie eternitatis'의 개념과 함께 우리가 '철학적 · 형이상학적 인식'의 개념을 해명하는 데 즐겨 원용하는 개념이거니와, 스즈키는 "실재적 자아는 우리 각자가 통상적으로 주장하는 자아(I)가 아니라 영원의 형상 아래에서(sub specie eternitatis), 무한성의 한 가운데에서, 자신을 발견하는 자아"(『선불교와 정신분석』, 「선불교강의」, p. 66)로 규정하기도 한다. 이점에 관한 우리의 견해로는 졸고, 「Spinoza에 있어서 神의 문제: 원효철학의 관점에서 본 형이상학적 해명」(『省谷論叢』, 第26輯, pp. 119-183) 참조. 이와 같은 스즈키의 스피노자 인용은 이 논문의 초안이 완성된 이후에 발견되어 여기 각주하는 것임을 밝혀둔다.

38. *E-II*: 61.

39. Ibid., 55.

40. 無, 存在 및 存在者와 형이상학의 관계, 그리고 형이상학과 철학의 관계에 관한 하이데거의 사유에 관해서는 Martin Heidegger, *Was Ist Metaphysik?*, Frankfurt

간·연기의 정점에서 선험·무념·진여와 대대하는 극도로 긴장되고 집중적이면서도 일체가 적멸된 투탈透脱·투명·청정한 순간momentum에, 『주역周易』의 이른바 '적연부동寂然不動, 감이수통感而遂通'의 상태에, 일촉즉발로 천지개벽cataclysm/denouement이, 일생일대의 일대사가 성기性起할 확연대공廓然大公의 경지에, 이르고자 하는 절체절명의 전력투구 이외 다른 것이 아니다. 스즈키가 "선사들이 선에 주의를 기울이기 이전에, 예외 없이 불교적이든 혹은 다른 것이든 간에 그 가장 넓은 의미에서 철학을 공부한 사람들이었다는 사실은 시사하는 바가 크다"[41]는 견해를 피력했을 때, 그가 말하는 '최광의最廣義의 철학'이란 곧 형이상학적 태도·정신을 의미하는 것이리라. 이와 같이 광의의 지성적·형이상학적 수선을 통하여 정신적 일대 변혁 또는 실존 자체의 대반전을 위한 만반의 준비가 완료되었을 때, 셋째 요소인 선사·각자覺者의 인도를 통하여, 마지막으로 넷째 국면인 견성·오도가 이루어짐으로써 대단원의 막이 내리게 된다.

　스즈키는 「공안수련」편에서 '사토리의 주요 특징'을 8개항으로 열거하고,[42] 「일본문화에 대한 불교, 특히 선의 공헌」[43]에서 "동양정신, 특히 일본정신을 빚어내는 데 막대한 도덕적 영향을 행사한" 선의 특징으로 7개 항을 들었다.[44] 즉 전자의 논문에서는 비합리성, 직관적 통

---

a.M.: Vittorio Klostermann, 1949 및 *Einführung in die Metaphysik*. Tübingen: Max Niemeyer, 1958 참조.

41. *E-II*: 56.
42. Ibid., pp. 31-39 참조.
43. Ibid., pp. 332-366 참조.
44. Ibid., pp. 346-349 참조.

찰, 권위성, 긍정성, 초월의식, 비인격적 격조, 고양高揚감정, 순간성을 들었고, 후자에서는 파격, 직접성, 단순성, 자족성, 사실성, 영원한 고독, 선적 생활 태도를 거명하였다. 이상의 15개 항목 중에 여기서 우리에게 가장 중요한 것은 '비인격적 격조impersonal tone'와 '영원한 고독 eternal loneliness'이다. 스즈키에 있어서도 "선-체험 중에 가장 주목할 만한 측면은 그 안에 기독교적 신비체험에서 관찰될 수 있는 부류의 인격적 특색personal note이 전무하다는 점이다."[45] 견성은 희·노·애·락·애·오·욕과 같은 개인적 감정·정서는 물론이요, 일체의 인간적 문제나 세간적 관심으로부터 철저히 초월해 있다. 그것은 스즈키가 말하는 "냉혹한 과학적 명정이나 사실성"(E-II: 55) 혹은 "철저하게 비인격적 혹은 오히려 고도로 지성적인"(37) 요소이며, 『도덕경』의 "천지불인天地不仁·성인불인聖人不仁"(제5장)에 해당되는 것이요, 스피노자가 말하는 '신=자연'의 필연성에 상응하는 것이다. 요컨대 절대진리의 증득은 철두철미 주체적·개체적으로 실현될 수밖에 없지만, 이때의 주체·개체는 시간·공간·인과·연기의 연관에서 생멸·부침浮沈하는 경험적·상대적·심리적·세간적인 '중생衆生'의 일원이 아니라, 절대적·선험적·출세간적인 보편자로서 각자覺者·성인聖人·지인至人이다. '신즉자연神卽自然'으로서 천도·천심과 지인·도심道心은 절대진리에 자연부합符合적인 필연성이다. 스피노자가 신에게나 인간에게 자유의지와 목적론을 철저히 배제한 것도 바로 이런 뜻에서이다.

자유와 필연이 그 이원적인 모순성을 지양한 '필연적 자유', '자유의 필

---

45. *E-II*: 37.

연'이 절대자유, 절대필연이다. 우연적·상대적·경험적인 세간의 중생-자아로 살면서 동시에 필연적·절대적·선험적인 출세간에 부단히 자기 초극하는 무아-각자는 무가내無可奈로 '영원한 고독'을 벗어날 수 없다. 자아-자율-자각-자립-자연-자재의 필연 이외 다른 길이 없기 때문이다. "'영원한 고독'이라 부름직한 것이 선의 핵심에서 발견되는데, 이것은 절대감絶對感/sense of the absolute의 일종이다."[46] 스즈키의 말이다. 여기서 '절대감'이란 문자 그대로 '상대적인 것이 단절된 느낌'을 의미하는 것임은 물론이다. 따라서 세속적인 의미에서 상대적인 '외로운 느낌'이 아니라, "공간, 시간 및 인과관계의 조건하에 움직이는 특수의 세계를 뒤로할 때, 정신이 하늘 높이 솟구쳐 올라, 두둥실 떠다니는 구름처럼 마음 내키는 대로 주유周遊할 때, 대면하게 되는 절대존재의 고독solitariness이다"(Ibid.). 제법諸法의 무아·공상空想을 체인體認하여 사르트르의 이른바 '실증주의 환상'으로부터 자유로워졌다 하더라도, 이 무아·법공의 니힐리즘에조차 안주할 수 없는, 그리하여 고유固有·유위有爲가 아니라고 해서 허무·무위도 아니고, 그렇다고 그 중간조차도 아닌, 금강경의 이른바 "응무소주이생기심應無所住而生其心"의 처지에 있는 선인禪人/Zen-man·선학자禪學者와 철인·철학자가 감당해야 할 외로움이다. 말하자면 심리적인 고독이 아니라 존재론적·인식론적인 고독이라고나 할까? 선문어록에서 간단없이 강조되는 "상독행상독보常獨行常獨步"[47]는

---

46. E-III : 349.
47. 永嘉眞覺大師證道歌, 『大正新修大藏經』, 51-2076-460中.

"유무구견불공공有無俱遣不空空"[48]의 존재 · 인식상황에서는 거의 필연적인 자유 행보라 히겠다. 그러기에 스즈키도 "이러한 고독은 존재-비손재의 이원적 대비가 없어진 곳에서 증득되는 절대 고독"[49]이라고 쓰고 있는 것이 아니겠는가. 서양철학 역사를 통하여 가장 철저하고 투명하게 철학적인 사유를 수행한 선험현상학의 창시자 후설이 철학을 '고독한 명상'으로 성격지은 것도 이러한 맥락에서 보면 너무나 당연하게 들린다. 그는 자신의 필생 작업인 '선험현상학적 철학'을『데카르트적 성찰』에서 완결하려 하였는데, 후자는 다름 아닌 '선적 명상'에 정확하게 대응하는 제일철학 이념이다. 그가 이 유명한 만고불후의 명저『데카르트적 성찰』을 다음과 같은 결구로 장식한 것은 참으로 심각하게 성찰 · 참구되어야 할 선학 · 철학적인 공안이 되리라:

바꾸어 말하면: 최고의 의미에서 궁극적으로 정초된 인식, 같은 말이 되겠으나, 철학적인 인식에 이르는 필연적인 도정은 보편적인 자기인식, 우선은 하나의 단자單子적인, 그리고 그 다음에는 상호단자적인 자기인식의 도정이다. 우리는 또 이렇게 말할 수도 있다: 데카르트적인 성찰의 혹은, 같은 말이지만, 보편적인 자기인식의, 철저하고 보편적인 전개가 철학 자체이며, 일체의 자기책임적인 순정純正한 학문을 포괄하는 것이다.

---

48. 같은 책, 460下.
49. *E-II*: 44.

델포이 신탁信託 "너 자신을 알라!"는 새로운 의미를 획득했다. 실증학문은 세계상실성Weltverlorenheit에 있는 학문이다.[50] 우리는 먼저 에포케를 통하여 세계를 상실해야만 추후에 전반적인 자기성찰을 통하여 세계를 다시 얻을 수 있다. 아우구스티누스는 말한다: "[자기] 밖으로 나가려 하지 말라. 너 안에, 인간의 내면에, 진리가 자리하고 있다"고.

---

50. '세계상실성에 있는 학문'은 Dorion Cairns의 英譯(1960)에는 '세계에 실종되어 있는 학문a science lost in the world'으로, Emmanuel Levinas의 佛語譯(1986)에는 '세계 안에 상실된 존재(자)의 학문(une science de l'être qui s'est perdue dans le monde)'으로 번역되어 있을 정도로 애매한 구절로 볼 수도 있으리라. 즉 '세계를 상실한 학문'인지 '세계 안에 자신을 상실하고 있는 학문'인지 말이다. 그러나 후설의 다른 저서에서 거의 동일한 철학이념을 제창하면서 "그래서 순수한 주체성의, 점차 더 분명해지게 되듯이 철학 전체를 길어내는 저 순수한 '그대 자신을 알라!'의 체계적인 수행의, 영역에로의 최초 진입의 어려움이 이해된다"고 진술하는 자리에서 "자연적인 삶은 원천적인, 처음에는 철두철미 필연적인 세계귀의(Welthingabe), 세계상실(Weltverlorenheit)로서 실현된다"고 '세계상실'을 '세계귀의'와 같은 뜻으로 쓰고 있는 데서, 전자가 '세계 속에 몰입해 있음'의 뜻으로 쓰인 것을 확실히 알 수 있다. Edmund Husserl, *Erste Philosophie(1923/24)*, Zweiter Teil, *Theorie der Phänomenologischen Reduktion*. Heraus. Rudolf Boehm (Haag: Martinus Nijhoff, 1959), S. 121에서 인용. "너 자신을 알라!"는 神託은 전자에서는 그리스 원어로, 후자에는 독어로 기록되어 있다.

3. 선학=사유=철학

　일반적으로 명사term의 의미는 내포와 외연에서 확인되는 것이며, 사유능력 또는 개념(파악)능력이 부족할수록, 또는 내포적 의미의 파악이 난감할수록, 우선 외연적 의미에 의존하게 되는 경향이 있는데, 이는 우리의 일상적 언어관습 또는 언어학습이 지시reference나 직시ostension or ostensive definition에 의존하는 경향을 띠기 때문이다. 불가에서는 이 지시언어(능기能記/signifiant)를 명名 · 구句 · 문文이라 하고, 지시대상(소기所記/signifié)을 의義 · 경境/artha이라 하여, '명의호객名義互客'을 주장한다. 그러나 최근 언어철학의 의미론semantics에서는 소위 '내포적 의미meaning'를 '의미 있는 의미론'에서 '더 이상 의미 없는 개념'으로 배제하고, 지시의미reference마저도 의미 있게 논의하는 것이 아주 난감한 문제로 치부되고 있는 실정이다. 즉 언어 자체의 내재적 의미가 확정적 · 본질적 · 불변적으로 확인될 수 없음은 물론, 언어적 표현이 무엇을 어떻게 지시하는지에 관해서도, 즉 언어의 대상성 · 지시성에 대해서도 사용 맥락에 따른 다층적 · 다면적 불확정성을 당연시하는 실정이다.[51] 따라서 '선'이라는 개념 자체는 말할 것도 없고, 이에 연계되어 사용되는 숱한 언어표현도 이러한 언어철학적인 통찰과 논리에 구속되는 것임은 물

---

51. 이러한 문제에 관해서는 콰인(Willard Van Orman Quine)의 저서들을 참조.

론이다. 최근 언어에 관한 인식론적 · 해석학적 성찰이, 초기 선proto-Zen의 기원과 구조, 전통성과 역사성, 직접성과 매개성 문제와 연관하여, 비트겐슈타인을 위시한 현대 언어철학의 연구성과를 활용하는 경향은 선학의 학문적 발전을 위하여 매우 고무적인 현상이라 하겠다.[52] 선문제를 거론할 때도 우리는 예외 없이 언어문제에 직면하게 되는 것이 필연적이기 때문이다. 그러기에 우리의 주제 · 화두가 '선'일 경우, 우리는 당연하게 '무엇을 두고 선이라고 부르는가?'를 먼저 확인하고서야 비로소 바로 그렇게 확인된 피被지시체에 어떻게 접근할 것인가도 모색할 수 있고, 그다음에라야 우리는 다름 아닌 바로 '그것'에 관하여 제대로 이야기할 수 있게 된다. 앞서 종밀宗密을 통해서 언급되었듯이, 선이란 여하한 지시가능적인 실물 · 실체가 아니며, 스피노자적인 속성attributa이나 성질propria도 아니고, 오히려 어떠한 실체의 양태modus 즉 어떤 주체agent의 행위actio에 속하는 편이다. '선'은 광의로 해석하면 마음의 평정상태도달tranquilization/pacification을 위한 방편적 행위, 즉 정신집중(心一境性)을 목표하는 명상행위 또는 그 결과로 성취된 정신 · 심령상태를 의미하는 범어梵語 'dhyāna'의 번음 '선나禪那'의 약어이다. 그러기에 이러한 정신활동 또는 상태를 예컨대 규봉의 외도外道선, 범부凡夫선, 소승선, 대승선 및 최상승最上勝선 5종선(『都序』)을 위시하여,[53] 사선四禪(『아함

<hr />

52. 상기 각주 2 참조. 그리고 禪의 언표와 동일한 사정에 있는 선험적 경험 또는 선험적 실재의 진술(predication) 문제에 관한 아주 중요한 통찰이 후설 · 핑크의 『제6명상』, §§10-11에 자세하게 논의되어 있다. 아래의 주 56 참조.
53. 숭산 스님은 최상승선을 다시 義理禪(theoretical Zen), 如來禪(tathagata Zen), 祖師禪(patriarchal Zen)으로 삼분하기도 한다. Zen Master Seung Sahn, *The*

경』), 9종선(『보살지지경』), 3종선(『법화현의』) 등등으로 다양하게 분류하기도 하는 것이며, 여래선如來禪-조사선祖師禪, 북종선北宗禪-남종선南宗禪, 묵조선默照禪-간화선看話禪과 같은 상호비판적인 대립도 있었다. 그 외에도 비교 · 평가 · 비판의 입장에서 종문宗門별, 시대별, 지역별, 조사祖師별로 상호 대립 · 착종하는 숫한 종파가 선종 역사를 점철하고 있지만, 선의 정체성을 해명 · 확인하려는 우리의 입장에서는 이 모든 사실적인 문제는 치지도외置之度外(판단중지epochē)하고, 다만 이 모든 현실적 · 가능적인 선종의 본질적 · 보편적 · 이념적인 성격만을 통찰 · 직관 · 현시하는 오로지 이 한 가지 과제에만 한정하는 수밖에 없다. 바꾸어 말하면, 다양한 선종 유파流派 사이의 차이성을 사상捨象하고 그 공통성을 추상抽象하는 '경험적 귀납'을 통해서가 아니라, 오히려 그 근원적 · 본질적인 이념성을 직관해 내는 칸트적-후설적인 '선험적 연역'을 통하여 선종의 전형적 이념을 확인하는 것이 우리의 과제이다.

이러한 작업을 수행하는 한 방편으로 우리는 지금까지 스즈키의 선-이해를 철학적 · 형이상학적 측면에 착안하여 소상하게 분석 · 해명해온 셈이다. 이 경우에도 우리는 그의 이해를, 그가 이해한 선-텍스트로부터 선-이념을 '선험적으로 연역하는 방식'으로, 함께 다시 이해하려 하였다. 우리가 스즈키를 하나의 전례로 삼은 것은 처음부터 막무가내로 시작한 것이 아니라, 먼저 이러한 가능성을 그의 주요 저작을 통하여 차례로 섭렵하면서 우리의 이해와 부합하는가를 확인 · 재확인한 후에 취

Compass of Zen, com. & ed. Hyon Gak Sunim (Boston & London: Shambhala, 1997), 229-243 참조.

한 조치임은 물론이다. 이제 우리가 이러한 이중적인 선험적 연역을 통하여 결론적으로 제시할 수 있는 선종 이념의 철학적 성격은 우선 다음과 같이 요약될 수 있다. 선-심지心地, 선-의식, 또는 선-경험과 '그것의 전형Zen experience *par excellence*'(*E-II*: 67)인 각覺-심지 또는 오悟-의식(사토리)은 선정-지혜dhyāna-prajñā, 심리-논리, 구체-보편, 유-무, 세간-출세, 내재-초월, 경험-선험, 주체-객체, 생멸-진여, 상대-절대, 인간-초인, 사유-존재, 일심-법계, 자아-우주, 적적寂寂-성성惺惺, 속제-진제 등등의 일체 이원론이 화쟁和諍-지양止揚-회통會通되어 있는 지평·경지이다. 일체의 대립·갈등·쟁론이 해소·화해和諧되어 있는 열반적정의 서방정토 = 이상향(무주처無住處 = 무하유지향無何有之鄕: utopia = u-topos)[54]에 다름 아니라는 말이다. 이것을 현상학적 철학 이념의 제창자 후설의 표현으로 바꾼다면, "모든 철학적 대립들의 현상학적 해결"에 해당되는 것이다. "이러한 대립 중에는 합리주의(플라톤주의)-경험주의, 상대주의-절대주의, 주관주의-객관주의, 존재론주의-선험주의, 심리학주의-반反심리학주의, 실증주의-형이상학, 목적론적 세계이해-인과론적 세계이해와 같은 대립들을 [발견할 수 있다]."[55] 이원론의 폐단은 단순히 이분법dichotomy에만 있는 것이 아니라, 이 이분법을 동일 실재성의 이

---

54. '無何有之鄕'은 『莊子』, 「逍遙遊」에 나오는 名句로, 無爲仙境 즉 장자의 이상향을 뜻하는 말로 문자 그대로는 'utopia'에 정확하게 대응하는 개념이라 하겠다.
55. Husserl, *Encyclopedia Britannica*, 14th ed., vol. 17(1929), q.v. Phenomenology. 이 항목해설은 에드문트 후설·신오현 편역, 『심리현상학에서 선험현상학으로: 후설의 현상학적 심리학 II』, 이데아총서57 (서울: 민음사, 1994), 「현상학」, pp. 137-191에 번역·게재되어 있으며, 인용문은 p. 171에서 전재한 것임.

중적 · 양가적인 측면으로 간주하는 대신 별개의 실재성 · 실체성으로 고착시키는 데 있다. 그리하여 동일한 실체 · 실재이면서도 이중적인 측면을 본유한 것으로 간주할 때, 불가는 자주 '불이이불일不二而不一', '동즉이同卽異' 또는 '일즉이一卽二' 및 그 역逆의 표현을 즐겨 사용하는 것을 볼 수 있다. 따라서 위에 열거한 대립의 지양도 중도제中道諦에서 이를테면 구체적 보편, 선험적 경험, 우주적 자아, 현상학적 경험론, 보편적 합리론, 선험적 자아, 중도제 등등으로 실현될 수 있다.

선-체험, 각행覺行 · 관행觀行[56]의 이와 같은 선험적 형이상학적 성격은 당연하게도 비-인격적non-personal, 비-심령적non-psychic, 비-인간

---

56. 오이겐 핑크(Eugen Fink)는 후설의 감독하에 저술한 『제6명상』에서 '現象學함(Phänomenologiesieren)'을 "선험적 철저성에 이른 철학함의 徹底化(das zur transzendentalen Radikalität gebrachte Philosophieren)"로 규정하거니와, '현상학함'과 '철학함'은 佛家적으로 말하면 각각 '觀行'과 '覺行'으로 표현해도 무방하리라. 참선은 각행을 선험적 철저성에 이르도록 철저하게 수행된 관행에 다름 아니겠기 때문이다. 위의 인용문은 Eugen Fink, *VI. Cartesianische Meditation, Teil 1: Die Idee einer transzendentalen Methodenlehre*. Heraus. Hans Ebeling et al. (Dordrecht, Boston, London: Kluwer Academic Publishers, 1988), S. 75에서 따온 것이다. 문제의 『제6명상』은 선험현상학의 방식으로 수행된 철학의 방법론에 관한 아주 전문적이고 탁월한 시안으로서, 선학연구에 특히 선학의 철학적 연구 즉 우리의 이른바 철학적 선학에 결정적인 시사를 함축하고 있는 결정적으로 중요한 문건이다. 이 문건은 Ronald Bruzina에 의해서 100쪽에 가까운 장문의 「譯者緖文」과 함께 *Six Cartesian Meditation: The Idea of Transcendental Theory of Method* (Bloomington & Indianapolis, Indiana: Indiana University Press, 1988)로 英譯되어 있고, 이종훈에 의해서 『데카르트적 성찰』(한길사, 2002)로 한글번역 되어 있다. 후자의 번역은 동일 번역자에 의해서 이미 번역된 『데카르트적 성찰』(철학과현실사, 1993)에 합본되어, 후설 저술의 5개 성찰과 후설·핑크의 공저로 볼 수 있는 제6성찰을 총괄적으로 읽을 수 있는 편의를 제공하고 있다.

적nonhuman, 비-도덕적non-moral인 성격을 수반하게 마련이다. 공허한 사변을 멀리 벗어나 '사태 자체Sache selbst'만을 자명적 · 필증적 · 충전充全적 · 구신具身적으로 증득하려는 현상학적 철학도 인격주의 · 심리학주의 · 인간학주의 · 역사주의 · 세계관주의를 철저하게 극복하려 한다. 바로 이러한 철저성, 즉 언어를 넘어서 사태 자체에로 육박하고, 모든 이원적 대립을 화쟁론적 · 변증법적으로 초극하려는 철저성 · 지극성 · 절박성이 현상학의, 또는 현상학적 태도 · 정신 · 학문의, 철저주의Radikalismus이며,[57] 스즈키의 '철저경험주의'이고, 이러한 절대자유 · 절대책임에서 또한 절대고독이 필연적으로 수반된다. 그리고 바로 이러한 깨달음에 직입直入하려는 방법의 하나가 공안참구임은 물론이다. 이리하여 우리는 스즈키가 선학연구 및 참선수행을 통해서 선-경험 및 등(정)각等(正)覺에 관한 자신의 체인 사례에 입각하여 고백한 선-체험의 성격규정을 또 하나의 전례로 삼아 선학의 정체성과 철학의 정체성을 선험-현상학적으로 대비해보았다. 우리가 채용하고 있는 '경험적 전례에 의한 선험적 연역'의 방법이 바로 현상학적 방법 또는 선험현상학적 철학의 방법이다.[58] 이리하여 우리는 마침내 선과 선학의 정체성을 선

---

57. 각행 · 관행의 철저성에 관한 언급은 『傳燈錄』 도처에서 발견되는바, 여기서 하나의 사례를 든다면, 천태산 德韶國師의 般若寺 12차 법회 가운데 제6회 법회에서 "法身無相, 觸目皆形, 般若無知, 對緣而照. 一時徹底會取好." 11회 상당법어에서는 "假饒經塵沙劫說, 亦未會有半句到, 諸上坐經塵沙劫不說, 亦未曾缺少半句. 應須徹底會去始得." 그리고 12회 상당법회에서는 "圓古今於一念, 應須徹底明達始得……若徹底會去, 實無可隱藏, 無利不彰, 無塵不現." 『大正新修大藏經』, 제51권, no. 2076, p. 409a, 410 a.b.

58. Paul Edwards, editor in chief, *The Encyclopedia of Philosophy* (New York:

험현상학적인 의미의 지혜사랑, 수순隨順반야의 명상·관조·사유임을, 즉 철학적 사유 곧 철학(행)임을 신험적으로 언억해내는 우리의 과제를 최소한으로나마 일단락 지을 수 있게 된 셈이라고나 할까.

Macmillan Publishing Co. & The Free Press, 1967), q.v. Phenomenology, Vol. Six, p. 141 참조. 항목 집필자 Richard Schmitt는 〈사례example〉의 세 가지 의미를 구별한 다음 "셋째 의미에서—〈사례〉는 현상학에서 이러한 의미로 사용되어 있는데—사례는 例示로서 소용되며 명증적인 기능을 가지고 있다"고 쓰고 있다. 즉 어떤 유형의 대상이나 상황의 명증적인 예시기능을 수행하는 것이 현상학적 의미의 사례라는 뜻이다. 우리의 당면한 문제와 연관하여 설명한다면, 선사들의 화두·공안이나 스즈키의 선-이해 사례가 선·선체험·깨달음·선학·철학의 보편적인 본질을 명증적이게 직시·통찰할 수 있도록 예시하는 구체적 사례로 기능한다는 말이다.

4. 결어

선은 경험의 일종이며, 따라서, 모든 경험이 그러하듯이, 일종의 심리 현상 또는 상태라 할 수 있다. 그러나 수선관행修禪觀行이 정각正覺의 단계에 이르면, 선 경험은 각覺 인식으로 증득되어, 이러한 경험은 더 이상 심리 · 현상에 그치는 것이 아니게 되는데, 그 가장 중요한 특징은 그것이 심리와 논리가 일치하는, 아니 심지어는 심리 · 논리 · 윤리가 삼위일체가 되는, 생생한 지성, 삶과 동일한 지성, 마음으로서의 지성, 이를테면 자연과 동일한 지신至神의 '마음=지성', 스피노자의 이른바 '영원상永遠相 아래' 조명된 '마음=지성', 『대승기신론』의 '진여문에서 본 진여일심'이며, 원효의 『열반경종요』에서 본 법신=해탈=반야의 삼위일체적 반야지혜, 『대혜도경종요』의 "무지이비실상無智而非實相, 무실상이비지無實相而非智"라는 '실상=반야'의 반야직관이라는 점이다. 선에서 반야의 중요성을 각별하게 강조하는 스즈키는

그러나 불교적 사유방식에 따르면, 혹은 오히려 불교적 체험에 의하면, 이러한 분별력은 무분별적 반야(지智 또는 지혜智慧)에 기초한다. 이것은 인간 오성에서 가장 근본적인 것이며, 우리가 우리 모두가 소유하고 있고, 또한 불성이라고 알려져 있는 것인 바 자성Self-nature을 통찰할 수 있는 것도 바로 이 반야를 통해서이다. 실로 자성은, 위에서 되풀이 진

술되었듯이, 반야 그 자체[59]

라고 주장할 정도이다. 자성이 불성 즉 각성覺性이라면, 자체본성이 '즉불즉심卽佛卽心'으로서 반야지성이라는 것을 증득함이 또한 반야직관이기도 하다. 이른바 세간 인식론인 경험론적 주객 이분법에 준하는 견見·상相, 지智·경境의 상대가 출세간적 인식에서는 주객이원론이 지양되어, 견상무이見相無二, 지경무이智境無二로 자증自證된다. 즉 견상이분설이 제3분인 자증분自證分에서 삼위일체의 일분설一分說로 환원되어 버린다. 인식이원론이 '존재=인식'의 자기동일성에서 '존재=인식' 일원론에로 환원되어, 결과적으로 존재론과 인식론의 구분이 해소되어 버린다. '존재'가 곧 '존재의 인식'과 회통되면, 존재와 사유의 분리도 해소되며, 그와 동시에 일체의 이분법, 각종의 이원론이 사라지게 되고, 평등평등平等平等의 무분별지를 증득하며, 즉 존재실상과 그것에 대한 반야직관이 불이문不二門이 되고, 실상반야와 관조반야가 둘이 아닌 진정한 반야에 이르게 된다. 자성이 불성이요 반야라는 스즈키의 부단한 강조는 참으로 혜능선에 대한 탁월한 이해를 압축적으로 증시하는 것이라 하겠다. 파르메니데스 이래 서양철학이 한결같이 추구해온 인식의 최고형식인 "사유하는 것noein은 존재하는 것einai과 동일하다"는 명제는 스즈키의 다음 말에서 다시 한번 정확하게 확인되는 터이다.

깨침에서는 논리적 의식이나 혹은 경험적 추리의 대상이 될 하등의

---

59. *The Zen Doctrine of No-Mind*, op. cit,. 51-52.

사상thought도 없다; 왜냐하면 깨침에서는 사유하는 사람, 사유작용 및 사상(사유된 것)이 자기Self의 존재 바로 그 자체를 보는 하나의 작용에 합류되는 것이기 때문이다.[60]

그가[선가禪家 또는 선사禪師] 선의 이러한 단계에 도달하면, 일체의 추상적 추리는 멈추어버린다; 왜냐하면 사유하는 사람과 사유된 내용이 더 이상 대비되어 대립하지 않기 때문이다. 이를테면 그의 전 존재는 생각된 것 자체이기 때문이다. 혹은, 아마도 이렇게 말하면 더 나을지도 모르겠는데, 그의 전 존재가 무념無念/no-thought/action이기 때문이다.[61]

과학적인 자기인식은, 그것이 자기를 대상화하는 한에서는, 참된 인식이 아니다. …… 자기는 안으로부터 포착할 것이지, 밖에서부터 포착할 것이 아니다. 이것이 의미하는 바는: 자기는 자기 자신 밖으로 나가지 않은 채 그 자신을 인식할 것이라는 것이다. …… 자기인식은 오직 주객동일화가 일어날 때만 가능하다.[62]

---

60. *E-I*: 68. 〈자기의 존재 자체를 보는 것〉이 다름 아닌 견성임은 물론이다.
61. *E-II*: 62.
62. Suzuki et al., *Zen Buddhism and Psychoanalysis*, op. cit. p. 25. 위의 주 Nos. 52, 56과 비교.

참고문헌

1. 동양어권

金知見 編.『六祖壇經의 世界』. 民族社. 1989.

道原.『景德傳燈錄』. 전30권.『大正新修大藏經』, 권51, No. 2076. pp. 196b-467a.

신오현.「Spinoza에 있어서 神의 문제: 원효철학의 관점에서 본 형이상학적 해명」.『성곡논총』26집: 119-185. 1995.

吳經熊.『禪學的黃金時代』(1967). 이남영 · 서돈각 공역. 증보판.『禪學의 황금시대』. 천지. 1997.

永嘉眞覺大師.「證道歌」,『大正新修大藏經』.

柳田聖山(야나기다 세이잔).『初期禪宗史』(1971). 楊氣峰 역 I, 능가사자기 · 전법보기. 서울:김영사. 1990. II, 역대법보기. 2002.

元曉.『國譯元曉聖師全書』. 卷二,『金剛三昧經論』. 서울: 寶蓮閣. 1987.

月雲 監修.『禪學辭典』. 佛地社. 1995.

莊子.『莊子』,「逍遙遊」.

全觀應大宗師 감수.『佛敎學大辭典』. 弘法院. 1996.

圭峰 · 宗密,「中華傳心地禪門師資承襲圖」,『續藏經』.

_____.『禪源諸詮集都序』. 安震湖 編.『懸吐都序』. 서울: 法輪社. 1976.

최경호.『현상학적 지평에서 규명한 禪: 새로운 의식차원의 정립을 위한 禪의 현상학적 고찰』. 서울: 경서원. 2001.

慧能.『南宗頓敎最上大乘摩訶般若波羅密經: 六祖惠能大師於韶州大梵寺施法壇經一券』. 돈황본. 스즈키 편. Trans. Philip B. Yampolsky. *The Platform Sutra of the Six Patriarch*. New York & London: Columbia University Press. 1967.

胡適.『胡適學案』. 柳田聖山 編. 京都. 1975.

2. European Languages

A. Suzuki and Kyoto School

Franck, Frederick, ed. *The Buddha Eye: An Anthology of the Kyoto School*. New York: Crossroad. 1991.

Nishida, Kitaro. *Intelligibility and the Philosophy of Nothingness*. Trans. with an Introduction by Robert Schinzinger. Honolulu: East-West Center. 1958.

_____. *Last Writings: Nothingness and the Religious Worldview*. Trans. with an Introduction by David A. Dilworth. Honolulu: University of Hawaii Press. 1987.

_____. *Intuition and Reflection in Self-Consciousness*. Trans. Valdo H. Viglielmo et al. tal. Albany, N.Y.: State University of New York Press. 1987.

_____. *An Inquiry into the Good*. Trans. Masao Abe & Christopher Ives. New Haven and London: Yale University Press. 1990.

Nishitani, Keiji. Religion and Nothingness. Trans. Jan Van Bragt. Berkeley et al.: University of California Press. 1982.

_____. *The Self Overcoming of Nihilism*. Trans. Graham Parkes with Setsuko Aihara. Albany: State University of New York Press. 1990.

Suzuki, D. T. *Essays in Zen Buddhism*. First Series. Ed. Christmas Humphreys. New York: Grove Press. 1949. Second Series and Third Series. New York: Samuel Weiser. 1953.

_____. "Zen: A Reply to Hu Shih." *Philosophy East and West*, 3.1. 1953.

_____. *Zen and Japanese Culture*. Princeton: Princeton University Press. 1959.

_____. *Manual of Zen Buddhism*. Grove Press. 1960.

_____. *Outlines of Mahayana Buddhism*. New York: Schocken Books. 1963.

_____. *An Introduction to Zen Buddhism*. New York: Grove Press. 1964.

_____. *The Zen Doctrine of No-mind: The Significance of the Sutra of Hui-neng* (Wei-lang). Ed. Christmas Humphreys. York Beach, Maine: Samuel Weiser.1972.

_____. William Barrett, ed. *Zen Buddhism: Selected Writings of D. T. Suzuki*. New York et al.: Image Books, Doubleday. 1996.

_____. *The Zen Koan as a Means of Attaining Enlightenment*. Boston et al. Charles E. Tuttle Co. 1994.

_____. Erich Fromm & Richard De Martino. *Zen Buddhism and Psychoanalysis.* New York et al.: Harper & Row. 1970.

B. 기타

Austin, James H. *Zen and the Brain: Toward an Understanding of Meditation and Consciousness.* Massachusetts Institute of Technology. 1998.

Benoit, Hubert. *Zen and the Psychology of Transformation: The Supreme Doctrine.* Revised edition. Rochester, Vermont: Inner Traditions International. 1990.

Chou Hsiang-Kuang (周祥光). *Dhyana Buddhism in China: Its History and Teaching.* Allahabad, India: Indo-Chinese Literature Publications. 1960.

Dumoulin, Heinrich. *Zen Buddhism: A History.* Vol. 1. India and China. New York: Macmillan. 1988. Vol. 2. Japan. 1990.

_____. *Zen Buddhism in the 20th Century.* Trans. Joseph S. O'Leary. New York & Tokyo: Weatherhill. 1992.

_____. *Zen Enlightenment: Origins and Meaning.* Trans. John C. Maraldo. 1978.

_____. *Understanding Buddhism: Key Terms.* Trans. O'Leary. 1994.

Edwards, Paul, editor in chief. *The Encyclopedia of Philosophy.* New York: Macmillan Publishing Co. & The Free Press. 1967. Vol. Six, q.v. Phenomenology.

Faure, Bernard. *The Will to Orthodox: A Critical Genealogy of Northern Chan Buddhism.* Stanford, Cal.: Stanford University Press. 1997.

_____. *Chan Insight and Oversight: An Epistemological Critique of the Chan Tradition.* Princeton University Press. 1993.

_____. *The Rhetoric of Immediacy: A Cultural Critique of Chan/Zen Buddhism.* Princeton University Press. 1991.

Fink, Eugen. *VI. Cartesianische Meditation, Teil 1: Die Idee einer transzendentalen Methodenlehre.* Heraus. Hans Ebeling et al. Dordrecht/Boston/London: Kluwer Academic Publishers. 1988.

Gasché, Rodolphe. *The Tain of the Mirror: Derrida and the Philosophy of Reflection.* Harvard University Press. 1986.

Heidegger, Martin. *Was Ist Metaphysik?.* Frankfurt a.M.: Vittorio Klostermann, 1949.

_____. *Einführung in die Metaphysik*. Tübingen: Max Niemeyer. 1958.

Hempel, Hans-Peter. *Heidegger und Zen*, 2. Aufl. Frankfurt am Main: Hain. 1992.

Hu Shih, "Ch'an (Zen) Buddhism in China: Its History and Method." *Philosophy East and West*, 3.1: 3-24. 1953.

Husserl, Edmund. *Encyclopedia Britannica*. 14th ed., vol. 17. q.v. Phenomenology. 1929.

_____. *Erste Philosophie(1923/24)*. Zweiter Teil, *Theorie der Phänomenologischen Reduktion*. Heraus. Rudolf Boehm. Haag: Martinus Nijhoff. *Husserliana*, Band VIII. 1959.

_____. *Cartesianische Meditation und Pariser Vorträge*. Heraus. S. Strasser. Haag: Martinus Nijhoff. *Husserliana*, Band I. 1973.

_____. *Cartesian Meditations: An Introduction to Phenomenology*. Trans. Dorion Cairns. The Hague: Martinus Nijhoff. 1960.

_____. *MÉDITATIONS CARTÉSIENNES: INTRODUCTION A LA PHÉNOMÉNOLOGIE*. Traduit de l'allemand par Mlle GABRIELLE PEIFFER ET M. EMMANUEL LEVINAS. PARIS: LIBRAIRIE PHILOSOPHIQUE. 1986.

_____. 이종훈 옮김. 『데카르트적 성찰』. 서울: 한길사. 2002.

_____. 신오현 편역, 『심리현상학에서 선험현상학으로: 후설의 현상학적 심리학 II』, 이데아 총서57. 서울: 민음사. 1994.

Kapleau, Philip, ed. *The Three Pillars of Zen: Teaching, Practice, and Enlightenment*. John Weatherhill. 1965. Revised ed. New York: Anchor Books, Doubleday. 1980.

Laycock, Steven. *Mind as Mirror and the Mirroring of Mind: Buddhist Reflections on Western Phenomenology*. Albany, New York: State University of New York. 1994.

Lopez, Jr. Donald S. *Buddhist Hermeneutics*. University of Hawaii Press. 1988.

McRae, John R. *The Northern School and the Formation of Early Ch'an Buddhism*. University of Hawaii Press. 1986.

Zen Master Seung Sahn. *The Compass of Zen*. Com. & ed. Hyon Gak Sunim. Boston & London: Shambhala. 1997.

Wu, John C. H. *The Golden Age of Zen*. United Publishing House. 1975.

Transcendental-Phenomenological Analysis of Zen Enlightenment for a Preliminary Sketch of the Idea of Philosophical Dhyānology

[Abstract]

Originating in the 7th century China Ch'an Buddhism or What the world-famous historian of Chinese philosophy Fung Yu-Lan terms as Ch'anism has become a world phenomena throughout 20th century notably by life-long efforts on the part of D. T. Suzuki. It would not be excessivelly exaggerating for someone to compliment Suzuki on his success by writing that "no one compares with Suzuki in carrying out this task [of making Zen relevant to the West] in terms of solid scholarly grounding plus personal experience plus productivity in the medium of English." This kind of the high tribute to Suzuki's work has been payed by people of such a high rank in the contemporary academic world as Alan Watts, Thomas Merton, Aldous Huxley, Carl Jung, Arnold Toynbee and Martin Heidegger. However, it has been long overdue for someone to make a serious philosophical attempt at a thorough and full-scale analysis of Suzuki's self-styled philosophical work on Zen Buddhism and a critical examination of his Zen understanding for the authenticity and authority vis à vis the original Ch'an teachings of the Chinese patriarchs and masters. It is precisely this task to be accomplished in the present paper: it is designed to propose the idea of philosophical Zen-Buddhology or rather of philosophical Dhyāna-Buddhology or, in short, philosophical Dhyānology in analogy to philosophical Buddhology meaning philosophical theory of Buddhism.

What is Zen after all? Is it the same as Zen Buddhism? If Buddha is to be taken as a general name meaning the Enlightened one rather than the historical Buddha, Indian Prince named Gautama Siddhartha, then 'Buddhism' or 'Buddhology' can be taken as meaning 'the theory of enlightenment' while Buddhism of 'Ch'an/Son/Zen' in Chinese, of 'meditation' in English, of 'dhyāna' in Sanskrit all mean simply 'the theory of enlightenment in meditation or contemplation', and then 'Dhyāna Buddhism' might be termed as 'Dhyānism' or 'Dhyānology' which sounds as well justifiable as Fung's 'Ch'anism.' By an etymological sleight of hand now Buddhist religion or the philosophy of Gautama Buddha is turned into the philosophy of enlightenment whereas Zen Buddhism the philosophy of meditation exemplified by Chinese Patriarchs. It is precisely in this context that our idea of philosophical Dhyānology is to be read. Suzuki's 'philosophy of Zen' or 'Zen philosophy' is now transformed into our 'Zen as philosophy' which is simultaneously to be taken as meaning 'philosophy as Zen.' Our strategy required for an exemplary illustration of our program is threefold: at first, Ch'an classics be thoroughly and fully analyzed in philosophical terms and from the genuinely metaphysical point of view to the extent that the philosophical idea of Ch'anism becomes self-evident; secondly, a phenomenological example or sample be identified through whose medium the philosophical idea of Chinese original Ch'an teaching can adequately be translated into the central idea of the orthodox Western philosophy manifested and confirmed in a full-fledged form only through the 20the century; lastly but not the least, based on the original Ch'an teachings and matching their philosophic ideas with those of exemplary Zen scholar chosen, the original idea of "Zen=philosophy" be transparently confirmed. In our discussion it is shown that the Transmission of the Lamp (傳燈錄) and Suzuki Zen both serve as illustrations and evidential functions as phenomenological examples.

In conclusion, Ch'anism can best be taken and most adequately understood in terms of philosophy and conversely. Common denominator can fairly and evidently be said to be transcendental-phenomenological theory of Enlightenment which is clearly exemplified by Edmund Husserl through the first part of 20th century.

* Key words: Zen, Transcendental Phenomenology, Zen-Buddhology, Suzuki, Philosophical Dhyānology

74

02

두 번째 논문

선 · 불학과 21세기철학

- **주제분야**

  비교철학, 형이상학, 메타철학, 철학방법론,

  현상학, 불교철학

- **주제어**

  선, 선학, 선불학, 현상학, 철학, 형이상학, 절대학,

  명증성, 체인 · 증득

---

* 이 논문은 당초 논자가 경북대학교 철학과의 요청에 따라 퇴임 즈음에(2004. 2. 20) 연설한 '정년퇴임기념강연' 원고를 초안 삼고 퇴고를 거듭하여 학술논문으로 개작한 것이다.

논문개요

20세기 철학의 자기정체성 해명 과정을 통하여 전래의 사변적 정통 형이상학은, 비판적 배제 내지는 분석적 해체를 겪으면서 언어비판, 과학 · 사회이론과 같은 철학예비학이나 의식 · 존재론과 같은 선험철학에 의해서 대체되기에 이르렀다. 그러나 이러한 신철학운동은 소위 '포스트모던 철학'이나 심지어 '포스트-철학'으로 자리매김되면서 그리스 철학이념의 현대적 복원은 21세기의 필수과제로 넘겨지게 되었다. 그런데 지나간 한 세기의 모색 과정을 통하여 분명해진 것은 형이상학으로서 전통철학의 필연적 파국은, 그 현대적 유산의 전형인 실증 · 자연과학이 웅변으로 예증하듯이, 주 · 객 이분법적 사유 · 인식을 완전하고도 명증적으로 탈피하는 데 결정적으로 실패한 그 애매성에 기인한다. 철학이 과학일 수 없음에도 불구하고, 주객이분법적 사유의 잔재가 철학이 학문이고자 하는 자해행위에 기생함으로써, 마침내 객관적 학문의 전형인 과학으로 도장徒長하게 되고, 본래철학은 신생과학의 그늘 속에 은폐 · 망각되어 버린 것이다. 주객이분성에 대한 철학의 애매성이 철학의 필연적 파국을 자기 내에 잉태하고 있었다는 사실이 이제야 분명하게 드러난 것이다. 따라서 철학과 과학의 어설픈 동거를 단호하게 청산하고, 주객여일主客如一의 선험학 · 절대학 · 형이상학으로 소생하는 환골탈퇴만이 21세기 철학에 절체절명의 과제가 되었다.

76

우리는 이러한 일대 전환의 단초를 바로 '선禪 = 사유思惟'에서 발견한다. 왜냐하면 '선 = 사유'야말로 주·객, 심리·물리 일체 존재자 표상을 넘어선 '존재 = 사유'의 획기적인 전형인데다가, 다양·다채·다산多産의 수선修禪 기록인 선어록禪語錄만도 철학사에 그 유례를 찾을 수 없을 만큼 풍부한 문화유산으로 전승되어있기 때문이다. 선사전禪史傳을 통한 충분한 사례 검토에서 확인된 사실은 수선의 목표이념은 이른바 '불법佛法의 대의大意'를 발견하는 것이고, 후자는 붓다(覺者)에 의해서 구현된 해탈인 바, 해탈을 구현하는 방법이 곧 해탈의 정체해명이 되기 때문이다. 그리고 바로 이 정체해명과정이 '사유수思惟修' 즉 '선禪'이라면, '선의 정체해명(禪學)'은 곧 수선의 궁극목표가 되며, 수선과 선학은 불가분적인 관계이게 마련이기 때문이다. 따라서 우리가 이 논문에서 시도한 것은 선문답을 중심으로 한 다양한 수선사례들을 현상학의 이른바 '자유변양을 통한 본질직관'의 방법으로 선이 곧 '애지愛智'로서의 철학이며, 선학이 곧 철학이라는, 그것도 플라톤 이래 서양철학의 '철학이념 = 철학방법'을 철저하고 완벽하게 구현한 철학의 전형이며 전형적 철학임을 명증하게 기술·현시하는 일이다.

1. 서론

 '선禪'이란 말은 물론 어원적으로 범어 'dhyāna'의 중국어식 번음翻音인 '선나禪那/ch'an-na'의 약어로서 대체로 '명상'을 의미하지만, '천태종', '화엄종' 등과 함께 중국 대승불교의 주요 종파를 지칭하는 '선종禪宗'의 '선'은 각별한 의미를 함축하는 말이다. 우리가 단순히 '선학'이라 하지 않고 '선 · 불학'이라 명명하는 것도 '선학'이 '불학'의 하위개념임을 명시하기 위한 것이다. 인도식 '여래선如來禪'에 대립해서 중국식 '조사선祖師禪'의 독자성을 제아무리 강조하더라도, '선종'의 '선'을 불교의 '불'로부터 결코 완전히 자유롭게 할 수는 없을 터이기에 말이다. 그러기에 '선적인 불교Dhyāna Buddhism or Meditative Buddhism'에서 '선'은 '불교적인 선Buddhist Meditation'일 수밖에 없고, 따라서 '선종'의 '선'은 무가내無可奈로 지성적인 성격을 강조하는 '깨달음'을 개념적으로 함축할 수밖에 없는 곳에, 누가 뭐래도 이미 '선종'의 태생적 한계가 운명지어져 있다. 그리고 깨달음은 이른바 '선정과 지혜'(정혜定慧)의 산물이며, '정혜쌍수定慧雙修'가 다름 아닌 '사유수思惟修'이기에, '선'으로 번음된 'dhyāna'를 '사유수'로 번역하는 것도 바로 이 때문이다.[1]

---

1. '정혜쌍수'에서 '定'은 '寂'이나 '止'와 함께 번뇌가 滅盡된 존재 · 실재 · 자연 · 진여 · 열반을 의미하고, '혜'는 '觀'이나 '照'와 함께 진여자상 또는 법성진여를 관조

'선불학'에 못지않게 '철학'의 개념도 모든 학문개념 중에 가장 규정하기 난감한 개념임에 틀림없다. 어쩌면 '선·불·철'이 개별적으로나 삼위일체적으로도 '불립문자不立文字·언어도단言語道斷·심행멸처心行處滅'의 불가사의不可思議에 속하는 '형이상자形而上者'(도道)나 '신神의 영역'이라 해도 무방하겠다. 그러나 불학의 밀의密意가 이미 중국선학中國禪學의 황금시대를 통하여 극명하게 체인體認·증득證得되었다면, 플라톤-아리스토텔레스에서 표방된 철학이념은 나름으로나마 겨우 20세기 선험현상학先驗現象學에 와서야 명증적·명시적으로 체현體現되었다고 할 수 있다. 여기에 동서고금의 순정철학純正哲學 이념이 이제야 그 정점에서 합치하고 있음을 목격할 수 있으며, 바로 이 지평에서 20세기 서양철학이 그 한계를 극복하고 하나의 세계철학에로 회통會通됨으로써, 역사상 최초로 '세계철학의 21세기'를 전망할 수 있는, 아주 새로운, 가히 혁명적인 가능성이 예견됨은 '크게 다행한 일'이라 하겠다. 결론부터 말한다면, 이론적으로 현대 서양철학에서 비로소 완결적으로 정체확인된 철학이념이 이미 중세 선·불학에서 가장 구체적이고 완벽한 형태로 실현되어 있다는 사실 확인은, 아직도 위기와 절망에서 온전히 헤어나지 못하고 있는 21세기 서양철학에 참으로 획기적일 수도 있는 하나의 신선한 전향을 범례적으로 예시하고 있다고 하겠다.

 이제 이러한 결론을 정당화하는 본론을 전개함에 있어서, 우리는 먼

하는 인식·사유·眞智의 작용(行)이자 그 결과를 의미한다면, 정혜쌍수나 '사유수'는 바로 '존재와 그 인식의 동시·同延·同體性'을 지칭하는 것일 수밖에 없다. 바로 이 점에서 선학은 '존재와 인식의 일치(主客一致)'를 목표이념으로 하는 철학에 공속적임이 분명해진다.

저 20세기철학의 주제와 주류를 되짚어보기 위하여, 일종의 '논리적 약도logical geography' 또는 불교의 이른바 '교상판석敎相判釋'을 시도함으로써, 그 한계성·문제성과 함께 21세기철학의 새로운 진로를 예료豫料하고자 한다. 다음으로 우리는 선학과 철학의 주요 통로인 '명상冥想'의 철학적 성격을, 또는 '철학적 명상'의 본질적 성격을 소묘·기술[2]하여 철학의 전형적 실천양식이 명상인 동시에, '철학적 명상'이 바로 '불학적 선학'의 요체임을 간결하게 해명할 것이다. 그것은 곧 선은 불학의 한 방편이며, 불학은 '철학'의 한 범례로 이해되어 무방하다는 것을 철학적·선불학적으로 석명釋明하는 작업에 다름 아니다.

---

2. 여기서 기술이란 후설의 '현상학적 기술'을 염두에 둔 전문용어로 사용되어 있다.

2. 20세기 철학의 위기성과 가능성

우리가 누차 기회 있을 때마다 강조적으로 지적하듯,[3] 통상 '현대'로 불러오던 20세기의 철학에서는 그 이전 약 25세기 간의 철학 역사 전체와 확연히 구분되는 하나의 뚜렷한 징표가 드러나 있다. 그것은 철학이 항상 물어온 그 어떠한 철학문제에 앞서 이제는 '철학' 그 자체가 가장 시급한 선결문제로 제기되어 있다는 사실이다. 물론 철학이 존재하는 곳에는 언제나 철학의 특수성과 존재근거raison d'être에 관한 물음도 함께 있었던 것이 사실이기는 하다. 플라톤은 지식·학문의 위계를 바로 그 대상의 실재성 위계에 상응하게 규정하면서 철학의 위상을 만학의 정상에 정립하였고, 아리스토텔레스는 학문의 분류학taxonomy을 효시嚆矢하면서 철학을 일체 영역학문regional sciences의 근원·토대·단초·규준이 될 보편학universal science으로 확인하여, 후세 '형이상학'의 선구적 전형典型을 제시한 바 있다. 그리고 이러한 철학 전통을 복원하기 위하여, 중세철학의 '신학시녀神學侍女/ancilla theologiae'의 위치에서 철학의 독자성autonomy을 확립한 데카르트도 일체 학문의 근본으로서 '제일철학第一哲學/prima philosophia' 즉 '형이상학metaphysica'의 각별한 위상을 철

---

3. 그 대표적인 논문으로서는 졸저 『원효 철학 에세이 ─ 반야와 해탈의 현상학』 (서울: 민음사, 2004년, 2쇄), 129-138 및 142-150 참조.

저하게 규명한 바 있다. 어떤 의미에서 서양 근·현대철학은 근본적으로 이러한 철학 전통의 계승·발전이라 할 수도 있다. 그럼에도 불구하고 20세기 철학에서 제기된 철학의 위상문제가 이러한 전통과 차원이 다른 점은, 전자가 '철학의 자기정체성 문제'를 바로 철학의 존립 자체에 직결시키는 그 절박한 위기의식에 있다.

그렇다면 이러한 '근·본'[4] 문제는 어떠한 연유에서 생겨난 것일까? 그것은 철학 본래의 정체성 자체에 기인했다기보다는 오히려 철학 외적 연유 즉 인류의 환경변화에 수반된 것으로 볼 수 있다. 인구의 증가, 지식의 축적, '욕망의 욕망'[5]의 확대재생산에 따라 자연·필연적으로 자연의 활용(기술)과 인간의 관리(조직)가 기술적·지능적으로 조직·관리되면서 정보·기술인간, 조직·관리사회가 빠르게 발전된 역사적 사실의 부산물이라는 말이다. 이러한 환경에 부응하는 학문은 단연 실증과학이요, 따라서 자연과학이 '학문의 전형science par excellence'으로 자리매김되고, 태생적으로 '목가적牧歌的 여유를 통한 근원적 사색'에서 발원하는 반성·명상·관조의 학문인 바 형이상학은 망각과 폄하의 운명에 처하게 마련이었을 것이다. 무성한 나무일수록 꽃이 화사하고, 열매가 풍성할수록 그 뿌리는 사람들의 관심에서 멀어지듯, 실로 '형이상자'의 망각은 일체학문에 운명적인 '일대사一大事'가 아닐 수 없다.

---

4. '근·본'은 철학용어로 '근거·본질(Grundwesen)'을 생략해서 표현한 것임은 물론이다.
5. 이것은 하이데거가 즐겨 쓰는 어법(Redeweise)으로서, '욕망'은 '그 무엇의 욕망'이라기보다는 언제나 본질적으로 '욕망의 욕망'이라는 데에 욕망 특유의 본성이 확인된다는 뜻이다.

기술과학이 절정으로 치닫는 한 세기를 넘기는 동안 형이상학은 사람들의 관심 밖으로 밀려난 채 그저 조용히 휴면상태로 들어갈 수밖에 없게 된 셈이다. 그러나 인간의 필요에 따라 생겨난 과학이 인간의 모든 수요를 충족시킬 수 없다는 점에서 과학의 한계가 서서히 드러나고, 마침내 그것이 더 이상 방치할 수 없는 위기상황에 몰리게 되었을 때, '인간의 학문'이 다시 시대적 요구에 따라 그 뿌리를 되돌아보지 않을 수 없게 되었다는 것은 이념사적理念史的 필연이라 하겠다. 초기 형이하학의 자기반성을 통하여 필연적으로 생겨난 고전적 형이상학에서 이제 과학의 근원과 목표이념을 재확인해보려는 것은 지극히 당연한 일이겠기에 말이다. 이와 같은 학문일반의 토대 · 목표이념의 위기, 인생의 근원과 목적의식의 위기, 사회와 문명의 위기가 그 어느 때보다도 뚜렷하게 부각된 것이 바로 20세기 절정에서였다. 그리고 철학의 '정체성 위기의식'에 따라, 대대적 · 근본적인 자기성찰이 본격적으로 시도된 것도 바로 이러한 역사적 상황과 맥을 같이하는 것이다. 따라서 철학은 무시 · 망각될 수는 있어도, 결코 그 존재 자체가 부정될 수는 없다는 것이 여기에서 우리가 얻은 값비싼 교훈이다.

실증학positive sciences이 유일하게 '적법한 학문legitimate science'이라면, 그런데도 '형이상학은 결코 실증적일 수 없다'는 것이 분석적 진리라면, '후자가 적법한 학문일 수 없다'는 주장 또한 분석적 진리가 된다.[6]

---

6. 이 주장은 마치 삼단논법에 의한 간접추리로서 논리적 진리인 것처럼 보이지만, 실은 '형이상학'이라는 개념 자체가 '비실증성' 곧 '비학문성'을 개념적으로 함의한다는 의미에서는 그대로 개념분석적 진리이기도 하다. 다시 말하면 '실증성이 학문의 적법성을 담보한다'는 가정 자체가 이미 분석적으로 형이상학의 비학문성을

이것은 신철학운동의 절정기였던 1920년대에 가장 유망한 철학 후보로 등장한 논리실증주의의 데뷔 선언이자 그 근본전제로서 신봉된 금과옥조이기도 하다. 영미철학계를 풍미한 이 신생철학은 통상적으로 분석철학, 언어철학, 과학철학scientific philosophy으로도 불려지거니와, 이들에 의하면 형이상학이 불가능해진 이상, 그리고 철학이 과학이 아니라면, 철학은 어떠한 실재에도 관여할 수 없이, 다만 언어분석이나 언어비판에 종사할 수 있을 뿐(분석철학)이거나, 혹은 기껏해야 과학의 테두리 안에서 과학의 언어를 논리적으로 분석함으로써 과학에 기여할 수 있을 뿐(과학론: the theory of science)이라는 것이다. 그렇다면 이제 일체학의 근원학 · 토대학 · 본질학 · 제일학으로서 철학의 독자성autonomous science은 완전히 사라지게 된 것으로 당연시되어야 할 것인가.

언어 · 분석 · 과학철학과 나란히 등장한 또 하나의 신생철학 후보가 이른바 '프랑크푸르트학파'로 널리 알려진 사회철학, 그들의 이른바 '비판이론Kritische Theorie' 또는 '사회이론Gesellschaftstheorie'이다. 이들은 전통 형이상학을 반대하는 점에서는 전자에 동조하지만, 전자가 사회를 철학 주제로 삼지 않는다는 점에 대해서는 혹독하게 비판적이고 냉소적이다. 게다가 비판이론은 전통적 사회이론도, 인간과 이성의 문제에 맹목적임으로써 결과적으로 기존 사회질서의 반이성적 · 반인간적인 제도를 정당화하고 영속화한다는 점에서, 그 보수 · 반동성을 맹렬하게 비판하는 것을 '철학의 제일임무', 이를테면 '제일철학의 제일과제'로 삼은 것이다.

함의한다는 말이다. 일언이 폐지하면, 실증학으로서 '형이하학'의 개념 자체가 '형이상학'의 부정을 함의하고 있다는 동의어반복에 불과한 것이다.

이를테면 철학적인 안목으로 수행하는 사회연구 즉 철학과 사회과학의 통합으로서 '철학적 사회학'이면서 '사회적 철학'을 표방한다고나 할까. 여기서 '철학적'이라는 말에 '비판적'이라는 말을 대체해도 무방하겠지만.[7]

이상의 두 신생철학은 전통적인 정통철학orthodox philosophy 즉 형이상학에 사망선고를 내림으로써 결국 전통철학 자체의 종언을 선고하기에 이른다. 심지어는 '철학'이라는 개념 자체를 '불법적 개념illegitimate concept'으로 폐기처분하기를 제안하기까지 할 정도로 전통철학에 적대적이다.[8] '학문의 제일', '제일철학'의 전통적 타이틀이 근세에는 '형이상학'에서 '인식론'에로, 그리고 이제는 또다시 '인식론'에서 '과학이론'이나 '사회이론'에로 옮겨간 셈이다. 이와 같이 전통철학의 해체로부터 비롯된 이들과 유사한, 그러나 더욱 파격적이고 방만하게 우후죽순처럼 생겨난, 철새철학들의 도래현상을 '철학의 백화제방'으로 참칭할 수 있다면, 이 '사이비철학의 황금시대'에 탄생한 것이 세칭 '포스트모던 철학'으로 보아도 무방할 것이다. 이 점에서 이들이 자주 '거인의 어깨에 올라탄 난장이들'로 비유되는 것도 무리는 아닐 것이다. 정통철학에 대한 '이유

---

7. 논리실증주의와 비판이론의 철학개념에 관한 논자의 더 자세한 논의를 위해서는 신오현, 「과학과 철학: 논리경험론의 철학개념」, 『大同哲學』 제6집(1999. 12), pp. 111-159 및 「사회비판이론의 철학이념: 하버마스를 중심으로」, 『대동철학』 창간호(1998. 10), pp. 233-277 참조.

8. 예컨대 오토 노이라트(Otto Neurath)는 논리실증주의 기관지라 할 『인식(Erkenntnis)』, 제2권(1931/2)에 게재한 「물리론에 있어서 사회학(Soziologie im Physikalismus)」에서 "비엔나 서클의 어떤 철학자들은, 이 학단 내의 모든 여타 철학자들과 마찬가지로, '하등의 유별나게 철학적 진리는 존재하지 않는다'고 명시적으로 선언하면서도, 여전히 '철학'이라는 단어를 쓰고 있다"고 비판하면서 자신은 이 단어 자체를 쓰지 않는다고 선언한다.

있는 반항'일 수는 있어도, 이들이 '철학 정로正路'에서부터의 극단적인 일탈임은, 그들 자신의 선언대로, 분명한 사실이다.

그러나 하버마스의 이른바 '탈脫-형이상학적 사유'가 지배하는 '철학 무법천지The world of philosophical anarchism'의 회오리바람 속에서도 전통철학이념을 전통에 충실하게 계승하려는 진지한 노력이 의연하게 계속되었으며, 그 대표적 사례가 아마도 '현상학 운동'이라 할 수 있다. 이 중에서도 후설의 '선험현상학'이념에서 대승불학의 대비parallelism를, 그리고 하이데거의 '존재사유'에서 '선禪적 사유'의 전형을 찾아보는 시각은 특기할 만한 사례이다.[9] 그럼에도 불구하고 전자의 스콜라적인 기술 방식이나 후자의 신비주의적인 색채가 이들을 진정한 철학으로 이해하는 데 커다란 장애 요소로 작용하는 것도 사실이다. 그러기에 현상학적 철학이 철학 불모지에서 새로운 철학 또는 순정형이상학으로 확실하게 자리매김하기 위해서는 모종의 보완이 요청되는바, 우리는 그 최적정 후보를 대승불학과 선불학에서 찾을 수 있다고 확신한다. 형이상학의 고전적 이념이 가장 구체적으로 수행되고 거의 완벽하게 실현되어 있는 전례가 바로 선·불학인 것으로 증득되기 때문에서다. 그렇다면 이제 우리의 논의는 서양전통형이상학과 고전적인 선·불학, 이 양자의 공통적 실현 방법인 '명상', 곧 '철학적 성찰'의 문제로 넘어갈 차례에 이른 것이다.

---

9. 후설의 선험현상학이념과 대승불학의 비교이해에 관한 논자의 연구로는 신오현, 『원효 철학 에세이』(서울: 민음사, 2004), 에세이 2, 3, 5 특히 5 참조. 그리고 선·불학의 현상학적 해명에 관해서는 신오현, 「禪·佛學의 哲學的 본성: 先驗-現象學的 解明」,『哲學硏究』, 제86집(2003. 5), pp, 191-230 참조.

3. 철학적 '성찰'과 불학적 '관조'

　정통철학과 선·불학의 백미白眉는 역시 순정형이상학純正形而上學이라 하겠다. 그렇다면 도대체 이 형이상학이란 무엇인가? 문자 그대로 형이상학은 '형이상자의 학문'이다. 그렇다면 또 이 '형이상자'는 무엇을 지칭하는 것인가? 주지된 기록에 의하면 '형이상자'를 '도道'라고 규정한 것은 유가경전『주역周易』이 그 남상濫觴이다. 사실은『주역』「계사繫辭」의 '형이상자위지도形而上者謂之道'가 아니라 '도자위지형이상道者謂之形而上'이라는 표현이 형이상학 개념규정에 더 적격이겠다. 도학이 곧 형이상학일 터이기에 말이다. 자연학·물리학·실증학을 넘어서 있는 초자연적이고 선험적인 학문이 도학이요 형이상학이다. 그것은 도학의 최고 경전이라 할『도덕경道德經』에서 명증하게 해명되어 있고, 그 가장 간결한 문구가 이 경전의 모두구冒頭句 '도가도비상도道可道非常道'의 화두라 하겠다. 도는 지칭·지시·진술·설명의 대상이 아니다. 일체 진술의 논리법칙인 동일률과 모순율을 넘어서 있다는 점에서 도는 불가佛家문자로는 불립문자·언어도단·심행처멸의 불가사의이고, 도가道家 문자로는 '현지우현玄之又玄 중묘지문衆妙之門'이며, 비트겐슈타인의 말을 빌리면 언표불가능한 '신비적인 것'이다. 그러므로 '천지지시天地之始'인 '상무常無'를 통해서 그 오묘奧妙를 관조하고, '만물지모萬物之母'인 '상유常有'를 통해서 그 변제邊際를 관조하고자 할 수 있을 뿐이다. 그

리고 이러한 관조가 곧 명상의 최고단계인 형이상학적 명상임은 물론
이다.[10]

형이상학적 명상의 참뜻을 확연하게 현시하기 전에, 우선 서양철학사
를 통해서 면면부절綿綿不絶하게 전승된 형이상학적 명상의 계보를 일별
해 보자. "내 말에 귀 기울이지 말고 로고스에 귀 기울이라"고 충고한 전
설적인 헤라클레이토스는 그만두고라도, 본격철학의 시조인 플라톤의
경우부터 언급해 보자. 그가 남긴 30여 편의 대화록 중에 최고 최장편인
『국가』에서 그는 "생멸계로부터 되돌아 나와 영혼이 존재의 본질을 관조
θεωρία할 수 있게 하는 가장 민첩하고 효과적인 기술, 영혼을 전향시키
는 기술"[11] 또는 "진정한 철학으로 영혼을 상승시키는 전향"[12] 혹은 "영
혼 자체를 생멸계로부터 진리와 본체에로의 전향"[13] 등등의 비유를 들
고 있는데, 여기서 말하는 관조는 철학적 성찰을 의미하며, 이러한 성찰
에 이르게 한 결정적인 비약 또는 도약이 바로 영혼의 고양 또는 전향임
은 물론이다. 우리의 영혼에는 깨달음의 잠재력, 『대승기신론』의 이른
바 '본각本覺'이 선재하며, 이 잠재능력(여래장如來藏)을 깨우치는 것이 바
로 '시각始覺' 즉 플라톤의 '상기想起/αναμνησις'인 바, 이것을 실현하는
통로가 명상이다. 그리고 아리스토텔레스는 그의 『형이상학』에서 "'사

---

10. "無名天地之始, 有名萬物之母. 故常無欲以觀其妙, 常有欲以觀其徼." 우리
    는 가까운 장래에 이 『道德經』, 「首章」의 철학적 의미를 명증적으로 해명할 계획
    을 가지고 있다.
11. περιανωνη (518d).
12. περιανωνη, περιστροφη (521c).
13. μεταστροφη (525c).

88

유'와 '사유대상'이 동일"[14]한 사유 또는 "'사유'가 '사유의 사유'"[15]인 경우를 신적神的 사유에 대등한 최고의 사유 즉 '관조θεωρία'로 규정하는데, 이 관조가 형이상학적 성찰 또는 최고명상이다. 이것은 바로 신의 '활동'이나 '생명'에 해당되는 것이며, 인간은 다만 극히 짧은 시간에만 이러한 지복상태에 들게 될 수 있을 뿐이다. 그에게는 철학자의 삶인 '관조(명상)의 삶'이 최고의 삶이 된다.[16]

로마의 스토아학파 마르쿠스 아우렐리우스Marcus Aurelius 황제가 남긴 그 유명한『명상록』은 그리스어본이나 라틴어본[17] 모두 '자기 자신에게로 되돌아감'으로 표제되어 있다. 어거스틴은 "밖으로 나가려 하지 말고, 너 자신 안으로 돌아가라. 진리는 속 사람 안에 자리하고 있다"[18]고 상기한다. 여기서 '안에 거주하는 사람'이란 플라톤이 말하는 '내주內住하는 영혼의 잠재력'[19]이나 마명馬鳴의 '본本'에 다름 아닐 것이다. 명상은 바로 이 내재적 사람에게로 돌아가 거기서 진리를 관조하려는 상기想起 이외 별다른 행위가 아닌 것이다. 토마스 아퀴나스Thomas Aquinas가 "'명상'을 오성의 저급한 활동인 '관상觀想/cogitatio'과 은혜롭게 계시된

---

14. ταύτόν νους καί νοητόν (1072b). 아리스토텔레스의 이 말을 Parmenides의「斷片」, 3 "왜냐하면 사유하는 것과 존재하는 것은 동일한 것이다 τό γαρ αύτό νοηιν έστιν τε καί είναι"에 비교 음미.

15. καί έστιν ή νοησις νοήσεως νοησις (1074b).

16. 아리스토텔레스의 철학, 행복, 관조의 상관성에 관해서는『니코마키아 윤리학』, X권, VIII장, 특히 1178b 이하 참조.

17. 그리스어 "τά εις έαυτόν", 라틴어 "Ad se Ipsum libri."

18. "Noli foras ire, in te redi, in interiore homine habitat veritas." Augustine, De vera religione, 39, n. 72.

19. Platon, Republic, 518c. "indwelling power in the soul."

이성의 최고활동인 '관조contemplatio'의 중간태"[20]로 보는 것도 결국 명상에 '세간적 사유로부터 선험적 사유에로의 전환'이라는 결정적인 전향역할을 인정한 것에 다름 아니다. 그는 실로 관조를 그 완전태에 있어서는 아리스토텔레스의 '관조'보다 일층 고차적 정신능력으로 간주하는 것 같다. 그것은 "신을 그 고유한 존재에서 직관하는 것으로서 내생來生에서나 황홀경에서만 가능한 일"이기에 말이다. 이와 같이 명상은 우리의 정신을 세간적 반성에서 선험적 반성을 거쳐 궁극적 존재의 명증적 직관에까지 고양시키는 사유수행思惟修行(=思惟修=禪)이다.

철학적 명상을 철학적 사유방법으로 표장標章한 최초의 사례는 아무래도 데카르트의『제일철학 성찰』[21]일 것이다. 이 간략한 저술은, 원리적으로 의심가능한 일체 신념을 극한까지 회의·배제한 후 최종적 잔여를 절대 확실한 진리로 확정·수용하려는 '방법적 회의' 또는 '데카르트적 회의'로 주지되어 있는, 그의 이른바 '사적 계몽을 위한 사유실험'이 고백되어 있는 근세철학 불후의 고전이다. 이 실험을 통해서 명명백백하게 확인된 것은, 천지개벽이 되더라도 의심할 수 없는 것은 "'내가 존재한다', '내가 실존한다'라는 명제는 내가 이 명제를 언표할 때마다, 또는 이 명제를 마음속으로 파악할 때마다, 필연적으로 진리"[22]라는 사실과, "내가

20. Jürgen Mittelstraß, Heraus. *Enzyklopädie Philosophie und Wissenschafts-theorie*, 2 (1984), q.v. Meditation. Thomas von Aquin, S. th. II-II qu. 180 art. 3.
21. Renati Descartes, *Meditationes de Prima Philosophia, In qua Der existentia et anima immortalitas demonstratur*, Parisiis, Apud Michaelem Soley, 1641. Amstelodami, Apud Ludovicum Elzevirium, 1642.
22. René Descartes, *Meditationes de Prima Philosophia, Meditationen über die Erste Philosophie*, Lateinisch/Deutsche, übersetzt. u. heraus. von Gerhart

지금까지 그 무엇을 의심하려고 해왔다 하더라도, '나와 신이 존재한다'라는 것보다 더 확실하게 인식되어온 것은 아무것도 없다"[23]는 사실이다. 왜냐하면 명상하는 자에게는 일체 존재를 존재하지 않는 것으로 극단적이게 의심한다 하더라도, '의심하는 자가 사유하는 주체로 존재한다'라는 것은 필연적 진리이며, '사유하는 자가 사유하면서 존재하는 한, 그는 신의 존재에 의존하지 않을 수 없다'라는 것도 절대 필연의 진리이기 때문이다. 여기에 일체진리, 일체학문, 일체의미의 단초와 원천이 발견되는 터이다. 더 나아가 데카르트 철학을 더욱 철저하게 성찰했던 스피노자[24]에 의하면, 실체는 '하나이면서 전체'인 '신즉자연神卽自然'[25]으로서, 이러한 실체의 영원·무한·필연·자재의 본성을 직관적으로 파악하는, 그의 이른바 "영원의 형상하에 인식"[26]하는 '제3종 인식'[27]을 최고인식으로 이

Schmidt (Stuttgart: Philipp Reclam Jun, 1986), 78: "hoc ⋯ pronuntiatum, Ego sum, ego existo, quoties a me profertur, vel mente concipitur, necessario esse verum."

23. Ibid., 44: "⋯⋯ ; & quamvis, ex quo de omnibus volui dubitare, nihil adhuc praeter me & Deum certò cognovi,⋯⋯"

24. 스피노자의 철학적 명상은 『지성개선론(Tractatus de intellectus emendatione)』에 시론되어 있다.

25. "Deus sive Natura," Ethica, Part IV, Praefatio. 기실 데카르트도 "나는 '자연'을 일반적으로 고찰하여 이제 신 그 자체나 혹은 신으로부터 지정된 피조물의 질서 이외 다른 어떠한 것으로도 이해하지 않는다"고 진술하고 있다. Descartes, op. cit. p. 192: "per naturam enim, generaliter spectatam, nihil nunc aliud quàm vel Deum ipsam, vel rerum creatarum coordinationem a Deo institutam intelligo."

26. Ibid. Part V. 31, Scholium: "res sub aeternitatis specie intelligere."

27. Ibid.: "Tertium cognitionis genus."

해한다. 이러한 인식에 도달하는 과정론이 바로 그의 『지성개선론』이며, 지성개선의 최고단계가 신·자연·실체의 직관적 인식[28]이다. 이러한 인식이 바로 최고단계의 명상인 '관조' 행위이자 그 결과임은 물론이다.

스피노자의 이러한 관조개념은 현대에 와서 쇼펜하우어와 비트겐슈타인에 의해서 핵심적으로 계승되었다. 전자는 그의 대표작 『의지와 표상으로서 세계』[29]에서 '예술의 내적 본질'을, 철학의 경우와 마찬가지로, "순수 객관적인 세계관조, 사물·삶·현존의 진정한 본성 파악"[30]으로 규정하며, "이것만이 지성 자체에, 환언하면 의지의 목표로부터 자유로운, 따라서 순수한 인식주체에 관심사가 된다"[31]고 규정함으로써, 그는 이러한 주체를 철학과 예술의 창조자로 이해한다. 그에 의하면 위대한 예술작품은 "일체의 고의성과 반성의 혼입 없이, 순전히 순간적 황홀, 영감, 천재적 충동의 작품이라는 위대한 특전을 갖고 있다"[32]는 것이다. 그가 경탄하는 한 가지 사례를 인용해 보겠다.

어떻게 각자의 사람 얼굴Menschengesicht에 무언가 그렇게도 아주 근원적인, 그처럼 철저하게 오리지날한 것이 깃들어 있는가를, 그리고 어떻게 바로 이 동일한 것이 단지 필요한 부분들로 구성되는 통일성에 속할 수

28. Ibid. Part II, 40, Scholium II : "Scientiva intuitiva."
29. Arthur Schopenhauer, *Die Welt als Wille und Vorstellung* (1818-1844), Kap. 34-36.
30. Sämtliche Werke, Band II, *Die Welt als Wille und Vorstellung*, II, Suhrkamp (1986), Kapitel 34, S. 521.
31. Op, cit.
32. Ibid., S. 526.

있는, '바로 그 통일성에 의해서 우리가 어떤 한 지인知人을, (가능한 사람 얼굴 특색의 차이성이, 더구나 한 종족의 얼굴 특색의 차이성이 극도로 좁은 한계 내에 놓여있음에도 불구하고), 그처럼 수많은 사람들 중에서 긴 세월이 지난 후에도 다시 알아보게 되는 그러한 통일성에 속할 수 있는' 하나의 전체성을 나타내는가를 숙고해볼 때, 그처럼 본질적인 통일성을 가진, 그처럼 대단한 근원성을 가진 어떤 것이 자연의 내적 존재의 비밀에 가득찬 심층에서부터가 아니라면 대체 다른 어떠한 원천에서 솟아 나올 수 있는가를 우리는 의아하게 생각하지 아니할 수 없게 된다.[33]

이와 같이 세계, 삶, 대상을 하나의 한계 지워진 전체로서, 사태 그 자체로서, 다른 것과의 연관 없이 바라보는 것을 쇼펜하우어는 철학적·예술적 관조로 이해한다. 즉

　　쇼펜하우어는 여타 대상들과의 관계로부터 풀려나 한 대상의 '이데아'를 인식한다는 의미에서 관조라는 용어를 사용한다. 그러한 인식은 '갑자기' 일어나며, 물론 주체가 '의지에 봉사하는 데서 해방됨'을 통하여, 즉 대상에 대한 자신의 이해 관심Interesse을 포기하고, 자신과 대상의 개성을 '잊어버리고' 대상의 '이데아'가 온전한 직관에 이르도록 대상 속에 '자신을 잃어버림'을 통해서 발생한다.[34]

---

33. Ibid., SS. 540-41.
34. *Enzyklopädie*, op. cit, Band 2, S. 454a, q.v. "Kontemplation." 여기서 강조 표시 ' '는 인용자에 의해서 첨가된 것이다. '갑자기'는 선불교의 '頓悟'를, 그리고 '자

쇼펜하우어로부터 크게 영향을 받은 것으로 알려진,[35] 그리고 스피노자의 저 '영원의 형상 아래'라는 비장秘藏의 활구活句를 애용한 비트겐슈타인은 『논리 · 철학 논고』에서 세계의 비의를 기하학적 · 작곡기법적으로 풀어내고 있다. 그 최후의 결론에 이르는 막바지 단계에서 그는 선문답과도 같은 몇 개의 명제들을 이렇게 기록하고 있다.

> 6.44 신비적인 것은 '세계가 어떻게 있는가'가 아니라
>
> '세계가 있다'는 사실이다.
>
> 6.45 영원의 형상하에 세계를 관조함Anschauung은
>
> 세계를 — 한계지워진 — 전체로서 직관함이다.
>
> 세계를 한계지워진 전체로서 감지함Gefühl은 신비적인 것이다.
>
> 6.5 발설할 수 없는 대답에는 문제도 발설할 수 없다.

그러기에 그는 이 유명한 『논고』를 "말할 수 없는 것에 관해서는 침묵해야 한다"라고 결론맺고 있는 것이다. 논리, 윤리, 가치, 예술 같은 세계초월적인 것은 모두 진술 · 검증 · 논증 · 설명의 대상이 아니며, 따라서 어떠한 질문도 대답도 불능설不能說 · 불가설不可說인 불가사의 · 언어도단의 영역이라는 것이다. 그것은 지각知覺 · 사변思辨이 아니라 오직 명상 · 관조를 통해서만 증득될 수 있을 뿐이기 때문이다. 그는 이 『논

신을 잃어버림'은 돈오의 선결조건인 '無我'에 대비하고자 함에서임은 물론이다.
35. 특히 1916년 6월 이후의 일기를 통한 주체, 세계, 의지, 표상 등등의 개념풀이에서 쇼펜하우어의 철학, 특히 『의지와 표상으로서 세계』의 핵심 사상이 집중적으로 언급되어 있다.

고』의 대본이 된 그의 일기에서 이렇게 쓰고 있다.

예술작품은 영원의 형상하에 관조된 대상이다. 그리고 선한 삶은 영
원의 형상하에 관조된 세계이다. 이것이 예술과 윤리 사이의 관계이다.

통상적인 관찰방식은 대상들을 이를테면 그들의 중간에서부터 보고,
영원의 형상하에 수행된 관찰은 밖으로부터 보는 셈이다.[36]

그래서 그렇게 보는 것은 전 세계를 배경으로 가진다.

......

각 사물Ding은 전체적인 논리적 세계를, 이를테면 전체적인 논리적
공간을 한정한다bedingt. (1916. 10. 7일자)

사물 중의 사물로서는 모든 사물이 다 같이 무의미적이지만, 세계로
서 각 사물은 동등의미적이다.[37]

내가 난로를 관조했다면, 사람들은 나에게 이렇게 말하리라. 이제 당
신은 단지 난로를 알 뿐이라고, 그래서 내가 얻은 것은 물론 사소하게 보
이겠지. 왜냐하면 마치 내가 문제의 저 난로를 여러 개 가운데 하나로, 세
계의 많은 사물들 가운데 하나로 연구하기라도 하는 것처럼 상황이 그렇
게 나타나 있기 때문이다. **그러나 내가 그 난로를 관조했다면, 바로 그것
은 나의 세계였고, 여타의 모든 것은 창백했었다.** (1916. 10. 8일자)[38]

---

36. '밖으로부터 봄'이란 바로 '초월적 관조'를 의미한다.
37. 전자에 있어서 '무의미'는 불교철학적으로 말하면 '俗諦차별이 空相임'을 의미
하며, 후자의 '평등의미'는 '眞諦평등'을 뜻하는 것이다.
38. 강조표시는 인용자의 것으로, 그것은 곧 '天上天下唯我獨尊'과 '諸法空相'의
대비를 의미하는 것이다.

쇼펜하우어의 '예술적 관조'는 비트겐슈타인에게는 '예술적 경이das künstlerische Wunder'로 표현된다. 그가 "세계가 존재한다는 것, '존재하는 것(존재자)'이 존재한다는 것, 그것이 예술적 경이"[39]라고 말할 때, 그리고 "세계가 나의 표상인 것처럼, 나의 의지는 세계의 의지"[40]로 이해할 때, '나'와 '세계'와 '의지'의 3위 일체성은 현상계를 초월한 물자체적인 것, 형이상학적인 것, 칸트적 시간 · 공간 · 인과의 구성작용에서 해탈된, 따라서 주 · 객 이분법을 넘어선 '절대'의 지평을 지칭하는 것이며, 이 '절대'의 인식이 바로 형이상학적 직관 · 관조행이다. 여기에서 현상적 세계인식의 원천인 '예술=윤리'의 본질이 존재하며, 이러한 존재는 표상적 인식의 대상인 존재자가 아니라, 하이데거적인 '시간=존재' 즉 '생기生起/Ereignis/Geschehen/Wesung'이자 『화엄경』의 '성기性起'이다. 그것은 또한 '법신=반야해탈'의 삼위일체적 현실인 '열반'이기도 하다. 그리고 반야에 의한 법신(주체)의 해탈(자유)이 '절대絶對' 즉 이분법적 상대성으로부터 '풀려난 상태ab+solutus'로서 '절대absolute'임은 물론이다. 이 점에서 플라톤 · 아리스토텔레스, 데카르트 · 스피노자 및 쇼펜하우어 · 비트겐슈타인의 철학이념이 온전하게 서로 일치 · 조화를 이루고 있다. 플라톤과 아리스토텔레스는 '존재의 기적(또는 신비)'에 대한 경이에서 모든 철학의 시작을 보거니와, 이 경이가 다름 아닌 관조이다. 관조에서 시작된 철학은 관조에서 완성된다. 그리고 이러한 경이와 관조는 불가언설적인 신비이기에 오직 절대고독에서만 체인 · 증득될 수 있을

---

39. 1916. 10. 20일자 일기.
40. 1916. 10. 17일자.

96

뿐이다.[41]

　이제 우리는 철학적 명상의 결정판을 소개하고 선석 명상에로 넘어가려 한다. 그것은 현대철학에서 가장 불교와 유비적인 철학인 선험현상학의 창시자 후설의 명상론이다. 그가 철학의 정체성 위기를 타개하기 위하여 정통철학이념의 전통을 오늘에 새롭게 계승할 순정철학의 모형으로 선험현상학을 제창한 이래, 한 세대의 고독한 사유실험을 통한 필생의 모색이 서구철학계에 알려지면서, 비엔나, 프라하, 암스테르담, 파리, 런던에로 초청강연을 순행한 바 있거니와, 그 절정은 아무래도 '파리강연'[42]일 것이다. 그리고 이 강연 내용을 부연하여 1931년에 불어판이 출간되고, 그 후 여생을 추고推敲를 거듭하여 1949년 유고로 출간되어 후설전집 제1권으로 배치된 독어본이 『데카르트적 성찰: 현상학 입문』이다. 이 책은 부제 그대로 '현상학의 입문'일 뿐만 아니라 '현상학적 철학' 또는 '엄밀학으로서의 철학' 즉 순정철학 자체에로의 입문이며, 주제 그대로 '데카르트적인 명상'이다. 그것은 일체존재 곧 세계전체를 넘어섬 또는, 앞서 비트겐슈타인의 말대로, 세계를 배경으로 삼고 세계의 미를 관조하거나 또는 세계를 영원의 형상하에서 관조함에 다름 아니다. 그리고 물론 이러한 관조의 주체인 선험적 자아(法身) 또는 '천상천하 유아독존天上天下唯我獨尊'의 '철학적 자아', '형이상학적 주체'를 직관(見性)함이기도 하다. 세계의 근원을 관조할 수 있도록 선험적 자아를 발견

---

41. 플라톤의 관조와 관련한 탁월한 이해로는 Hannah Arendt, *The Human Condition* (The University of Chicago Press, 1958), pp. 20, 292, 302 참조.
42. 1929년 2월 23일과 25일 파리의 소르본 대학 '데카르트 계단강의실'에서 '선험현상학입문'의 표제하에 행한 강연.

함이 철학적 명상이요, 명상적 철학이 데카르트적 명상이다. 이것이 왜 그가 파리강연 이후 이『데카르트적 성찰』에 자신의 철학적 일생을 걸고 최후까지 퇴고를 거듭할 수밖에 없었던 이유이기도 하다. 우리는 다만 여기에서 그가 그의 측근 제자에게 보낸 편지의 한 구절을 인용하는 것으로 더 이상의 설명을 대신하고자 한다.[43]

　나는 아직도 4~6개월의 작업이 필요하리라는 것을 알았는데, 나는 독어판 데카르트적 성찰을 그처럼 오랫동안은 기필코 연기하지 말아야 합니다. 왜냐하면 이 작업은 내 필생작업이며, 내게서 열매 맺게 된 철학의 강요綱要이고, 철학의 방법과 문제성에 관한 기초작업이기 때문입니다. 적어도 나에게 그것은 내가 그 취지를 옹호할 수 있고, 그것과 함께 평화스럽게 죽을 수 있는 그러한 것의 결론이며 최종적 명료성일 것입니다. (그러나 더더욱 중요한 것은 내가 독일철학이 현재 처해있는 절박한 상황에 이 같은 방식으로 단호히 개입하도록 부름받은 것으로 내가 느끼고 있다는 것입니다.) (100페이지가량으로) 부활절에 출간될 불어판 소책자는 단순한 독어판의 번역이 아닐 것입니다. 왜냐하면 독일 독서계를 위해서 ―독서계의 현황은 ('실존'의 철학에로의 변덕스러운 동요, '엄밀학으로서 철학'의 폐기)― 필요로 하는 것은 바로 최고의 형이상학적 문제성에 이르기까지 더욱 광범위한 해명과 더욱 자세한 설명입니다. 나는 왕성한 원기와 지극한 집중으로 작업하고 있습니다. 하지만

---

43. 후설의 선험현상학적 철학이념에 따라 불학·선학을 비교철학적으로 해명한 우리의 제반 시론 참조.

나는 이 책을 가을이 오기 전에는 끝내지 못할 것입니다.[44]

　　이제 마지막으로 우리는 '선학적 명상' 곧 '선'의 문제를 그야말로 간결하게 언급해야겠다. 혜능조사의 5대 법사法嗣의 한 사람으로서 남종선의 도통과 종지를 확립하는 데 결정적인 일역을 담당한 하택신회荷澤神會(670-762)의 제5대 법손이자 화엄종의 제5조이기도 한 규봉종밀圭峯宗密(780-841)에 의하면, 선에는 범부선 · 외도선 · 소승선 · 대승선 · 여래선의 5종이 있는데, 그중에도 여래청정선如來清淨禪으로 불리는 여래선이 '최상승선最上乘禪'이라는 것이다. 아마도 범부선은 문외한의 범부가 수행하는 명상 곧 경험적 · 심리적 명상일 것이고, 외도선은 세간학적 의미의 철학 · 형이상학과 같은 인생관 · 세계관적인 또는 윤리적 · 종교적인 명상을 지칭할 것이며, 나머지 3종은 불교적인 명상양태를 지칭하는 것이리라. 규봉이 달마 이래의 중국선을 여래선으로 이해하여 선교 일체성을 강조한 데 반대해서, 중국 조사선의 독자성을 표장標彰하기 위하여 불교명상과는 판이하다는 조사선祖師禪이 여래선에 대비됨으로써, 이른바 중국의 선종 곧 조계종의 종지가 건립되었을 법하다. 그런데 우리가 규봉의 이러한 선분류법과 연관하여 각별하게 강조하고 싶은 것은, 우리가 지금까지 그 이념 계보를 스케치한 서양 순정철학은 유 · 불 · 도의 동양고전 철학과 함께 외도선이 아니라 이를테면 여래선법에 귀속시킬 수 있다는 점이다. 진정한 형이상학적 철학의 진리는 여래가

---

44. 후설이 1930년 3월 19일부로 로만 잉가르덴(Roman Ingarden)에게 보낸 편지에서. 번역은 영문 번역을 한글로 옮긴 것임.

설파한 것과 원리적으로 동일한 방법과 이념에 따른 수행·수련을 필요로 하기 때문이다. 적어도 명실상부한 학문이어야 한다면 선적 명상은 선·불학이나 철학의 이념과 방법이 다를 수가 없기 때문이기도 하다. 우리가 지금까지 '선·불학과 철학'을 논의하면서 주로 서양철학 계보를 섭렵한 것도 바로 이 때문이다. 이러한 스케치를 통해서 아도르노Adorno의 이른바 '포치布置/Konstellation'[45]의 방법으로 선의 정체가 드러나게 하려는 전략을 구사한 셈이라고나 할까.

같은 전략으로 다른 곳에서 우리는 주로 선사전禪史傳의 고전인 『경덕전등록』[46]을 통하여 전승된 수많은 선사들(1701명)의 어록을 점검하면서 후설의 이른바 '자유연상을 통한 본질직관'에나 비유될 방법으로 선의 전형과 본질을 현상학적으로 기술·직관함으로써 다음과 같이 선의 성격을 특징지을 수 있었다.[47] 그리하여 우리는 이제, 철학적 명상의 경우처럼, 선적 명상의 역사적 전례를 여기에서 일일이 검열하지 않고, 곧

---

45. Theodor Adorno가 자본주의 사회현상을 설명하는 데 동원한 방법으로서, 연관된 여러 현상을 배치하여 문제가 되어있는 하나의 현상이 이해가능하도록 드러내는 방법이다. 천문학, 점성학 및 심리학에서 전문용어로 사용되고 있는데, 심리학의 경우 "하나의 관념으로 집합시킨 것으로 인정되는 관념을 가진 사상·감정의 그룹"(『영한대사전』(시사영어사/랜덤하우스, 1991) 또는 "Vorstellungen assoziieren sich zu Gedanken und verfolgen einen regelmäßigen Ablauf wie die Planeten." (*Historisches Wörterbuch der Philosophie*, heraus Joachim Ritter et al,. Band 4, 1976, q.v. S. 990a.)

46. 오등록으로 알려진 경덕전등록(景德傳燈錄), 건중정국속등록(建中靖國續燈錄), 종문연등회요(宗門聯燈會要), 천성광등록(天聖廣燈錄) 및 가태보등록(嘉泰普燈錄)만으로도 각 30권 총 150권의 방대한 전적을 어찌 다 거론할 수 있으랴.

47. 이러한 우리 시도들의 최근 논문으로 『禪·佛學의 哲學的 본성: 先驗-現象學的 解明』, 『哲學研究』, 제86집, 2003. 5 (191-230쪽) 참조.

바로 선의 정체성 해명으로 진입함으로써 우리의 논의를 가능한 최대로 압축하는 전략을 택하고자 한다. 선이나 선경험 및 선수행은 분명 모종의 인식일 수밖에 없다. 그렇다면 과연 선적 인식은 어떠한 인식이며, 더욱 중요하게, 선적 인식은 어떠한 인식일 수밖에 없는 것일까? 우리가 비록 선어록을 섭렵하면서 조사들의 언행사실을 사례로 참고했다 하더라도, 그 결과 이 다양한 행태를 일이관지—以貫之하는 선의 핵심 · 본질 · 정수를 직관할 수 있었다면, 그것은 더 이상 경험사실에 불과한 것이 아니라, 필연적이고 명증적인 철학적 인식으로 고양되지 않으면 안 된다. 이것이 바로 '현상학적 이해를 통한 선의 개념구성'[48]에 해당되는 것이다. 그것은, 마치 철학정체성 인식이 철학적으로만 가능하듯이, 선학의 본질해명도 선학적으로만 가능하다는 뜻에서, '철학의 철학'이나 '선학의 선학'이라 할 철학작업에 해당되는 것이다. 다른 어떠한 학문의 경우와는 유별나게도 철학의 경우에는 그 정체성 해명과 수행방법이 불가분리적이며, 바로 그 때문에 정체성해명이 절체절명의 과제가 되어있는 터이고, 철학의 하위개념인 선과 선학의 경우에도 사정은 마찬가지이다. 따라서 우리는 우리 논의의 핵심과제인 철학적 명상(사유)과 선적 명상(=사유) 또는 철학이념(=방법)과 선학이념(=방법)의 동일 근원 · 본질 · 근거성을 해명하려는 문제를 별도의 항목 아래, 그리고 철학의 경우를 선학의 경우에 함축적이게, 해명하려는 것이다.

---

48. 여기서 '개념구성'이란 칸트의 이른바 '선험적 연역'에 대비되어 이해될 수도 있는 철학방법적 조작(操作)이다.

4. 선학의 가능성 조건의 선험적 구성

　그렇다면 이제 다시 '선의 인식 또는 선적 인식의 가능조건'을 선험적으로 연역·구성하는 데 우리의 마지막 노력을 집중해 보기로 하자. 인식에는 그 주체(관)와 객체(관) 및 이 양자 간의 관계 산물인 인식내용 즉 지식이나 관념이 있어야겠다. 그렇다면 현상적·실증적·세간적 인식에 대립되는 선험적·출세간적·물자체적(본체적·본질적) 인식이어야 할 선 또는 '선적 인식＝경험'의 경우에는 이 문제가 어떻게 설명되어야 할 것인가? 그것은, 초월적·선험적·출세간적이라는 이유만으로도, '절대적 인식의 가능조건'을 제시하는 것과 동일한 문제가 된다. 즉 주관-객관-인식의 삼위일체성의 성립요건을 직관·해명하는 것과 동일한 작업이 되는 셈이다. 즉 인식주관도, 인식객관도, 그리고 인식방식도 모두 절대적이어야 한다는 말이 된다. 왜냐하면 인식주관이 절대적이 아닌 채로는 그 어떤 것도 절대적으로 인식될 수 없으며, 역으로 인식객관이 절대적이 아닌 채로는 그 어떤 주관에 의해서도 절대적으로 인식될 수 없으므로, 절대주관에 의한 절대실재의 인식은 당연히 절대적이어야 하며, 따라서 절대주관의 절대실재에 관한 절대적 인식은 당연히 절대지絶對智, 절대학絶對學이 될 수밖에 없게 된다. 이러한 해명은 소위 나쁜 의미의 '형이상학적 사변'이 아니며, 소피스트적 궤변은 더더욱 아니다. 그것은 동서고금의 모든 순정철학의 고귀한 도통道統이 명증하게 증시하는 아주 간명한 진리임이 분명하다. 그러나 이러한 순정 형이상학저 해명은 사태 자체의 명증적 체인 · 증득이 절대필수석이기에, 이것이 전제되지 않는 상황에서는, 즉 이심전심의 묵인이 전제되지 않는 상황에서는, 이러한 해명을 사량思量 · 사변思辨으로 이해하기란 거의 불가능에 가까울 정도로 지난至難한 일이라 하겠다.[49] 따라서 이해방편상 실례를 거증하여 해명한다면, 우리는 우선 원효의 '열반'개념과 후설-핑크의 '절대학'이념을 거명할 수 있겠다.[50] 그러나 우리는 여기에서 기술편의상 원효의 경우만을 소개하고, 후자에 관해서는 각주를 참고하면 될 것인데, 특히 인용되어 있는 저서 제11절의 결구結句에 주목할 필요가 있다.

원효는 숱한 불경을 논論 · 소疏하고 종요宗要했지만 그 중에서도 철학적으로 각별하게 중요한 것은 『대승기신론소大乘起信論疏』와 두 편의 종요 즉 『열반경종요涅槃經宗要』와 『대혜도경종요大慧度經宗要』이다. 그는 전자에서 '열반' 개념을 선험현상학적으로 풀이하면서 '열반삼사涅槃三事'

---

49. 사량 · 사변, 분석 · 추리를 통해서 了解 · 인식할 수 없는 것을 '不可思議'라 칭하며, 이 불가사의를 근원적 체험으로 명증하게 인식하는 것을 '體認 · 證得'이라 명명함은 물론이다.

50. 원효의 '열반론'은 다음 한 구절을 빌려 위의 것과 대비적으로 해명할 것이며, Husserl과 Fink의 '절대학' 개념을 위해서는 Eugen Fink, *VI Cartesianische Meditation, Teil 1, Die Idee einer transzendentalen Methodenlehre*, heraus. Hans Ebelling et al. (Dordrecht/Boston/London: Kluwer Academic Publishers, 1988), §11, 특히 c) 참조: Die absolute Wissenschaft, zu der sich das Phänomenologisieren organisiert, ist als die Wirklichkeit des Fürsichseins des Absoluten das system der lebendigen Wahrheit, in dem es sich selbst absolut weiss (S. 169).

로 법신·반야·해탈의 삼위일체성을 해명한다. '열반'이란 자성이 청정한 상태(性淨), 청정한 자성, 본래자성 本來自性(줄여서 本性)을 의미하며, 번뇌가 적멸한 상태라는 뜻으로 적적寂이요 멸滅이며 적멸이다. 그러나 적적寂은 열반의 이명異名이기도 하지만 또한 진여의 묘체妙体가 일체 허물을 벗어난 상태 즉 진여적멸의 이체理體 곧 진여 자체를 지칭하는 개념이기도 하다. 자성신自性身(=体), 법성신法性身이라는 의미에서는 열반은 '법신'이지만, 법신의 지성智性에서 보면 법신의 열반이 곧 '반야'이기도 하다. 진여의 (주)체성이 법신이라면 진여(진리)의 묘용은 곧 (적)멸지로서 반야라 할 수 있기에 말이다. 진여의 체=용이 모두 청정=열반이요 열반=정적靜寂이라면 응당 진여의 묘상妙相인 법계도 청정법계일 수밖에 없다. 이와 같이 법신과 법계가 그 법성에서 무위=청정하다면 이것이 곧 열반이요 '해탈'이다. 법신·반야·해탈이 결국 자성=청정=진여=일심=여래이기에 법신=반야=해탈=열반이 되는 셈이다. 이러한 삼위일체성을 원효는 '열반3사'라 부르고 이러한 삼위일체성을 '이자삼점 伊字三點, ∴'[51]에 비유하며, 열반의 공덕功德=성덕性德을 상常·락樂·아我·정靜의 '열반4덕'으로 간주한다. 물론 이러한 법문은 원효만의 독창이 아니라 '열반경'에 설파되어있는 불설이기는 하지만. 그러나 한 가지 유념해야할 것은 이 모든 논의·해명에 사용된 언어는 '불가사의不可思議를 억지로 사의·사유'하는 '불립문자의 문자'요 '언어도단의 언어'라는 역설逆說·가설假設이며, 이러한 사유·언어를 통해서 현성現成된

---

51. 범어 자모를 총칭하는 실담(悉曇/suddham) 50문자 중 세 번째 문자가 3점으로 이루어진 것을 이름.

경험·인식은 경험·인식할 수 없는 진리·학문 곧 반야지·절대지·절대학이라는 사실이다. 이를테면 선험적·절대직 실재·인식을 경험적·상대적 언어·인식 양식을 가탁假託하여 진술 아닌 진술로 억지 표현한 것에 불과하다는 말이다.

이제 불학·철학으로서의 선학이 의미하는 '청정여래선=순수·존재·사유'는 '존재와 사유', 또는 '실상과 반야'가 일치하는 즉 '주관=객관인식' 또는 '일심=법계=법성'이 삼위일체가 되는 구경究竟실상이며 구경각究竟覺(無上正等正覺) 즉 절대지이다.[52] 원효는『금강삼매경론』에서 이러한 상태를 "6행이 완비되어 5법이 원만함"[53]으로 표현하거니와, 이것은 주관의 심행心行이 원만(각행궁만覺行窮滿)해지는 동시에 객관의 법성이 청정하여 '일심이 곧 일법계'가 되는 상황을 지칭한다. 주객미분의 근본식이 각행을 통해서 무구식無垢識으로 변혁되어 정법계淨法界가 되면, 여타 8식은 4지智로 전변하여, 지와 법이 5법으로 통합되는, 즉 의식과 세계, 심과 법, 주관과 객관이 여일해지게 되는 셈이다. 이러한 경지, 즉 '궁극적 존재'='궁극적 사유'가 주객여일하게 원융무애한 실재성이 다름 아닌 '여래청정선'이다. 선객에 회자되는 임제선사의 화두 '수처작주隨處作主, 입처개진立處皆眞'은 '천상천하유아독존의 절대주체가 서 있는 자리마다 진여의 세계와 무애자재함'을 갈파한 것이며, 6조 혜능을

---

52. 원효는『大慧度(마하반야바라밀)經 宗要』에서 모든 것이 하나로 돌아가는 '구경실상=구경지혜'의 경지를 "無智而非實相, 無實相而非智"로 선언하고 있다.
53. 즉 인식이 구경각이 되면, 실재 또한 궁극실재가 되어, 인식과 실재 또는 주관수행과 객관실재가 一如평등하게 됨으로써, 인식과 주관은 상대성을 넘어 절대보편성을 실현한다는 뜻이다.

초문개오初開開悟, 언하돈오言下頓悟에 들게 한 "응무소주이생기심應無所住而生其心"[54]은 3공空[55]의 중도실상[56]을 정견함으로써 무애자재하게 불심·불성을 구현함을 묘사한 것이다. '무소주'란 '주(=집착執着) 없음'을 의미하며, '응무소주이생기심'은 '주착 없음에 따라서 마음을 냄'으로 이해하여, 결국 '집착 없는 마음', '무애자재한 마음', '하나이자 전체인 마음' 곧 '청정(순수純粹)일심'은 바로 존재자에 관한 표상을 넘어서 존재 자체를 사유하는 마음, 아니 '존재가 그대로 사유'이며, '실상이 그대로 반야'인 진여자성 이외 다른 아무것도 아니다. 여기에서는 지금까지의 주·객 상대성이 지양되고, 주객일여한 '절대실재=절대지'가 현성한다. 이것이 절대지이며, 철학적 인식이자 '선적 실재=선적 사유'에 다름 아닌 것이다.

이러한 철학적·선적 지평을 이해하는 방편으로 이제 한 가지만 더 언급하고 본론을 마무리하겠다. 『보살영락본업경』에 소위 보살수행계위가 52위로 자세하게 분류되어 있다. 십신행+信行을 제외한 발심에서 묘각까지 심행 42계위를 6행으로 분류하며, 이 6행의 중도정견을 6혜慧로 이름하는데, 우리가 여기서 관심을 두는 것은 그 마지막 두 단계인 바, 입법계인 '등각위等覺位(=性)'와 적멸심인 '묘각위妙覺位(性)'이다. 이미

---

54. 전자는 『임제록』에서, 후자는 『금강반야경』에서 인용한 구절임.
55. 3공은 '空相亦空, 空空亦空, 所空亦空'(『金剛三昧經』)으로서 일언이 폐지하면 '諸法空相이 곧 諸法實相'임을 의미하며, 이것이 다름아닌 中道實相으로 지칭되는 것임은 물론이다. 3공에 대한 심오한 해명으로는 바로 『金剛三昧經』의 이 구절에 관한 원효의 주석(『金剛三昧經論』)을 참조. 번역본으로는 은정희·송진현 역주, 『원효의 금강삼매경론』(서울: 일지사, 2000), 334쪽 참조.
56. '중도실상'이란 물론 有·無 兩分法을 초출·지양한 실상 또는 그렇게 인식된 진여·실재를 지칭하는 말이다.

'등각'이 각행의 완전태인 '등정각等正覺'이라면, 그다음 위계인 구경위의 '묘각'은 왜 필요했을까? '6행'의 '등각'과 '묘각'이 각각 '6혜'의 '조적혜照 寂慧'와 '적조혜寂照慧'에 해당한다면, 바로 이 2종의 지혜가 어떻게 다른 가를 정견하면 그 해답이 발견된다. '적寂'은 '진여의 묘체'를, 그리고 '조 照'는 '진지眞智의 묘용'을 뜻하는바, "묘용의 당상當相이 적체寂体가 된 것 을 '조적照寂'이라 하고 '적체'의 당처가 묘용이 된 것을 '적조寂照'라고 한 다"[57]고 이해할 수 있다. 진여 · 실상 · 진리를 사유 · 인식 · 관조함이 조 적이요, 진여 · 실상 · 진리가 그 자체에서부터 드러남 그대로가 사유 · 인식 · 관조 · 직관 · 견성인 경우를 적조라 한다는 뜻이다. 그러기에 이 두 가지 지혜는 하나이면서 둘이요, 다르면서 같은 것이다. 물론 '조적' 이 적조보다 하위의 지혜로 볼 수 있고, 바로 그런 의미에서 불지佛智를 묘각 · 적조혜로 이해할 수 있지만.

---

57. 全觀應 大宗師, 監修, 『佛教學大辭典(*The Encyclopedia of Buddhhology*)』(서울: 弘法院, 1988), p. 1430. 『大乘無生方便門』에는 "寂照者 因性起相 照寂者 攝 相歸性"(月雲 감수, 李哲教 외 편, 『禪學大辭典』, 佛地社, 1995, '寂照' 항목)으 로 풀이되어 있기도 하다. 즉 '적조'는 진여자성으로부터 현상함을, 그리고 '조적' 은 현상을 포섭하여 진여자성으로 되돌아감을 의미한다는 것이다.

5. 결어

    불학·철학은 알음알이를 추구하는 것이 아니라 깨달음을 희구하는 앎이라면, 밖으로 존재자 세계를 표상하는 일체 신념을 등지고 자성(존재 자체)이 스스로 드러나는(성기性起) 근원을 찾아 들어가지 않을 수 없다.[58] 연기현상에 대한 표상이 지식이라면, 성기자상自相을 향한 환멸적環滅的·반본환원적返本還源的 관조가 반야지혜, 철학적 지혜이다. 지혜에 이르는 관문觀門의 단초는 하이데거의 이른바 "존재자 전체를 넘어서서 무無로 들어감Hineingehaltenheit in das Nichts"이며, 후설의 이른바 "세계초월을 통한 세계근원을 물어 들어감"이요, 혜능의 이른바 "견자성자정見自性自淨, 자수자작自修自作, 자성법신自性法身, 자행불심自行佛行, 자작자성불도自作自成佛道"의 "자심귀의自心歸依"이다. 이러한 세간초월을 통한 자성귀의의 일대 전향이 '초발심'행[59]이며, 후설의 이른바 '선험적 환원'행이다. 초발심에서 정등각에 이르는 수행자·애지

---

58. 이러한 心行이 바로 위에 언급한 '攝相歸性'으로서 '조적행'이며, 이러한 지혜가 '조적혜'이고, 이러한 각행성격을 '등각성'이라 한다. 원효는 無相無生 이후 本覺利로 實際에 들어감을 '遣相歸本'으로 표현한다.
59. 이러한 '초발심'은 심리·경험 현상적 반성으로서 발심이 아니라, 지혜심에로의 전향으로서 '初發菩提心' 즉 선험적 반성, 현상학적 환원행에 의해서만 비로소 그 진면목을 드러내는 청정·보리심이다.

자愛智者 · 사성자思誠者 · 구도자의 수행은 일차적으로는 선험적 자아가 선험적 명상을 통하여 선험적 경험을 체인 · 증득하는 신험직 삶 그 자체이다. 그는 현상적 자아를 벗어나면서Entmenschung 경험세계(세간)를 넘어서Entweltlichung는 한에서, 더 이상 세간의 상식에 의존할 수 없이 스스로 알고 스스로 행하지 않으면 안 된다. 이를테면 '인식의 자율 Erkenntnisautonomie'하에 상독행常獨行 · 상독보常獨步[60]하지 않으면 안된다. 후설의 이른바 "절대 책임하의 절대자유"의 방식으로 철두철미하게 사유하는 '고독한 성찰자' 즉 철학자 · 구도자로 자신의 삶을 끝까지 살지 않으면 안 된다. 이러한 철학자의 삶을 지극히 철저하게 살았던 사람들이 철학사를 빛낸 진정한 철인이요, 선사전禪史傳에 이름을 떨친 위대한 선사들이다. 사태 · 문제 · 사물을 아무 전제 없이 그 자체로 절대적이게 궁구窮究하여 일체 이분법(邊見)이 소멸된 절대지를 증득한 자는 실로 "응무소주이생기심"하고 "수처작주하여 입처개진"한 "천상천하유아독존"의 대해탈자 · 대자유인이다. 여기에 철학과 불학이 다를 수 없고, 교학과 선학이 둘일 수 없음은 물론이다. 다만 이른바 서양철학이 철저하게 개념적 사유이고자 한 반면에, 선학은 개별적인 구체적 현실 상황을 다양 · 다기 · 다채롭게 기술하고 있어 양자는 상호보완적인 관계에 있을 뿐이다.

---

60. 혜능의 제자 永嘉禪師의 『선종영가집』 참조.

참고문헌

시사영어사 편. 『영한대사전』. 시사영어사/랜덤하우스. 1991.

신오현. 『원효 철학 에세이: 반야와 해탈의 현상학』. 서울: 민음사. 2004.

____. 「과학과 철학: 논리경험론의 철학개념」. 『大同哲學』 6집: 111-159. 1999.

____. 「사회비판이론의 철학이념: 하버마스를 중심으로」. 『大同哲學』 1집: 233-277. 1998.

____. 「선·불학의 철학적 본성: 선험-현상학적 해명」. 『哲學研究』 86집: 45-84. 2003.

아리스토텔레스. 『니코마키아 윤리학』.

은정희·송진현 역주. 『원효의 금강삼매경론』. 서울: 일지사. 2000.

全觀應大宗師 감수. 『佛教學大辭典』 (The Encyclopedia of Buddhology). 서울: 홍법원. 1988.

Arendt, H. *The Human Condition*. The University of Chicago Press. 1958.

Descartes, R., *Meditationes de Prima Philosophia, In qua Dei existentia et anima immortalitas demonstratur*. Parisus, Apud Michaelen Soley, 1641. Amstelodami, Apud Ludovicum Elzevirium, 1642.

Descartes, R. *Meditationes de Prima Philosophia; Meditationen über die Erste Philosophie*. Lateinisch/Deutsche, übersetzt u. heraus. von Gerhart Schmidt. Stuttgart: Philipp Reclam Jun. 1986.

Fink, E. *VI. Cartesianische Meditation, Teil 1: Die Idee einer transzendentalen Methodenlehre*. Heraus. Hans Ebelling et al. Dordrecht/Boston/London: Kluwer Academic Publishers. 1988.

Mittelstraß, J. *Enzyklopädie Philosophie und Wissenschaftstheorie*, 2. 1984.

Platon. *Republic*.

Schopenhauer, A. *Die Welt als Wille und Vorstellung*. 1818-1844.

영문 논문개요

Ch'an Buddhology and the Philosophy in the 21st Century

[Abstract]

It is our conclusion regarding the current problematic situation in philosophy from the present survey of the Western philosophical history focusing on the problem of philosophic self-identification that in the final analysis the Western philosophy as metaphysics from the very beginning has been bound to a catastrophic failure in self-justification in terms of logico-scientific model, i.e., subject-object dichotomy, culminating in modern technological science. As far as it remains on the level of subject-object dichotomy, science as such is destined to be positive, experimental, technological, after all, even 'metaphysical' in the Quinean sense. In this respect it is only natural that modern philosophy as a science has come to claim to a final victory over traditional philosophy as metaphysics when the classical theory of Being and Knowledge in the widest sense of the word has finally turned out to be the theory of Object (positive science) and the logic of science (scientific philosophy). It is for this reason in this situation that the traditional philosophy has come to yield the place to so-called post-modernist Post-philosophy. Now, philosophy has come to a dead end so that a variety of new philosophic or anti-philosophic movements prevail. Despite the epistemological anarchism in the post-philosophic era, the current situation can be regarded as not so desperate as it seems if we acknowledge some vigorous efforts to revive the Socratic ideal of philosophy or even heroic attempts at bringing back (Wiederholung) the Pre-Socratic Thinking chiefly by Phenomenological School, radically turning away from the natural-scientific subject-object dichotomy in order to make a decisive departure for the realization of the classical ideal of philosophy as Love of Wisdom, the idea of absolute and universal Knowledge (epistēmĕ in Greek).

The most urgent work to be done for the philosophy in the present century is to complete the unfinished project for the development of most adequate paradigm of a philosophical enquiry vis-à-vis the rest of human intellectual activities. The project can most adequately and reasonably be realized in continuing and radicalizing the unfinished project on the part of phenomenology for the decisive departure from the paradigm case of subject-object dichotomy. Any philosophy on the model of objective science is bound to a disastrous failure as has clearly been shown throughout its history. The most adequate candidate for the absolute and universal Knowledge completely cleared off any vestige of epistemological dichotomy we take it to be the Patriarchal Ch'an (Zen for Jap.; Sôn for Kor.) founded by the Sixth Patriarch, Hui-neng (惠能) and developed by his followers during Tang Dynasty in China. In our view enormous amount of Ch'an Buddhist writings by Patriarchs and Masters are simply most excellent and wonderful exemplifications of truly Philosophical Thinking throughout the world intellectual history. It is precisely the main purpose of the present essay to show clearly and evidently, i.e., philosophically how on earth this is to be the case. We are sure that the philosophy in the 21st century will continue to flourish for some time to come in the spirits of 'Ch'anism' in the word of famous historian of Chinese philosophy, Fung Yu-Lan.

* Key words: Ch'an, Ch'anism, Ch'an Buddhology, transcendental,
        Phenomenology, Metaphysics, Wisdom, Comparative philosophy,
        First philosophy

03
세 번째 논문

반본환원과 선학의 현관:
선험현상학적 환원과의 유비적 해명

- **주제분야**

  철학적 선학, 선불학, 선의 형이상학

- **주제어**

  선학, 선불학, 철학적 선학, 형이상학, 현학, 현관, 무문관,
  반본환원, 선험환원

논문개요

　우리는 선불학의 철학적 이해를 목표하는 일련의 연구 작업을 시도하고 있는바, 연전에 그 일부를 두 편의 논문으로 발표하였고, 여기 발표하는 이 논문도 그 일부를 이루는 것이며, 앞으로도 계속 지면이 허락하는 대로 발표할 계획임을 밝혀둔다. 「선·불학의 철학적 본성: 선험–현상학적 해명」(『哲學硏究』 제86집)에서는 선·불학의 본성이 철학적임을 해명했고, 「선·불학과 21세기철학」(『哲學硏究』 제92집)에서는 21세기 철학에서 선·불학이 차지하는 철학사적 의미와 위상을 밝힌 바 있는데, 이 논문에서는 선불학의 방법론을 다루고자 한다. 즉 선불학의 입문서로 인구에 회자되어 온 「십우도十牛圖」의 사상을 참고하고, 특히 12세기 송대의 곽암사원의 저작으로 알려진 「십우도」 중 제9도 '반본환원返本還源'을 실마리로 삼아, 이를 후설–핑크의 「선험적 방법이론의 이념」과 유비적으로 해명함으로써, 선학의 '반본환원'은 현상학의 '선험환원'과 함께 '선학禪學'이 선학일 수 있기 위해, 또는 '철학'에 입문하기 위해, 반드시 통과해야 할 필수관문임을 명증적으로 증시證示하려는 시도이다. "자기의 본심인 ❶ 소를 찾아(심우尋牛), ❷ 발자취를 발견하고(견적見跡), ❸ 소를 발견하고(견우見牛), ❹ 소를 잡아(득우得牛), ❺ 소를 길들여(목우牧牛), ❻ 소를 타고 무위無爲의 깨달음의 세계인 우리 집에 돌아와서(기우귀가騎牛歸家), ❼ 이젠 소가 달아날 걱정이 없으므로 소 같은 것은 다 잊어버리고 안심하여(망우존인忘牛存人), ❽ 다시 사람도 소도 본래공本來空인 것을 깨달아(인우구망人牛俱忘), ❾ 꽃은 붉고 버들은 푸른 그대로의 세계를 여실히 보고(반본환원返本還源), ❿ 중생을 건지기 위해 거리로 나간다(입전수수入廛垂手)"는 10단계 가운데 가장 결정적인 계제가 바로 '반본환원'이며, 선학의 방법론에 결정적으로 중요한 이 반본환원의 선학적 이념을 선험현상학의 '선험환원'과 대비적으로 해명하려는 것이 본 논문의 주제이다. 그리고 이 문제를 해명함에 있어서 우리는 동안상찰 선사同安常察 禪師의 「십현담十玄談」의 방법개념도 함께 참고하였다. 이 논의에서 우리는 먼저 문제제기를 위하여 ① '형이상학적 물음(無問)과 형이상학 입문(無門)'을 다루고, 반본환원의 준비단계로 ② '형이상학 관문으로서 무문관無門關'을 거론함에 있어서 무문혜개의 '무문관', 조주趙州의 '무자화두無字話頭'와 하이데거의 '무의 물음'을 비교·분석한 다음, ③ '무문관을 통한 반본환원'을 선험환원에 대비적으로 해명한 후, 우리의 ④ '결론'을 내렸다.

1. 형이상학적 물음(無問)과 형이상학 입문(無門)

우리는 수년래 철학 정기 간행물을 통하여 '선禪' 또는 '선학禪學'에 관한 두 편의 기초논문을 발표한 바 있다. 불립문자와 언어도단을 표방하는 선종사禪宗史적 전통의 불문율에도 불구하고, 그리고 '선학은 철학이 아님'을 당연시하는 거듭된 강변과 항의에도 불구하고, 우리는 이들 논문에서 ① 먼저 a) '선=선사유=선체험=선수행'이 바로 하이데거적인 '존재사유'로서 '"철학사유=철학수행"의 전형Philosophieren par excellence' 이라는 사실과, b) 선학dhyānology[1]을 통해서, 특히 선학의 황금시대를 거치면서, [그리스 철학 이래 현대 선험현상학에 이르기까지 면면부절綿綿不絶하게 전승되어 온] 서양의 철학이념이 완전무결하게 실현되어 있다는 사실이 선사전禪史傳과 선어록을 통해서 명증적으로 확인될 수 있다는 것을 현시하고, ② 다음으로 더 나아가 '선학이 21세기 세계철학의 유일하고도 확실한 대안'임을 우리의 다른 논문[2]에서 증시한 바 있다.

---

1. '선'의 범어가 Dhyāna이기에, 마치 '불'의 범어 Buddha에서 '불학'을 Buddhology로 표기하듯이, '선학'을 Dhyānology로 유비적이게 표기해 보았다. 우리는 이미 우리의 논문 「선·불학의 철학적 본성: 선험-현상학적 해명」(『哲學研究』, 제86집 (2003. 5.))의 '영문 초록'에서, '禪的 開明의 선험적·현상학적 분석'을 주제로 하는 이 논문이 '철학적 선학' 이념의 예비적 소묘(A Preliminary Sketch of the Idea of Philosophical Dhyānology)를 목표하는 것임을 적시한 바 있다.
2. 신오현, 「선·불학과 21세기철학」, 『哲學研究』, 제92집(2004. 11), 187-212쪽.

그리하여 '철학의 종말'이니, '형이상학의 사망'이니 하는 철학에 대한 사형선고가 철학 문외한에 의해서 저질러진 참으로 참람한 월권행위였음이 이론의 여지없이 변증·석명된 것으로 확신하고, '고전철학이념' 또는 '철학의 고전적 이념'이 금세기 안에 확실하게 복원될 것을 기대하면서, 이제 우리는 '선학' 이념, '선철학' 이념, 우리의 이른바 '철학적 선학'의 이념을 실현하는 방법론을, 기왕의 우리 의도와 방식에 따라, 간명하게 해명해 보이고자 또다시 이 글을 발표하게 되었다. 따라서 이 논문은 세부 사항에 대한 세세한 고증이나 논쟁적 논변을 생략한 채, 오로지 명증적 체험을 선험현상학적으로 기술하고 형이상학적으로 해명하는 데 주력하는 전략을 채택할 것이다.

　방금 언급한 우리의 이른바 '철학적 선학' 또는 '선학적 철학'의 이념 제시를 통하여 해명된 '선적 실재성'은, 선·선학의 궁극실재는, 우선적으로 '형이상자形而上者'로 정체확인identify될 수 있는 것이다. "형이상자를 도라 지칭한다(形而上者謂之道)"는 것은 한문 고전에 달통한 모든 식자들에게 주지된 사실이다. '도의 철학' 즉 '도가 철학'의 기초 교범이라 할 『도덕경道德經』에서 뿐만 아니라, 유가철학에서도, 불가철학에서도, 선철학에서도 자칭 유도儒道·불도佛道·선도禪道의 방법 개념이 시사하듯, '도'의 개념을 떠나 그들의 철학주제(儒·佛·道)를 거론할 수 없을 정도로 말이다. 유·불·선仙에다 선禪까지 포괄하는 삼위 일체적인 또는 사위四位 일체적인 일체 존재와 일체 인식의 근본 주제, 이념 및 방법이 한결같이 '도'임을 아무도 부정할 수 없을 것이기 때문이다. 이와 같이 "수유須臾에라도 도를 떠나서는" 인간도, 인간의 근본도, 인간의 학문도, 학문의 근본도, 천지만물과 우주자연의 지리至理도, 그리고 이 모든 근본실재와 근본인식의 방법(道)도 거론되고 해명될 수 없다면, 그런데 바로 이 도가 '형이상적인 것' 곧 '형이상자'라면, 도학이 형이상학일수밖에 없다는 것도, 필연적으로 절대 명증적이다. 사태 자체가 이러함에도, 오늘날 이러한 형이상학의 무용성과 무실성無實性을 강변하고, 한걸음 더 나아가 이미 오래전에 선포된 '형이상학 종언'의 사망선고가 '만시지탄晚時之歎'임을 한탄하는 자칭 '포스트모던 철학'의 발호 현상은 도대체 어떻게 설명되어야 할 것인가? 정보철학(?), 환경철학(?), 경제철학(?), 심지어는 웰빙철학(?) 따위가 현실 친화적 첨단철학(?)의 이름으로 거창한 '철학발표대회'의 또는 '철학자연합대회'의 참신한 토론 주제로 등장한 사실은 또 어떻게 평가되어야 한다는 말인가? 이들 철학 권력, 신흥 세력은 진정 형이상학을 완전하고도 철두철미하게 극복한 거인적 실력자들인가? 아니면 동서고금의 철학사를 관통하는 '철학적 역사 philosophical history'의 원리에 '미묘현통微妙玄通'한 희대의 '명안종사明眼宗師'들이라도 된다는 말인가? 동서고금의 고전적 철학이념인 형이상학을 대체한다는 그들의 철학이념과 방법은 진정으로 참신하고 '포스트모던'적이었던가? 아니 도대체 그것들이 철학적인 이념이고, 철학적인 방법이기나 한 것들인가? 그들은 그러한 "새로운 획기적 · 혁명적"인(?) 철학이념과 철학방법을 진정으로 철학적이게 변증 · 해명하는 데 성공한 적이 한 번이라도 있었던가? 그들의 성공은 도대체 언제, 어디에서, 어떠한 절차를 거쳐, 어떻게 검증되고 누구에 의해서 인가된 것인가? 그들은 그 증거와 증빙서류를 빠짐없이 구비하고 있어, 언제 어디서나 그 누구에게도 당당하게 제시할 준비가 완료되어 있는 것인가?

20세기에 와서 실증주의자들의 잦은 재촉과 경고에도 불구하고, 형이상학의 종언과 철학의 사망이 그들이 바라는 만큼 신속하고도 말끔하게 처분되지 않았던 것은, '형이상학 사망진단서'가 한 번도 제대로 발부된 적이 없었기 때문이며, 아무도 그가 진정으로 성숙한 지성이라면 형이상학 사망진단서를 자가自家 처방조차 할 수 없었기 때문이기도 하다. 형이상학은 인간 밖에서 발생하고 관찰될 수 있는 그 어떠한 현상이 아니라, 인간존재 자체의 내재적inherent 본질 즉 인간의 본재本在/Wesen · 자성自性/Nature 그 자체라는 점에서, 그리고 인간이 자신의 존재를 본질적 · 근본적으로 묻고 사유하는 한에서, 그는 이미 언제나 형이상학적일 수밖에 없겠기에 말이다. 존재 자체가 문제가 되는 한에서, 인간은 언제나 '형이상학적 존재자'이기에 말이다. 그가 인간이라면, 그리고 그가 자살처방을 내리지 않는 한에서는, 자신이 원하든 원치 않든 또는 알든 모르든, 그는 이미 항상 형이상학적일 수밖에 없는 명운을 타고난 존재이다: 우리는 모두 정신병자가 아닌 한에서, 자기 자신의 존재를 의식하는 한에서, '타고난born' 형이상학자이다. 다만 자각과 인지 및 학문의 정도 차이가 있을 뿐이다. 따라서 형이상학을 거부하는 것은 '자각적으로 존재함'을 거부하는, 스스로 자살처방을 내리는 자가도착적이고 자기우롱적인 망동을 자행하는 일에 다름 아니다. 우리가 형이상학적 성찰을 거부할 수 없는 것은 우리가 우리의 존재물음을, 이러한 물음의 방식으로서만 살고 존재하는 인간의 근본물음을, 거부할 수 없는 것과 매한가지다. 중요한 것은 이 거부할 수 없는 우리 자신의 존재 물음, 선가禪家의 이른바 '기사구명己事究明 문제', '정체성 물음', '일대사一大事 문제' 곧 '생사 문제', 피할 수 없는 이 운명적인 형이상학적 물음을 얼마나 자각적 · 본래적 · 근본적으로 묻는가일 뿐이다. 다른 것은 다 그만두고라도 형이상학적 물음, 형이상학적 사유, 이 한 가지만은 결단코 '장난'이 아니고 '농담'이 아니다. 자신의 인생과 생애까지도 장난이나 농담쯤으로 여기지 않는다면 말이다.

형이상학적인 것을 사람들은 가끔 '초월적'인 그 무엇으로 간주하는 경향을 보이곤 한다. 예컨대, 자연을 초월한 정신적인 그 무엇, 세속간俗世間을 초월한 탈속脫俗적인 그 무엇, 현상적인 것을 초월한 본체적 · 본질적 · 현상학적인 그 무엇, 감성적 경험 지각을 초월한 예지적叡智的 · 직관적인 그 무엇, 후천적 · 경험적인 것을 초월한 선천적 · 선험적인 그 무엇, 시 · 공간적인 것을 초월한 영원 · 무한한 그 무엇 등등으로서 말이다. 그래서 그것은 평범한 중생들이 접근할 수 없는 신비하고 '미묘현통微妙玄通(『도덕경』 제15장)한 것이어서, 필경 불립문자 · 언어도단의 별천지로서, '경이驚異 중의 경이Wunder aller Wunder'요 '현지우현玄之又玄'의 묘경妙境으로 상상하기 십상이다. 초인적 지성에게는 명약관화하게 직관되는 것이면서도 범인들에게는 '단지 뜬구름을 잡는 것과 같이 허망한 것'으로 추측될 뿐인 것이기 마련이다. 철학사를 통하여 전형적 사례를 거명해 본다면, 플라톤의 '이데아', 스피노자의 '영원상하永遠相下의 관조', 칸트의 '물자체', 니체의 '초인', 헤겔의 '절대정신', 후설의 '선험적 자아', 하이데거의 '존재와 존재자의 존재론적 차이', 비트겐슈타인의 '신비', 또는 노자의 '가도可道와 상도常道의 구분', 조주의 '무자無字 공안', 임제선사의 '살불殺佛 · 살조殺祖 · 살부모殺父母'를 무릅쓴 '무위無位 · 무의無依 · 무의無衣 진인眞人', 선가의 '공겁이전空劫已前 · 천지미분天地未分 · 부모미생이전父母未生已前의 본래면목本來面目' 같은 형이상학적 개념 · 경험을 들 수 있겠다. 이와 같이 다양한 이름으로 지칭되는 저들 개념·경험들은 기실 서로에게 동근원적同根源的인 것이자 나의 존재와도 동근적同根的인 것인데, 다만 현출現出·현상現象하여 다르게 '차연差延'되고 달리 명명된 것, '동일자同一者의 이명異名', 노자의 이른바 '동출이이명同出而異名' 즉 '현동玄同'일 뿐이다.

탈속적인 담론을 '현담玄談' 또는 '청담淸談'이라 하고, 현담으로 구성된 학문을 '현학玄學'이라 부르기도 한다. "주역周易·노장서老莊書를 자료로 하여 전개된 중국철학의 한 분야"를 현학이라 하며, 이를테면 '위진 현학'이 그 대표적인 것이다. 그러나 현학은 또 한편으로는 "불교학의 통명通名"이며, "선문에서는 불교의 뜻으로 쓰이는 경우가 많다."[3] 중국에서 간행된『철학대사전哲學大辭典』에는 '현학'을 일차적으로 "'형이상학'의 별칭"으로 정의하고 있다.[4] 그다음 '현'의 출처로『노자老子』, 1장을 인용한 후 "'현'은 곧 '도'를 지칭한다玄卽指道"고 풀이하고 있다. 즉 표상된 '유무有無'의 차이를 넘어서 원초적으로 생기하는 우주창시宇宙創始로서 "무에서 유가 생겨나고 또 유에서 무가 생겨나는有無相生"바, 유무화생有無化生의 동일근원이 '현'이나 '도'로 묘사될 수 있다는 것이다. 이것은 형이상학의 절대적 단초요 근본개념이며, 형이상학적 일체 비의秘義의 묘문妙門('衆妙之門')이다. 실로 '현'과 '묘'는 한자 표현으로서는 형이상학의 근본개념Grundbegriff인 '도'를 언표하는 최고 개념들이다. 그러기에 형이상학의 전형인 선학에서도 선의 경지를 언표하는 데, 특히 불립문자·언

---

3. 전관응 대종사 감수,『佛敎學大辭典』(弘法院, 1996) 및 月雲 감수,『禪學辭典』(佛地社, 1996).
4. 馮契 主編,『哲學大辭典』(上海: 上海辭書出版社, 1992), 421左 쪽.

어도단·심행처멸의 결정적인 계기에서, 이 '현·묘·도'의 삼일三— 개념을 종횡무진으로 구사하는바, 간단한 사례를 열거해 본다면 '묘각妙覺', '묘리妙理', '묘심妙心', '묘오妙悟', '묘체妙體', '묘용妙用', '묘경妙境', '묘과妙果', '묘기妙機', '묘문妙門', '묘법妙法', '묘유妙有', '묘처妙處', '묘혜妙慧', '묘행妙行' 등등과, '현관玄關', '현담玄談', '현덕玄德', '현도玄徒', '현도玄道', '현려玄侶', '현로玄路', '현리玄理', '현묘玄妙', '현문玄門', '현심玄心', '현오玄悟', '현의玄義', '현적玄籍', '현종玄宗', '현지玄旨', '현현현처玄玄玄處', '현학玄學' 등등의 숱한 표현들이 모두 '道'의 성격규정을 위하여 동원되는 개념군이다. 이것들은 이미 세간 경험, 상대적 경험, 존재자 표상을 완전히 초출하는 절대, 자재, 존재, 자성, 자체, 자연, 지신을 성격지우는 언표 방식이며, 따라서 표상될 수 없고, 대상화될 수 없는, 그러기에 정상언어ordinary language로는 언표될 수 없는 것을 억지로 언표하는, 스피노자의 이른바 '성질propria'과 같은 것으로서, '속성attributa'과는 엄격하게 구별되는 개념군이다. 바로 이러한 근본적인 차이를, 경험적인 것과 선험적인 것의 차이를, 세간적인 것과 출세간적인 것의 차이를, 하이데거의 이른바 존재자와 존재의 존재론적 차이를 망각하는 데서, 일체의 현학·형이상학, 예컨대 플라톤, 스피노자, 하이데거, 노자와 선불교의 형이상학을 결정적으로 오해하는 근원·근거가 발견된다. 그리고 바로 여기에 종교와 철학, 신학과 철학, 과학과 철학, 실증학과 선험학, 형이하학과 형이상학의 결정적인 차이가 놓여 있는 것이기도 하다.

이제 다시 처음으로 돌아가 보자. 『주역』, 「계사繫辭」에 전거典據한 "형이상자위지도形而上者謂之道"에서 '형이상자의 학문'을 '형이상학'으로 규정한다면, '[형이상자]=[도]의 학문'을 '도학'으로 지칭하는 것은 당연지

사이다. 그러나 앞서 인용한 중국의『철학대사전』(1600-1쪽)에는 '도학'을 "송대 유가철학으로서 공맹 '도통道統'을 계승함으로써, '성명의리性命義理'의 학을 위주로 연구하는" 학문으로 규정하고 있기에, 우리는 여기에서 혼동을 피하기 위해서 '형이상학'의 중국철학적 표현을 '도학' 대신에 '현학'으로 표기하고자 한다. 스피노자가 '신즉자연神卽自然/Deus sive natura'의 주제하에 '형이상학적 (또는 철학적) 윤리학Ethica'을 해명하면서, 신과 자연의 속성을 '실체', '절대', '자기원인', '영원', '필연' 등등으로 이해하고, '자비', '사랑', '용서', '자유의지' 등속의 의인적擬人的 성질propria을 '신=자연'에 귀속시키는 데 단호히 반대한 것은 '형이상자'가, '형이상적 존재자'가 아니라, 여하한 존재자로부터도 단적으로 구별되는, 초월자가 아닌 초월함이나 존재함 또는 생기함 그 자체이기 때문이다. 마찬가지로 '현'이나 '묘' 또는 '현묘'나 '중묘衆妙' 또는 '현현玄(之又)玄' 등속의 표현들도, 다만, '형이상자' 즉 '도'나 '실제實際'[5]와 같은 궁극적·절대적 실재성이 결코 언표될 수 없는 초월 그 자체임을 방편상으로 억지 언표한 가언假言·가제假諦일 뿐이다. 따라서 형이상학, 제일철학 즉 형이상학적 철학, 선학, 현학에서는 그 입문이나 입도入道 방편이 형이하학의 방법과는 그야말로 방법론적인 차이, 존재론적 차이를 갖지 않을 수 없는 실정이다. 우리가 흔히 듣는 말로 '대도무문'이라는 사자성어도 바로 "현학의 '입문'이 '무문'"이라는 역설을 상징하는 말이다. 그것은 흔히들 그렇게 말하는 것처럼 '대도에는, 즉 궁극적 진리에는 접근

---

5. 여기서 '실제'는, '理論과 實際'라고 할 때 '실제'를 뜻하는 것이 아니라, 궁극적 실재성, 절대적 실재성을 의미하는 불교철학적인 개념이다.

방법이 없다'든가 혹은 '대도에 접근하는 데는 다양한 방법이 있을 수 있다'라는 뜻이 아니라, '대도는 [실증적·수단적·기술적·방편적·잠정적·경험적·가설적인 세간적 진리 즉 세속제世俗諦의 경우와는] 결정적으로 판이한 '입문'을 필요로 한다'라는 엄연한 진리·사실을 암시하는 것이다. 형이상자에 접근하는, 즉 형이상학에 입문하는 독특하고도 특전적인 방법을 '무문' 또는 '현관'으로 표시할 때, 세간적·경험적 사물인 '문'과 '관'에 접두된 '무'와 '현'은 선험적·초월적 실재성을 지시할 뿐, 무슨 '문'과 '관'이 문자 그대로 신비하고 현묘한 또는 불가해한 그 무엇임을 기술·묘사·상징·은유하는 술어가 아니다. 그것은 『도덕경』에 쓰여 있는 대로, '도'라는 것이 형이상자라서 "보아도 보이지 않고, 들어도 들리지 않으며, 잡아도 잡히지 않는"(15장) 이夷·희希·미微의 초감성적·초자연적인 실재성이기 때문이다.

우리는 이하에서 '선적 사유'에 의해서 인식·경험되어야 할 존재·실재를 체인증득體認證得[6]하는 통로, 이 통로에 들어가기 위해서 반드시 거쳐야 할 관문 또는 현관에 입문하는 방법적 절차를 '반본환원返本還源'에서 찾아보려 한다. '반본환원'이란 방법개념Methodenbegriff은 송나라 곽암사원廓庵師遠 선사가 선불교의 수행과정을 목우행정牧牛行程에 비유, 목우행 10단계를 구분한 그림과 계송으로 구성한 『십우도十牛圖』중 제9도의 표제다. 선서禪書·선담禪談에 회자되는 다양한 목우도와 다기多岐한 십우도를 논외로 하고, 우리는 오직 '곽암 십우도' 중에 단지 제9

---

6. '체인', '증득', '證知', '證示' 등은 형이상자의 명증적 인식을 지칭하는 대표적 개념들이다.

도만을 오직 '대도무문에 입문하는 방법론'으로, 그것도 오로지 '형이상학적'으로, 또는 '선험현상학적 철학의 방식'으로만 기술·해명하려 한다. 선험현상학은, 철학의 정체성 물음을 철학·형이상학의 사활이 걸린 물음으로 제기한, 20세기 철학의 결정판이며, 플라톤·데카르트·칸트의 제일철학·선험철학 정신을 계승·발전시킨 후설에 의해서 완성된 철학이념이다. 후설 만년에 그를 도와 그의 현상학을 정리한 핑크 Eugen Fink에 의하면, 현상학적 환원을 통과하지 않은 일체 철학은 독단론Dogmatismus임을 면할 수 없다는 것이다.[7] 우리는 핑크의 이 확증을 필증적 단언으로 증득하면서, 현상학적 환원이야말로 모든 진정한 철학이 반드시 통과해야 할 필수관문sine qua non으로 확인한다. 그리고 우리가 문제삼는 '반본환원'은 후설 현상학의 '선험환원'에 정확하게 유비될 수 있는, 이를테면 '선학적인 환원'인 셈이다. 따라서 '반본환원'을 통과하지 않은 일체의 선과 선학도 독단임을 면하기 어렵다는 것이 우리의 주장이며, 따라서 반본환원은 선학입문의 필수관문인 '현관'이라는 것이 우리가 해명해야 할 당면의 과제이다.[8]

그러나 반본환원은 우선 '반본返本'이 선결되어야 비로소 최종적 환원

7. Eugen Fink, "Die Phänomenologische Philosophie Husserls in der gegenwärtigen Kritik," *Phenomenologica*, 21 (Den Haag: M.N., 1966), pp. 79-156, here 152; *Kant Studien*, Vol. 38, 321-83.
8. 참고로 미리 말해도 좋다면, 선학입문의 현관으로서 반본환원을 해명하는 이 논문은, 바로 다음에 발표할 논문인 '철학입문의 관문으로서 선험환원의 해명(假題)'과 자매 관계에 놓이게 된다. 이 논문은 원래 이 양자를 비교하는 과제를 논제로 설정했으나, 너무 길어져서 두 편의 별도 논문으로 구성하게 된 것이다. 따라서 두 논문을 대비해서 읽는 것이 상호 보완적으로 이해를 넓혀줄 것이다.

이 완성될 수 있는 것이다. 마치 후설의 현상학적 환원이 먼저 판단중지 epochē를 통하여 주관과 객관, 자아와 세계의 분리 · 대립이 지양되어, 더 이상 존재믿음Seinsglaube 즉 일체 존재자 표상이 더 이상 하등의 존재통용성Seinsgelltung을 가지지 못하게끔 그 효력이 완전 상실되어서야, 비로소 주객분리 이전의 본래자기本來自己, 본지풍광本地風光, 즉 '선험적 의식삶Bewußtseinsleben'에로 환원될 수 있는 것과 같이 말이다. 이러한 경지는 「십우도」 제8도에서 '인우구망人牛俱忘'으로 표제되어 있거니와, 이것은 일체 존재믿음(후설), 일체 존재자 표상(하이데거)이 망실 · 민절泯絶된 절대무의 지평이다. 그리고 이 절대무의 관문을 선문에서는 조주 종심趙州從諗(778-897)의 '무자화두無字話頭' 또는 무문혜개無門慧開(1183-1260)의 '무문관'으로 지칭하고, 이 화두 · 공안을, 절대무를 관통하여 본지풍광 · 본래면목에 일초직입一超直入하는 '선종 제일관'으로서, '선종무문관'[9]이라 이름한다. 그것은 마치 존재자 전체를 넘어서, 존재자 전체의 단적 타자인 절대무를 관통함으로써만, 존재자와는 단지 존재론적인 차이를 가지는, 또는 존재자에게는 이미 언제나 차연差延지게 마련인, 존재 그 자체의 '트임Lichtung' 또는 '공활空豁clearance' 안으로 들어서게 되는 것과 마찬가지이다. 하이데거가 해명하듯, '무의 물음'은, '무를 물음'은 '형이상학적인 물음'이면서 동시에 '형이상학을 물음'이요, 바로 이 형이상학적 물음을 가동시킴이 다름 아닌 '철학행哲學行/Philosophieren'의 시작이다. 하이데거가 인간을 '무의 자리지킴이Platzhalter des Nichts'이자 '존재의 목자Hirt des Seins'라고 '존재와 무 그리고 인간'의 삼자 관계를 규

---

9. 무문혜개, 『無門關』, 「自序」 참조.

정한 것은, 수선자修禪者를 목우자牧牛者에, 그리고 선수행禪修行을 목우행牧牛行에 비유하여 선·선학 입문으로서 수선 과정을 목우도로 도상화圖像化하고 이를 계송으로 해설한 십우도, 특히 '곽암 십우도'의 대의와 진기한 대비를 이룬 것으로 보인다.

2. 형이상학의 관문(=현학의 관문=현관)으로서 무문관

『도덕경』제25장에 의하면 "천지Kosmos가 출현하기 전 혼돈Chaos의 상태에서(有物混成) 적요寂廖 · 독립 · 주행周行하며, 천하의 출처(天下母)가 되는 자를 내 그 이름을 몰라 도道라고 자字를 붙이고 억지로 이름하기를 대大라 한다. …… 역중城中에 4대가 있으니 도대道大 · 천대天大 · 지대地大 · 왕대王(人)大가 그것이며, 사람은 땅을, 땅은 하늘을, 하늘은 도를, 그리고 도는 자연을 본받는다ordered"는 것이다. 역으로 말하면, 자연은 도에게, 도는 천에게, 천은 지에게, 지는 인간에게 명하는 것 ordering이다. '도대'나 '대도'(18장)는 다 같이 천지가 시작되기 이전에, 우주가 생기기 이전에, 시공 이전에 '이미 거기에 있었던' 궁극적 · 보편적 존재, 대자연이 스스로 그러하듯, '왜 없이' 이미 거기에 그렇게 존재하는 그러한 실재성이다. 마치 요한복음의 첫 절 "태초에 말씀logos=λόγος이 있었다"에서 '말씀(=로고스=도)'이 태초에 있었듯이 '도'도 태초에 그렇게 있었다고 말할 수 있다. 우리가 방금 '도'를 '궁극적'이라 함은 '도'의 시원성始原性을, '보편적(=universal=一轉的)'이라 함은, 그 라틴어원이 시사하듯, '도'의 우주성宇宙性을 지시하는 것이며, 그리고 '존재'라 함은 '도'의 화생化生 · 활성活性을 의미하는 것으로서, 천지운행 · 조화만물의 생기(=Ereignis=Sein) 자체를 지칭하는 것으로서, 그 결과물인 '천하만물', 즉 '존재자 전체'와는 차원이 다른 개념이다. 이러한 '차원의 차

이'를 '존재자와 존재의 존재론적 차이' 또는 쟈크 데리다J. Derrida의 이른바 '차差·연延/différance'이리고 말할 수 있다. 스피노자적으로 말한다면, 이것은 '능산적 자연natura naturans'과 '소산적 자연natura naturata'의 존재론적 차이라고도 할 수 있으리라. 우리가 자주 쓰는 표현으로 '천지인삼재天地人三才'가 있는바, 여기서 '才'는 상형적象形的으로 'ー + | + /'의 합성어로서 그 회의會意는 "나무나 풀의 줄기가 어떤 것은 땅(ー)을 뚫고 내밀고(|) 있는 것도 있고, 또 어떤 줄기는 아직 땅 밑에 있는 것(/)도 있다"는 것으로, 원뜻은 '처음·단초·시작'이다. 그리하여 '삼재'란 천지인 삼자가 우주를 구성하는 삼대 요소로서 삼위일체성을 나타내며, '도대道大'는 천지인 삼재의 삼일三ー성, 결국은 전일全ー성(왜냐하면 우주나 천지인 삼재는 하나의 전체이기에)을 나타내는 것이다. 『장자』, 「제물론」에서 "천지여아병생이만물여아위일天地與我幷生而萬物與我爲ー"이라 한 것도 천지인 삼재성三才性을 지시한 것이다. 이를테면 천리天理·지리地理·인리人理 또는 천문天文·지문地文·인문人文 혹은 천심天心·지심地心·인심人心이 천도天道·지도地道·인도人道와 상통하는 것이다. '이理'나 '문文' 및 '도道'가 다 같이 '결·길·말'을 의미할 뿐만 아니라, 도리·문리·심리가 모두 다스림(관리·섭리·조리)의 행위를 함의하기도 한다. '심'도 '의식·생각·도리의 원천'으로서 문文·이理·도道와 동근원同根源적임을 이해하는 것도 그리 어려운 일이 아닐 것이다. 천지인삼재를 삼일적·전일적으로 섭리하는 '도동道動', 즉 '대도의 묘용'이 곧 '자연(=천연=천생=자생을 뜻하는 동명사)'이라는 의미에서 "인법지人法地, 지법천地法天, 천법도天法道, 도법자연道法自然"(25장)은 너무나 자연스러운 결론이다. 이와 같은 동양 고전적 우주론cosmology 또는 천지개벽설cosmogony은 시원적

인 의미에서 자연적인, 천지인 삼재적인 의미의 근원적 차원에서, 현대 철학 개념으로 말하면, 선험적 · 초월적으로 이해되어야 그 철학석 · 형이상학적인 진의眞義가 투득透得될 수 있다. 따라서 선학은 이러한 시원적 의미에서 현학이며, 형이상학이라고 단언할 수 있다.

이상에서 분석해 보인 원시原始 · 원천源泉 개념의 어원 · 어의 풀이는, 얼핏 그렇게 보이듯이, 결코 언어유희나 현학衒學/sophistry이 아니다. 그것은 오히려 언어유희나 현학술수衒學術數를 원천적으로 봉쇄하기 위한 고육책이라고 말할 수 있을 간단한 주석에 가깝다고 하겠다. '지혜 사랑'은 바로 저러한 말장난에 의한 '지식 자랑'의 궤변sophistry이 완전히 사라진 이후에나 겨우 움틀 수 있는 것이기에, '철학'의 그리스어원적 정의 즉 '지혜 사랑philosophia'이 무엇보다도 먼저 '지식 자랑'에 상극적인 것으로 이해되는 것이며, 플라톤이 지혜 사랑을 위하여 이것으로부터 지식 자랑, 즉 사이비 '지혜 사랑'을 척결해 내는 데 도움을 주고자 『소피스트 Sophistēs』를 저술했으리라. 우리는 '소피스트'를 "자기 자신의 자생적 · 자각적 · 자성적 '로고스'인 반야 지혜 없이, 단지 망령 들린 나를 위하여 남을 기만하고자 거짓 지혜를 행상行商하는 떠벌이"로 규정한다. 지혜는 무명無明으로부터 해탈된 '선험적 자기(法身)'로부터 자라나고 피어나오는, 자각적으로 체인 · 증득된 앎이기 때문이다. 이러한 의미의 '道(길 · 결 · 말)'를 강조적으로 표현하여 '대도'라 지칭하며, 바로 이 대도에 이르는 큰길에는 샛길이 없다는 의미에서 '대도무문'이라 표현하는 것이다. 선도禪道는 물론 대도이며, 선문禪門은 무문이요 현문이자 묘문이라서, 현상적 · 경험적 · 실증적인 통로를 통해서는 이 큰길에 접어드는 관문을 '도저히 통과할 수 없는 것', 그리스어적으로 말하면 '아포리아aporia

=impasse'이다. 그렇다면 이 현관을 현통玄通[10]·투과透過할 수 있는 묘책은 무엇인가? 이것이 우리가 여기에서 해명하고자 하는 과세이다. 철학·형이상학의 입문이 그러하듯, 선학·현학에 있어서도 입문 그 자체가 그 학문을 위한 절체절명의 과제에 속하는 것이다. 문외한이 미망에 '유전流轉'하는 사람이라면, 입문자는 이를테면 깨달음의 세계에 '출세出世'한 사람이다. 철학·현학·선학의 관문이 현관·현문이라는 것도 일단 이 문을 투과하면 그대로 '일초직입여래지—超直入如來地'가 되기 때문이다. 이러한 일대 비약은『무문관』의 저자 무문혜개의 표현을 빌면 '경천동지驚天動地'의 일대 사건이요, 오이겐 핑크가 '현상학적 환원'을 '지진Erdbeben'에 비유한 것에 대비되는 것이다. 혜능조사의 표현을 빌면, 언하대오言下大悟에 중생지견衆生知見이 불지견佛知見으로 전화轉化하여 불중생佛衆生이 중생불衆生佛이 되는 것이다.[11]

'무문관'이란 개념은, 송대宋代 무문혜개 선사가 1228년에 48칙의 불조기연(공안)佛祖機緣(公案)을 한 권의 책자로 편집하여『무문관』으로 출간함으로써,[12] 공안집의 표본이요 화두의 대명사로 통용된 것이다. 무문

10.『道德經』, 제15장에서 왕필본은 "古之善爲士者 微妙玄通"으로 읽어지나 馬王堆 帛書 乙木에 의하면 "古之善爲道者 微妙玄通"으로 되어 있어, "'도'가 深遠通達하여 일반인이 이해할 수 없는 것"임을 강조한다. 앞에 인용한 馮契편,『哲學大辭典』, 421쪽 "玄通" 및 김충열 지음,『노자강의』(예문서원, 2004), 390쪽 참조.

11.『六祖壇經』, *The Platform Sutra of the Sixth Patriarch*, The Text of the Tun-Huang Manuscript with the Translation, Introduction, and Notes by Philip B. Yampolsky (New York and London: Columbia University Press, 1967), *The Tun-Huang Text*, §§. 41, 52 (부록원문: 스즈키의 돈황본 분류 항목).

12.『무문관』은『碧巖錄』,『從容錄』과 함께 禪門의 삼대 공안집이며, 벽암록과 함께는 임제종 계열의 쌍벽을 이루는 것으로, 조동종계의 공안집인『종용록』은 1224

이 「자서自序」에서 상기시키듯, '선종'은 "불어심佛語心을 종宗으로 삼고" '선문'은 "무문을 법문으로 삼는다." 여기서 '불어심'이란 '부처가 말한 마음'일 수도 있고, '깨달음을 (또는 깨달음이) 말한 마음'일 수도 있다. 『종경록宗鏡錄』(961)에는 '심어心語'의 개념을 매개하여 '불어심'의 선학적 의미를 해설하고 있지만,[13] 그 의미는 아주 간단하다. '불어佛語'는 '각어覺語'요 후자는 결국 '심'이기에 말이다. '심어'는 '문어文語'에 대비되는 '의어義語'로서, 그대로 '불어'이며 '불심'이기 때문이다. 그러기에 '선종'은 '불심종佛心宗' 또는 간략하게 '심종心宗'으로 자기확인self-identification하는 터이다. 그리고 "무문위법문無門爲法門"이라는 종속구에 오언절구로 대구對句 되게끔 "불어심위종佛語心爲宗"이라고 글자를 맞추기 위해, '불심'을 세 글자로 표현하여 '불어심'으로 적었을 수도 있을 것이다. 뿐만 아니라, 불법을 '8만 4천 법문'이라 말하거니와, 선종은 오로지 불심 또는 각심을 대종大宗으로 삼는다는 의미에서, 그리고 마음은 사물이 아니고, 존재자가 아니며, 본래무일물이면서 만물을 무진장으로 자기내장하고 있다는 의미에서, 선문은 무문이다. 그러기에 '무문'은 '진여일심'을 의미하기도 하고, 때로는 바로 이 '無', 이 '무' 한 자(一字)를, 가장 근본적 · 원천적 · 시원적 물음 곧 '대의大疑'의 표본으로 참구參究한다는 의미에서 '종문제일관宗門第一關'으로 삼는, 유명한 '조주무자趙州無字 공안'을 의미하기도 하는 것이다. 즉 '무문無問/die Frage nach dem Nichts=

년에, 그리고 한국 최고의 공안집인 『禪門拈頌集』(30권)은 고려 송광사 眞覺慧 諶 국사에 의해서 1227년에 완성되었다고 한다.
13. 永明延壽(904-976) 지음, 『종경록』, 제1권, 『大正新修大藏經』, 제48권, No. 2016, P. 418b 참조.

Nichtsfrage as contrasted to Seinsfrage'이 곧 '무문無門'인 셈이다. 그렇다면 '무에 대한 물음'은 어떠한 물음인가?

통상 우리는 '있는 것은 있고, 없는 것은 없다'라고 단정하고, 그것으로 유무有無의 문제가 더 이상 문제되지 않는 것으로 확신한다. 그러나 라이프니츠Leibniz(1646-1716)가 형이상학의 첫째 물음으로 제시하고, 하이데거가 『형이상학 입문』(1955)에서 반복해서 문제 삼듯이, "왜 도대체 존재자는 있고 오히려 무無가 있는 것은 아닌가?"[14]라는 얼핏 보아 아주 엉뚱한 물음을 제기할 수도 있다. 예컨대, 『도덕경』, 제14장에 묘사한 '도'의 형상 또는 현상은 '무상지상無狀之狀'이요 '무상지상無象之象'인 '무물無物'이라서 "보아도 보이지 않고 …… 들어도 들리지 않고 …… 잡아도 얻을 수 없는 것" 즉 형이상자인데, 이 "'도'라는 것(道也者)"은 도대체 있는 것인가 없는 것인가? 형이하자인 '기器'는 있는데, 왜 형이상자라는 도는 없다는 것인가? 다시 하이데거적으로 표현하여, 왜 도대체 기器만 있고 오히려 도道가 있는 것은 아닌가? 플라톤적으로 말하면, 초감성적 · 초자연적 · 초물리적인 '이데아idea'만이 '참으로 있는

---

14. Leibniz, *Die Philosophischen Schriften von Gottfried Wilhelm Leibniz*, herausgeben von C. I. Gerhardt, Erster Band (Berlin: Weidmannsche Buchhandlung, 1885), Philosophische Abhanddungen (1702-1716), VIII. "Principes de la Nature et de la Grace, fondes en raison." N. 7. p. 602: "Pourquoi il y a plustôt quelque chose que rien?" M. Heidegger, *Einführung in die Metaphysik* (Tübingen: Max Niemeyer, 1958), S. 1 und passim: "Warum ist überhaupt Seiendes und nicht vielmehr Nichts?" Karl Jaspers, *Philosophie*, I (Berlin/Göttingen/Heidelberg: Springer Verlag, 1958), S. 57: "Warum gibt es überhaupt etwas, warum ist nicht etwas?"

것'[15]이고, 이데아의 현상적 구체물(個物)은 다만 이데아의 모상·가상일 뿐 그 자체 독자적 실재성은 가지지 않는 것이다. 그렇다면 당연히 도道만이 진실재이고, 기器는 저 '감각할 수 없는 진실재의 감각할 수 있는 현상'에 불과하다고 말하는 것은 적절한 유비가 된다. 그런데 '유만 있고 무는 없다'든가, '"존재하는 것(존재자)"은 있고 "존재하지 않는 것(무)"은 당연히 없다'라는 상식에 항의해서 "왜 도대체 존재자는 있고 오히려 무는 없는가?" 또는 "왜 도대체 존재자이고 오히려 무는 아닌가?"라고 묻는 것은 너무나 당연한 것도 같다. 적어도 인간이 형이상학적 존재이고, 그러한 인간인 한에서 그가 형이상학적 물음을 제기한다면 말이다.

그러나 '유무 대립'이 그대로 '형이하학(존재자론 또는 유론有論)과 형이상학'의 대립으로 이어지는 것은 아니다. 사태가 그렇게 단순하다면 형이하학 이외 형이상학이 존재해야 할 이유도 없고, 소위 '실증주의 논쟁'이나 '형이상학 논쟁' 또는 '실증주의 대 형이상학'의 논쟁 같은 것이 학문적·철학적·형이상학적인 논쟁으로 부각될 가치도 없겠다. 그래서 각별하게 '인간의 문제', '인문학의 문제', '휴머니즘의 문제' 등속이 '특전적 위상privileged status'을 가질 턱도 없을 것이며, 따라서 결국 철학이니 형이상학이니 선학이니 깨달음의 문제니 하는 것도 제기될 수 없을 것이다. 그러나 문제는 바로 그 다음부터 생겨난다는 것이 이 모든 문제의, '문제의 문제'의 '일대一大 문제'라는 점이다. 즉 유무를 배타적 관계로, 또는 '무'를 '도무都無·공무空無/nihil/rien/nichts/nothing'로 단정함으로

---

15. οὐσία ὄντως (true being; really being): *Phaidros*, 247c,e and ὄντως οὔσης (real being): *ΠΟΛΙΤΕΙΑ*, 597d.

써, 유의 부정인 무를 다시 부정함으로써, 즉 이중부정에 의해 유有의 유일 실재성을 강화함으로써, 이제 실재의 전부 · 총체 · 도합으로 독점적 지배권을 확보한 유는 유무 이외 여하한 선택도 없다는 것을, 결과적으로는 유만이 있고 무는 아주 없다는 것을 절대 확실성으로 확립하게 된다. 그리하여 설사 사물 · 사건 · 사태만이 있고, 따라서 그것들에 관한 일체의 인식과 표상이 '존재할 수 있는 모든 지식'이라 하더라도, 즉 실증 · 자연 · 기술과학이 일체 학문의 총체라 하더라도, 이러한 존재론 · 학문론의 절대 진리성, 절대 확실성을 보장 · 담보 · 실증하는 것은 도대체 무엇이란 말인가? 우리의 의식 · 경험 · 인식은 어떻게 되는 것인가? "우리 모두의 한 사람 한 인생이 '한 사람'의, '바로 그 사람'의 사람과 인생이 되게 하는" 우리 모두 각자의 의식 · 정신 · 마음의 일회적 · 절대적 삶 그 자체는 어떻게 해야 한다는 말인가? 우리 모두 각자의 자기, 자각, 의도, 바람, 희망, 소원, 기대, 자유는 어디에, 왜, 어떻게, 무엇을 위하여 존재하는 것인가? 바로 여기에서 우리가 이런 것들이 존재한다고 말할 수 있는 근거는 또 어디에서 찾아야 한다는 말인가? 도대체 이러한 물음, 이러한 존재는 그냥 몽땅 헛소리라고 단정할 수 있을 것인가? 무슨 근거로? 무슨 권리quid juris로? 근거니 권리 같은 것은 환상이고, 실재하는 것은 사실 뿐이라고 말할 것인가? 그렇다면, 다시 묻거니와 무슨 근거로? 무슨 권리로?

물음이 존재하는 한, 각종 물음의 근거를 다시 묻는 '물음의 물음' 즉 '크나큰 물음大疑'이 존재하는 한, 이 물음을 밖으로부터 해소하거나 억제하는 최종적 · 절대적 방법이 없는 것은, 의식을 없애기 위해서는 그 의식을 의식하는 자기의식, 즉 그 사람을, 그 사람의 삶을 죽이는 방법

이외 다른 어떠한 방도도 없기 때문이다. 그러니까 사람의 물음, 삶의 물음, '사물이 아닌, 사물을 넘어서 있는, 또는 사물 이전에 이미 항상 거기에 있어 온' 물음, 즉 형이상학적 물음, '도道의 물음(聞道 · 問道)'은 사물의 물음에 앞서는, 전제되어 있는, 그러한 물음을 넘어서는 물음임이 확실하게 증득되는 것이 아닌가? 이제 초월, 선험, 선천, 이전己前, 향상向上, 근원, 원천 등속의 '개념의 실의實義'[16] 또는 '사태의 진상眞相'[17]이 명확하게 증득되는 것인가? 중국 선종의 실질적 조종祖宗이라는 혜능은 "나의 법문은 종래로 무념無念을 종宗으로 삼고,[18] 무상無相을 체體로 하며, 무주無住를 본本으로 삼아왔다(§ 17)"고 법문한다. 그리고는 '무상'을 "상에서 상을 떠남(於相而離相)"으로, '무념'을 "생각에서 생각을 하지 않

---

16. '개념의 實義'란, 경험 개념의 경우에는 그 개념의 지시의미는 '경험적 실증적으로 지시되는 것'이지만, 형이상자의 개념 또는 형이상학적 · 선험적 개념의 경우에는 지시되는 아무것도 경험적 · 실증적으로 확증되지 않으나, 그럼에도 불구하고 그 개념이 지시하는 바는 선험적 · 형이상학적 실재성으로 체인 · 증득되기 때문에, 이러한 의미체를 '文意'와 구별하여 '實義'로 명명하는 것이다. 이러한 구별에 관한 선험적 의미를 명증하게 증득하는 것은 형이상학을 이해하는 데 결정적인 중요성을 가진다. 불가의 이른바 '깨달음'이란 것은 바로 이러한 의미에서 형이상학적 경험이며, 동시에 이에 대한 형이상학적 了解이다.

17. 여기서 '眞相'이란 경험적 · 현상적 의미의 形狀(象 · 相)이 아니라, 형이상학적 의미의 '相'이기에, 그것은 결국 '無相의 相'이라는 역설일 수밖에 없으며, 이를테면 『道德經』(제14장)의 '無狀之狀' 또는 '無象之象'에 유비될 수 있는 것이다.

18. 馬鳴, 『大乘起信論』, 『大正藏』, 제32권, No. 1666, 576中 쪽에서 마명이 '覺'의 의미를 '心體離念'으로 규정하고 있는 만큼, '無念'은 곧 '깨달음'을 의미하는 것임으로 혜능법문의 '宗'이 되었던 것이다. '무념'은 자주 '無心'으로도 이해되며, 혜능-임제선을 중시하는 스즈키도 혜능의 '무념론' [*The Zen Doctrine of No-mind: The Significance of the Sutra of Hui-neng (Wei-lang)*, ed. Christmas Humphreys (York Beach: Samuel Weiser, Inc., 1969)]을 저술했을 정도이다.

음(於念而不念)"으로, 그리고 '무주'를 "사람의 본성이 생각 생각에 머무르지 않음(爲人本性 念念不住)"으로 이해한다. 그런데 '생각 중에 생각을 하지 않음'도 '상에서 상을 떠남'도 '생각 생각에 머무르지 않음'도 결국 '무주'인 것이라서, 무념·무상·무주가 삼위일체적으로 '물들어 달라붙지도 않고 그렇다고 떨어져 나오지도 않음(不着·不離)'을 의미한다.[19] 즉 유무有無 양변兩邊·이상二相·변견邊見에 전락하지 않는 중도中道가 요체이다. 바로 이 중도가, 이 제3의 길이, 위에 언급한 초월, 출세, 탈속, 이변離邊, 초출超出, 선험, 출격出格, 방외方外, 상외象外, 형이상 등등의 핵심·근본·원천·의미이며 문제이다. 그리고 바로 이 주객主客·유무有無·동이同異를 위시한 일체 이분법을 지양하기 위해서 고안된 현문이 '존재妙有/Sein/Beingness와 존재자固有/das Seiende/beings'의 차이, '허무虛無/nichts/nothing/rien와 진무眞無/Nichts/Nothingness/néant'의 차연과 같은 형이상학적·선학적·현학적인 방법개념들이라 할 수 있겠다. 유무의 실증적 '유'와 형이상학적 '무Nichts'는, 그리고 마찬가지로 실증적인 '무nichts'와 형이상학적·존재론적인 '유Sein'는 결단코 상호 배타적 모순矛盾·선언選言 관계가 아닐 뿐만 아니라, 그것은 어떠한 경우에도 '의미있게meaningfully' 대비될 수 없는, 단적으로 별개의 차원에 속하는 것이다. 이러한 의미를 명증적으로 증득하는 것은, 철학과 형이상학의 존립 자체가, '그것에로의 입문가능성' 자체가 걸린 결정적으로 중요한 문제이다.

무를 묻는다는 것은 결국 존재자 전체를 넘어선다는 것, 따라서 '존재자 표상'을 거부한다는 것을 의미한다. 「목우도」에서 찾을 대상인 심우

---

19. 『六祖壇經』, §§ 31, 42 참조.

心牛와 찾는 주인인 목자牧者 모두가 잊혀지고 사라져버리는 경지이다. 임제선사의 『사료간四料簡』에 의하면 '인경양구탈人境兩俱奪'의 단계이며, 보조국사의 '식망공부息忘工夫'에 따르면 '심경구민心境俱泯'의 입지이다. 즉 주체와 객체의 동시 상실 · 상망相忘인데, 그리고 주체와 객체는 존재하는 것의 전부이기에, 주객미분 · 주객상실 · 주객일여는 곧 주객쌍민雙泯이자, 절대부정에 다름 아니다. 그렇게도 집요한 인간존재의 세간조건인 아집과 법집이 모두 사라져버린 상태이다. 이렇게 되어서야 비로소 인간과 자연은 본래자상本來自相, 본지풍광本地風光, 본래면목本來面目에 되돌아가 여여자재如如自在한 일진법계一眞法界, 법계일심이 되는 것이다. 진여자상眞如自相과 관조묘용觀照妙用이 '적조寂照=조적照寂'[20] 또는 '존재=사유'[21] 혹은 '실상=반야'[22] 즉 '궁극존재=절대지혜'로, 현성現成되고 견성見性된다. 이것이 선학 · 현학의 제일의第一義 또는 대의大意 또는 궁극이념이다. 존재자 표상에 오염되지 않는 '존재사유(如來淸淨禪)'에 의해서만 존재자체 · 순수자연(淸淨法界)이 여여하게 체인 · 증득 · 관조될 수 있고, 이러한 '존재=사유'의 일치가 원효의 이른바 '무지이비실상無智而非實相'='비실상이무지非實相而無智'이고, 핑크가 제창하는 절대지絶對智, 절대학의 이념이며, 우리가 변호하는 철학, 선학, 현학의 구

---

20. '조적'은 절대주체인 眞智의 절대작용 즉 妙用이 번뇌가 사라진 진여자상, 진여당체, 진여자체를 관조하는 제5慧(등각)이며, '적조'는 그 반대로 절대존재의 묘체자체가 절대지의 묘용에 합치하는, 절대주체가 절대존재를 절대적으로 인식하는, 무상정등각 즉 제6혜인 '妙覺'이다.
21. Heidegger의 '철학적 사유' 또는 '철학적 인식'을 공식화한 것.
22. 元曉聖師의 『大慧度經宗要』에 해명된 관조와 반야이론, 또는 實相(實在)과 大智(思惟)의 인식론적 구도.

경이념究竟理念이기도 하다. 무문혜개는 앞서 언급한 『무문관』, 「자서」의 송頌에서 "대도에는 문이 없으나, 여기에 이르는 길은 천차만별이고, 한 번 이 관문을 통과하면, 천지간을 고고하게 활보할 수 있다"라고 썼고, 그 제1칙, 「조주구자趙州狗子」의 평창 말미에 "유무에 끼어들자마자 신명身命을 상실한다"고 송頌했다.[23] 유무 대립적 사고에 사로잡히면 만사가 끝장나는 데 반해서, 유무를 초출하여 이 양자의 근원인 절대무의 관문을 통과하면, 천상천하 유아독존 무애자재無碍自在 건곤독보乾坤獨步할 수 있다는 것이다. 이것은 선학·불교의 대의大意(최고이념)이며, 1700공안(佛祖機緣)의 존재근거이기도 한데, 바로 이 '공안 중의 공안'인 '제일공안'이 바로 '무자공안無字公案' 즉 '궁극 물음(一大疑)'인 '무의 물음(無의 물음=無問)'인 것이다.

---

23. 『대정장』, 제48권, No. 2005, 292中 (大道無門 千差有路 透得此關 乾坤獨步), 293上 (狗子佛性 全提正令 纔涉有無 喪身失命) 참조.

3. 무문관을 통한 반본환원

그렇다면 이제 무문無門을 통하여 유무대립을 단연 초출하고 절대무의 경지에 도달한 것이 「십현담十玄談」 제6현담의 표제 '달본達本'의 경지이다.[24] 이 표제하 게송에 나오듯 '달본'은 곧 '달본향達本鄉' 즉 '도달본향' 또는 '본향도달'의 준말일 수도 있다. 그런가 하면 귀향이나 환향이 비유로 사용된 말인 만큼, '달본'은 전의轉義하여 '근본에 도달함', '본래·본지를 깨달음'으로, '달본향'은 '깨달음의 향응饗應(향향鄉=향향饗)' 또는 금의환향錦衣還鄉을 축하하는 '귀향 파티home coming' 정도로 풀이될 수도 있을 것이다. 그러기에 "손을 놓고 집에 도착해도 알아보는 사람 없고, 한 물건 받들어야 할 어른 역시 없네"[25]라고 송한 것이 아니겠는가. 「십우도」에서도 '귀가', '도가到家', '환가還家' 등의 개념이 표제나 게송에 등장하지만, 그것들은 모두 제8도 이전에 이미 다 사라진 것들이다. 그래서 「십현담」의 다음 단계 '환원'에서는 "반본환원返本還源의 일 이미 어

---

24. 「十玄談」은 일명 「同安察禪師十玄談」이라고도 지칭되는 것으로, 당나라 스님 同安常察(?-961)이 十玄에 각각 七言律의 頌을 붙여 禪의 원리를 설명한 것으로, 心印-祖意-玄機-塵異-演(佛)敎까지의 5수는 종문의 要旨를 서술하고, 達本(還鄉曲)-還源(破還鄉曲)-迴機-轉位-一色(正位前)의 5수는 실천의 要路를 지시하고 있는바, 이 실천요로가 「十牛圖」의 그것과 좋은 대조를 이루는 것이다. 「대정장」 제51권, No. 2076, 「景德傳燈錄」 권39, 454쪽에 게재되어 있다.

25. 「십현담」 제6: "撒手到家人不識 更無一物獻尊堂."

140

긋나니 본래 머묾 없어 집이라 이름할 것도 없네"[26]라고 송하여, 달본 또는 반본하여 도가·환가했다 한들 잔치를 벌이고 수선을 피울 거리가 못 된다는 것을, 그리하여 '환향곡'은 곧바로 '파환향곡'으로 바뀌게 마련이라는 것이다. 이와 관련하여 불조기연佛祖機緣 하나를 소개한다면, 남전보원南泉普願(748-835)의 투기게投機偈와 그의 법사法嗣 장사경잠長沙景岑(?-868)의 화송和頌을 들 수 있다: 남전이 송하기를

오늘에야 고향에 돌아와 대문으로 들어가니(今日還鄉入大門)
남전은 친히 말하네, 건곤에 두루했다고(南泉親道遍乾坤).
법마다 분명한 게 모두가 할아비니(法法分明皆祖父)
머리를 돌려보니 부끄럽구나 후손들이여(回頭懃愧好兒孫).

[장사] 선사가 말하기를

오늘 투기한 일 함부로 논하지 말 것이니(今日投機事莫論)
남전은 말하지 않았네, 건곤에 두루 했다고(南泉不道遍乾坤).
고향에 돌아감은 이 모두 후손들 일(還鄉盡是兒孫事)
할아비는 애초부터 대문에 안 들어갔다(祖父從來不入門).[27]

---

26. 위의 책, 제7: "返本還源事已(로)差 本來無住不名家."
27. 『경덕전등록』, 제10권, 276上. 한글본, 문재현, 『전등록』, 2, 129-30쪽 참조. 번역은 우리의 것임.

구도행각의 길고 고독한 여정을 마치고 고향 집에 돌아와 대문을 밀고 들어가면서, 남전은 의기양양 천지간에 가득찬 호연지기의 큰 한숨을 내쉬었으리라. 그러나 주위를 둘러보니 두두물물頭頭物物이 자연 그대로인데, 아차! 되돌아보니 그 가운데 뛰노는 아이들에게 부끄럽구나.[28] 그러기에 귀향이니 환향이니 하는 법석을 떠는 것은 아손兒孫들이나 할 일이요, 노숙老宿이나 조부祖父들은 애초부터 고향을 떠난 적이 없으니 대문 열고 집에 들어올 일도 없을진저.

인우구망人牛俱忘, 아공법공我空法空, 물아상망物我相忘, 심경쌍민心境雙泯, 인경구탈人境俱奪의 절대부정을 투과透過함으로써 무시유전無始流轉의 범제망상凡諸妄想이 무유도진無遺都盡되어 부모미생의 본지풍광을 완전복원하게 된다. 그것은 길고 먼 독행·독보를 거쳐서야 마침내 집에 돌아올 수 있는 '금의환향'이라기보다는, 오히려 잠깐 사이에 장야취몽長夜醉夢에서 소스라치게 깨우치는, 그래서 결국 제자리에서 한 발자국도 나아간 적이 없는 '바로 그 자리(處)', '제자리(本地)', '부처자리(佛地)', '그렇게 오고 그렇게 가는 자리(如來地)', 영가현각永嘉玄覺(665-713)의 「증도가證道歌」에서 노래하는 "무위실상문無爲實相門 일초직입여래지一超直入如來地"에 있음을 알아차림에 비유될 수 있는 형국이다. 돈오견성하여 곧바로 여래지에 직입함이요, 임제선사의 이른바 "수처작주隨處作主 입처개진立處皆眞"의 지평에 들어감이다. 오히려 그렇게 말하는 것조차 계

---

28. 십우도, 제8도의 화송에도 "부끄럽구나, 중생계도 이미 비었으니(慙愧衆生界已空)"란 표현이 있다. 즉 홀로 너무 고고하게 유리되어 있다는 사실을 발견하고 부끄럽게 느낀다는 뜻이 아닐까?

면쩍은 일인 것은, 그 무슨 "어느 곳에서나 주체성을 살려서 서 있는 바로 그 자리기 모두 침"이라고 밀할 대단한 그 무엇이 성취된 것이 있기나 한 듯이 뽐낼쏘냐. '반본환원'에서 곽암은 송한다: "근원으로 돌아가 온갖 노력 소비하였구나. 차라리 당장에 장님이나 귀머거리일 것을"하고 말이다. 제7현담은 송한다: "반본환원이란 일 벌써 어긋나구나. 본래 무주本來無住이거늘 무슨 집이라 이름할 것이나 있다구"라고 말이다. 환향곡조를 제창할 그 무슨 향연이라도 벌일 일이던가. 금강삼매경론은 말한다: 본각을 가동稼動함인 시각이란 것이, 그리하여 '존재생기(無相法)'에 '존재사유(無生行)'가 여여명회如如冥會한데도,[29] 그것은 결국 본리무득本利無得이요 무소득無所得일 뿐이라는 것을. 구도 · 득도나 오도귀원悟道歸源의 수행은 무위행無爲行이라서 아무것도 얻은 것이 아니다: 본래무일물本來無一物인데 하처득일물何處得一物이며, 본래구족本來具足한데 하처멱하물何處覓何物이리요. 절대세계(空王那畔)의 시원始原인데 도대체 누가 어디서 무엇을 구하고 찾고 얻을 수 있겠는가 말이다. 무문혜개는 말한다: "문으로 들어온 것은 참된 가문의 보배가 아니고 인연을 좇아 얻은 것은 시종始終 · 성괴成塊가 있다고 말하는 것을 어찌 보지 못했는가?"라고.[30] 자성自性에서 비롯되지 않는 일체의 것은 진정한 의미의 가치에 귀속되지 않는다는 것이다. 왜냐하면 사르트르가 말했듯이, "모든 가치는 인간존재에 의해서 비로소 세상에 출현하기 때문이다." 일세를

---

29. 이러한 無爲行, 思惟修, 즉 '存在＝生起'이고 ['존재＝생기'＝'존재＝사유']의 玄妙가 '禪＝參禪'이다.

30. 『無門關』, 「自序」: "從門入者 不是家珍. 從緣得者 始終成塊."

풍미하고 조동종曹洞宗의 고조高祖로 추앙된 동산양개洞山良价(807-869)는 학도들에게

> 천지 내 우주 간에 하나의 보배가 형산形山(육신)에 숨겨 있으니, 사물을 알아보는 데 신령하게 비추고, 내외가 텅 비고 적막해서 보기 어렵고, 그 자리함이 그윽하고 그윽하다. 단지 자기를 향해서 구할 뿐이요, 남으로부터 빌리지 말지니, 이는 빌려도 얻을 수 없고, 버리는 것 또한 감당하지 못하기 때문이다. 이는 모두 남의 마음이니 자성만 같지 못하기에 말이다. 성품이 청정하면 이것이 곧 법신[31]

이라고 법문한 것도, 본래무일물이면서 그곳에 만물을 무진장으로 내장하고 있는 일심여래장으로서, 우리 각자의 본각, 영지靈智, 본기本己가 우주창조의 단초임을 상기시키려는 것이리라.

"무명장류無明長流의 무시유전無始流轉을 반전反轉하여 반류귀원反流歸源하려 할 즈음, 먼저 그 무명망상의 원인인 취상분별取相分別을 부수어버리려면, '존재자 표상이 아닌 존재자체(無相法)'를 관조해야 한다. 그러나 '관조하는 마음(觀心)' 역시 '생성소멸(有生)'이기에 이 생심生心을 민절

---

31. 『洞山錄』, 『祖堂集』, 선림고경총서, 14 (장경각, 1992), 부록 원문, 八十: "天地之內 宇宙之間 中有一寶 秘在形山. 識物靈照 內外空然 寂寞難見 其位玄玄. 但向己求 莫從他借. 借亦不得 捨亦不堪. 惚是他心 不如自性. 性如淸淨 卽是法身." 한글번역은 우리의 것임, 선림고경총서 14, 부록원문 80쪽. 위의 인용문에서 강조된 부분은 僧肇(381-414)의 『寶藏論』, 「廣照空有品第一」에서 인용된 것인데, 그중 마지막 구절인 '其位玄玄'은 원문에서 '其號玄玄'으로 되어있음. 『大正藏』, 제45권, No. 1857, 143-150쪽에서 145中 참조.

泯絶하기 위해 무생행無生行을 닦아야 한다. 무상법을 무생행으로 관조할 때 본각이 드러나며(現成), 이 본각에 의해서 중생들은 '실제實際(궁극실제)'에 들어간다. 이 실제의 진성眞性은 공성空性이며, 이 공성에 만행萬行이 구족하여 여래장이라 부른다." 이것은 원효가『금강삼매경론』의 서론부에서『금강삼매경』의 종지를 밝힌 글 중에서 일부를 대강 인용한 것으로서, 마치 신수神秀의 오도송이, "때때로 부지런히 마음의 거울에서 먼지 때를 닦아내 마음을 청정하게 수련함으로써 깨달음에 이른다"라고 설파하는 것과 유사한 이미지를 시사한다. 확고한 신심信心, 냉혹한 분심憤心, 처절한 의심疑心으로 뭉치고 다져진 철두철미한 수행의지와 확연대오廓然大悟의 견성 목표를 가지고, 신명을 귀의하여 일로매진 한평생(30년) 수행에도, 스승의 인가를 받지 못하면 "다시 30년!" 하는 선문의 기연機緣과 선사의 기봉機鋒은 그 철저성 · 완결성 · 종국성 · 결벽성에 있어서 역사상 그 유례를 찾기 어려울 것이다. 그만큼 형이상자는 미묘 현통하며 심오현명玄冥한 존재요 인식이다. 바로 위에 우리가 언급한 원효의『금강삼매경론』과 신수의「오도송」에서 점수돈오와 돈수돈오의 절박한 쟁론의 문제성을 예의 감지할 수 있다. 모든 깨침의 문제가 그러하듯, 이 문제도 쟁론의 대상(주제)이 될 수 없다는 것을, 돈오견성하기 전에는, 이 문제뿐만 아니라 여하한 오도悟道문제도 돈오견성할 수 없다. 왜 깨달음의 문제는 쟁론의 주제가 될 수 없는가? 그것은 간단히 잘라 말해서, '깨달음 자체가 쟁론이 아니라는 것은 깨달음 자체의 본성'이기 때문이라 할 수 있다. 형이상자의 경우에는 그 존재(실재), 인식, 언표, 전달, 의미, 지시 일체가 형이하자의 경우와는, 유비가 불가능하고 무의미할 정도로, 판이하다. 그러기에 불립문자 · 언어도단 · 심행처멸하여

불가사의하다고 문자 · 언어 · 심행으로 언설하고 사의思議하는 '역설'이
불가피한 것이 아니던가. 게다가 형이상자와 형이하자는 상 · 하로 분리
되어 있는 별개의 존재자가 아니라서, '존재는 언제나 존재자의 존재'이
고 '존재자는 항상 존재의 존재자'일 수밖에 없는 까닭에, "이 양자는 근
원적으로는 동일하나 현상적으로는 다름同出而異名"이라고 노자는 말
하고, 이러한 동일성, 동즉이이이즉동同卽異而異卽同, 불일이불이不一而
不二를 '현동玄同'으로 명명하며, 형이하자의 성격규정에 사용되는 모든
말을 형이상자에 억지로 즉 방편적으로 적용해야 할 경우, 그 앞에 '현
玄', '묘妙', '현현玄玄', '현묘', '미묘'의 덧말을 부치거나, 아니면 '제일의第
一義', '제일의제第一義諦', '진제眞諦' 또는 '승의제勝義諦', '향상向上', '초출
超出', '출세간出世間' 등속의 구분어를 첨가한다. 누가 그것을 어떻게 언
표 · 해명하든, 애초부터 불립문자 · 언어도단 · 심행처멸의 형이상자에
관해서 언쟁 · 쟁론한다는 것 자체가 어불성설이 아니던가.

    이제 다시 '반본환원'의 문제로 돌아가 보자. 십우도의 '반본환원'은
'인우구망人牛俱忘(주객쌍민主客雙泯)'과 '입전수수入廛垂手(하화중생下化衆
生)' 사이에 놓인, 말하자면 연결고리로 지정된 것이다. 그런데 기실 '하
화중생'의 전제인 '상구보리上求菩提'는 주객일여 즉 무문관을 투과한 연
후에나 실질적으로 가능한 것이다. 그러나 「십현담」에서 '반본환원'은
'달본'에서 '환원'으로 넘어가면서 이렇게 송한다:

    반본환원 일 이미 차질 있으니(返本還源事已差)
    본래 무주하니 집이라 이름할 것도 없는데(來無住不名家)
    만년 묵은 솔길에는 눈이 깊이 덮였고(萬年松徑雪深覆)

한줄기 날카로운 산봉우리는 구름이 다시 가리네(一帶峰巒雲更遮).

손님과 주인이 잠잠할 때라 해도

말짱 허망한 일이요(賓主(默)穆時(純)全是妄)

임금과 신하 합일한 도리라 해도

한가운데서 삿됨이네(君臣(道合)合處正中邪).

환향곡조를 어찌 부를꼬(還鄉曲調如何唱)

명월당 앞에 선 마른 나무 꽃이로세(明月堂前枯(木)樹花).

　여기서 '빈주묵(목)賓主默(穆)'이라는 것은 '주객화합主客和合', '주객여일主客如一'을 의미하며, '군신도합(합처)君臣道合(合處)'이란 [동산양개 선사(807-869)의 '정편오위송正偏五位頌'을 그의 법사인 조산본적曹山本寂(840-901)이 계승하여 '군신오위송' 또는 '오위군신송'으로 개작한 바 있거니와] 수행의 최후단계로서 동산의 '상겸대래相兼帶來'를 조산이 '군신도합'으로 지칭한 것을 이름이다. 『조산록』, 「시중示衆」에 의하면 겸대자兼帶者는:

　뭇 인연에 그윽이 감응하면서

　모든 유有에 떨어지지 않는다(冥應衆緣 不墮諸有)

　더러움도 아니고 깨끗함도 아니며

　정위正位도 아니고 편위偏位도 아닌 고로(非染非淨 非正非偏故)

　'허현대도이며 무착진종'이라고 말한다(虛玄大道 無着眞宗)

　위로부터 선덕先德들도 바로 이 한 자리를 추앙하였는데(從上先德 推此一位)

최고로 현묘하니 마땅히 자세히 살피고

슬기롭게 밝힐진저(最妙最玄 當詳審辯明).[32]

　동산과 조산 즉 조동종에서 최현최묘最玄最妙의 경지, 구경지·절대지
의 경지로 추천되는 겸중도兼中到와 군신합君臣合의 구경위究竟位조차 곽
암의 「십우도」와 동안상찰의 「십현담」은 담담하게 바라보며 향하로向下
路에로 회향을 준비한다. 전자의 '반본환원'은 "물은 맑게 흐르고 산봉우
리 푸른데 홀로 앉아 세상의 흥망성쇠를 바라보고"(서문), "물은 절로 아
득하고 꽃은 절로 붉으며"(게송), "새벽하늘 의구한데 둥근 해가 떠 있구
나"(화송) 또는 "온갖 새 울지 않고 꽃만 붉게 피었어라"(화송)고 노래하는
가 하면, 후자의 '환원'은 "반본환원이 이미 차질을 빚은 것이며, 고향에
돌아와도 본래무주라 안주할 처지 아니며, 만년 솔길에 눈이 깊이 덮여
있고, 한줄기 봉만峯巒엔 다시 눈 덮이니, 주객합일과 군신합도라도 모
두 사망邪妄일러니, 환향곡조 어찌 부르리오. 명월당 앞엔 고목에 꽃일
러라"고 탄식한다. 그리하여 십우도의 반본환원은 "천성부지千聖不知의
자기풍광 묻어두고 전현도철前賢途轍 등지면서 표주박 들고 저자에 들어
가고 지팡이 짚고 집으로 돌아가는(還家)"(서문) '입전수수'의 단계로 회향
한다. 그는 이류중행異類中行[33]이지만 "신선진비결神仙眞秘訣을 쓰지 않고

---

32. 『五家語錄』/曹洞宗. 徑山沙門語風圓信 無地地主人郭凝之 編集, 『撫州曹山
　　本寂禪師』, 선림고경총서, 14, 본문, 98쪽, 국역, 159쪽. 번역은 우리의 것임.
33. '이류중행'이란 문자 그대로는 '종류가 다른 것들 속에서 행동함'을 뜻하는 말이
　　지만, "선사가 수행자나 일반인들과 함께 생활하면서 지도교화에 힘쓰는 일"을
　　의미하기도 하는 말이다.

도 당장 고목에 꽃이 피게 할 수 있으며(게송), 질풍처럼 일휘철봉一揮鐵棒하여 만호천문萬戶千門을 모두 두들겨 열고"(화송), "상봉하고서도 서로 알아보지 못함을 이해한다면, 미륵의 누각문정樓閣門庭도 팔자八字로 열어젖힐 수 있는"(화송) 선기충천禪機沖天한 사람이다.

그리고 「십현담」에서는 이미 제6 '달본'과 제7 '환원'에서 상향일로는 마치며, 제8 '회기廻機'에서 열반성도 오히려 위험하여 기선機先을 돌리고, 제9 '전위'에서 중생계로 자리를 바꾸어 번뇌의 바다에 내리는 비·이슬마다 않고, 무명의 산마루에 구름·우뢰에 물러서지 않으며, 누탕노탄鑪湯爐炭 지옥불 불어서 끄고, 검수도산劍樹刀山 험한 칼날 꺾어 없애며, 금쇄현관金鎖玄關에도 머물지 않고, 이류異類와 윤회길에 기꺼이 동행한다. 그리하여 마침내 제10 '일색一色'은 이렇게 송하고 있다:

> 고목과 바위 앞에 어긋날 길 많아서 (枯木巖前差路多)
> 행인들 이곳에 이르러 발 헛디뎌 넘어지네 (行人到此盡蹉跎).
> 해오라기 눈 속에 서 있으나 동색이 아니고 (鷺鷥立雪非同色)
> 명월과 갈대꽃이 다른 것 같지 않네 (明月蘆花不似他).
> 확실하게 깨쳤을 때는 깨달은 바도 없으며 (了了了時無(所)可了)
> 현현하게 현묘한 곳도 꾸짖을 필요 있으니 (玄玄玄處亦須訶)
> 은근하게 그대 위한 현중곡을 부른들 (慇懃爲唱玄中曲)
> 허공의 달빛을 손가락으로 집어낼 수 있겠는가 (空裏蟾光撮得麽).

위의 송을 음미하기 이전에 이 현담의 표제부터 살펴보자. '일색'은 조산본적이 「대기對機(說法)」에서:

한 스님이 묻는다. (問承)

"신풍스님의 말을 들어서 '일색처에는 유분有分ㆍ불분不分의 이치가 있다' 하셨다는데 '나눌 수 있는 이치'란 무엇입니까?" (師擧新豊有言 '一色處有分不分之理' 如何是分?)

스승이 말하되, "일색과 같지 않다." (師云 不同於一色)

......

"나눌 수 없는 이치는 무엇입니까?" (如何是不分?)

스승이 말하되, "가릴 수 없는 곳이다." (無弁處)

......

"깨달음에는 본래 '한 빛'이란 것도 없다." (向上本來無一色)

"그 '한 빛'이란 것도 종문의 종지가 아니겠습니까?" (只如一色還是宗門中意旨不?)

"그렇지 않다." (不是)

"그렇지 않다면 어떠한 사람을 위하여 설하십니까?" (旣不是爲什麼人說?)

"내가 다만 종문중宗門中 받아들여 자기 것으로 할 사람이 없기 때문에 저러한 사람을 위하여 설하노라." (我只爲 宗門中無人承當 所以爲這个人說)

......

"종문중의 일을 여하히 승당承當해야겠습니까?" (宗門中事如何承當?)

"그 안의 사람이라야 한다." (須是其中人)

"'그 안의 사람'이란 어떠한 사람입니까?" (如何是其中人?)

"내가 이 산에 거주한 이래 '그 가운데 있는 사람'을 보지 못했다." (我自住此山來 未曾遇見其中人)

"금시에 '기중인其中人'이 없다 해도 화상께서 고인古人을 만나면 여하히 승당承當하겠나이까?" (今時 無其中人 和尙遇古人時 如何承當?)

"손을 벌리지 않는다." (不展手)

는 식의 문답으로 설명되어 있다. 이 선문답의 현지玄旨를 음미해 보면 '일색'이나 일색의 다른 이름인 '정위전正位前'의 진의가 오롯이 드러난다. 표제의 '일색'이란 '일체평등의 세계(平等一如)'를 의미한다. 이것은 조산이 동산으로부터 전승한 '정편오위설正偏五位說'에서 '정위' 즉 '공계본래무일물空界本來無一物'[34]을 지칭하며, 상대적 차별상을 여읜 평등일여의 실상을 의미한다. 본지풍광, 본래자성의 당처이기 때문에, 생성소멸 이전의 또는 그것을 넘어서 있는 바로 그 자리, 곧 여래지이며 진여일상, 일진법계이다. 심·불·중생이 본자평등本自平等한 경지이다. 또는 색즉시공이요 공불이색의 중생불이며 천진불이다. 우리 모두가 본래 각자 스스로 서 있는 자리, 바른자리(正位), 본래자리(本位)인 것이다. 달본환원, 반본환원은 결국 제집(家山), 옛집(故鄕)으로 돌아옴(還家, 還鄕, 歸家, 到家)이니, 극단적, 본질적, 돈오적, 돈수적으로 말하면, 결코 제자리를 떠난 적도, 대문을 들어선 적도 없는 셈이다. 본래무일물本來無一物이요 무생·무상無相, 본리本利·무득의 무위행·무생행無生行인 것이다.

34.『五家語錄』,『曹山本寂禪師』, 선림고경총서 14, 부록원문, 98쪽.

4. 결론

우리는 '체인體認 · 증득의 명증적 기술'을 표방하는 '현상학적 철학'의 창시자 후설Edmund Husserl과 그의 만년 원고를 후설의 지도 감독하에 최종 정리한 바 있는 핑크Eugen Fink의 합작품인 『제6명상: 선험적 방법론의 이념』(1932)을 '가이드라인'으로 삼아 후설의 선험현상학적 철학이념을 최종적으로 확인하고, 이것과의 '비교철학적 유비'에서 선불학의 철학방법론을 '입문적'으로 해명하는 이 기획에서, 전자의 방법론적 핵심개념인 '선험현상학적 환원'에 상응하는 선불학적 대비개념을 곽암 사원의 「십우도」 중 제9도 '반본환원返本還源'에서 확인하고, 바로 이 반본환원이 선 · 참선 · 선학에 입문하는 단초적 조건 또는 관문임을 증시하였다. 그리고 「십우도」의 '반본환원'을 현상학적으로 해명하는 일종의 보조 자료로 「동안상찰선사십현담」을 참고하였다. 단순히 수선자를 선학에 입문시키는 방편으로 이들 자료를 풀이하는 것과, 선학입문의 '선험적 방법이론transzendentale Methodenlehre'으로 선험철학적인 또는 형이상학적인 본격적 해명을 시도하는 것은 완전히 차원이 다른 작업이다. 우리가 이상에서 시도한 논의가 바로 후자의 작업이고자 함이었음은 물론이다. 철학에서 '입문'이라고 지칭하는 것은 '전문專門' 이상의 것, 즉 '유일하게 의미 있고' 적법하게 수행된 최고 수준의 철학행위, 철학적 · 형이상학적 '사유思惟=(修)行(dhyāna)', 즉 선 · 선학 · 참선 그 자체이기도 하다. 왜냐하면 철학에는 '전문가'라는 것이 무의미한 개념이고, 입문하지 못한 '문외한'은 문자 그대로 아직은 철학가哲學家의 가문 외外에 있는 사람이겠기 때문이다. 설사 인간은 생래적으로 철학적이고 형이상학적인 존재라 하더라도 말이다.

철학은 형이상자에 관한 학문이기에 우선 형이하자 전체를 초출해야 하며, 철학의 이러한 초월적 성격을 근원적·보편적·탈자적이라 이름한다. '근원적'이란 일체 학의 뿌리(恨)에 해당하며 인간존재 자체의 연원이기 때문이요, '보편적' 또는 '우주적universal'이라 함은 철학의 주제인 '일심진여' 또는 '일진법계'가 '대우주macrocosmos의 구성적 핵심' 즉 소우주microcosmos이기 때문이다. 즉 그리스어 'kosmos'의 라틴어 표현 'universus'가 'unus(=one)'와 'versus(turn)'의 복합어로서, 선불교적으로 근사하게 표현한다면, '일전一轉', '일전상一轉相' 또는 '일원상一圓相'을 의미하는 것으로 이해되어 무방하다: 소우주이든 대우주이든 '우주universe'란 '하나의 구심점을 통해서 현성現成되는 "생기生起＝현상現象"'이기 때문이다. '천지＝자연' 또는 '우주＝조화' 혹은 '법계＝법성＝성기性起'의 '이리理理＝도道＝로고스'가 '이사무애理事無碍'로 '화육만물化育萬物'하면서 '무진법계無盡法界'를 현성하는 삼라만상이 세간＝세계＝세상이며, 이 일법계 대총상大總相을 『도덕경』은 인人·지地·천天·도道의 4대大로 표현한다. 그럼으로 삼재三才와 자연의 도리는 '대도大道'요 '지리至理'라 하며, 이러한 대도·지리의 형이상자를 투득透得하는 관문을 '무문'이라 하여, '대도무문'이라는 형이상학의 대명제가 존립하게 된 것이다. '형이상자'를 '도'라 지칭한 '도학道學'이나 '성리학性理學', 대도의 관조인 대지大智(지혜)를 사랑하는 '애지학philo+sophia' 즉 서양의 철학, 대도의 대오,

즉 반야=지혜의 관조학인 '불학', 그리고 대도의 사유를 통하여 '대도=사유=수행'을 희구하는 '선학' 등속은 모두가 하나 같이, '대도무문'에의 입문·입도를 목표이념으로 '인식=삶'을 살고자 하는 형이상학·제일철학·대동철학이다.

대도무문에 입문하기 위해서는 우선적으로 우주·세계를 그 핵심에서 돌파하면서 전체를 포섭하는 방식으로 존재자 전체를 초출해야 하는데, 이것은 아집과 법집의 습관화인 주객이분법을 초극하여 무아無我를 실현하는 동시에, 일체 존재자 표상을 완전 무력화·무효화시키는 방법적 조치이다. 이러한 조치는 동시에 '일체 존재자의 전적 타자'인 무를 돌파·투과함으로써 존재자 표상에 대신하여 '존재=사유', '존재=생기' 또는 '존재=트임'이 가능하게 되는 여백·공활空豁이 자리 잡게 한다. 이것이 유무의 대립을 넘어선 진무眞無·공공空空의 등장이며, '그쪽에서부터 저절로' 자연·법계가 '도道·이理·법法(=로고스)'의 형식으로 무아의 대지大智에 자신의 진면목을 드러내 보이게 된다. '반본환원'에서 "물은 절로 아득하고 꽃은 절로 붉다水自茫茫花自紅"는 게송이 바로 이러한 '자연physis'과 '도리logos'의 명합冥合을 나타낸 것이리라. 현상학적 환원이 우선 판단중지(에포케)를 통하여 일체 존재자 표상(존재신념, 존재타당)을 지양한 후, 무문관을 투과하면서 '구구순숙久久純熟'하여 때가 이르면, 어느 순간 갑자기 무문관을 통째 돌파하거나, 혹은 '무자화두'를 해체·소진하면서 이제 유무대립, 주객분리를 완전 극복함으로써, '무無의 차양遮陽/Schleier'이 말끔히 걷히고 존재의 눈부신 트임과 마주하게 되는 일생일대 사건이 '경천동지'하게 타발打發하여 타성일편打成一片하게 되는 것, 이것을 일러 선가에서는 '돈오견성'이라 부르는 것이다. 일체 형이상학의 궁극목표가 바로 이러한 대오大悟이며, 이러한 대각大覺의 체인·증득은 오직 「십우도」의 '반본환원'이나 현상학의 '선험적 환원'을 통해서만 실현가능하고, 그 첫 번째 관문이 무문혜개의 '무문관無門關' 또는 하이데거의 '무문관無問關'이라는 것이 우리의 주제이자, 이 주제해명의 결론이다.

참고문헌

김충열.『노자강의』. 예문서원. 2004.

道原.『景德傳燈錄』(1004). 30권.『大正藏』, 제51권, No. 2076. 한글본: 문재현 참조.

同安常察.「十玄談」.『경덕전등록』, 제29권.『大正藏』, 제51권, No. 2076, 455쪽. 한 글본: 문재현.『전등록』, 권5, 321-325쪽.

馬鳴.『大乘起信論』.『大正藏』, 제32권, No. 1666, 575-583쪽.

萬松行秀.『從容錄』(1223).『大正藏』, 제48권, No. 2004. 한글본: 선림고경총서 32. 상·중·하. 해인사: 장경각. 1993-2000.

無門慧開.『無門關』(1229).『大正藏』, 제48권, No. 2005. 한글본: 정성본 참조.

문재현.『바로보인 전등록』. 전5권. 도서출판 바로보인. 1995-1999.

신오현.「선·불학의 철학적 본성: 선험-현상학적 해명」.『哲學研究』86집: 45-84. 2003.

_____.「선·불학과 21세기철학」.『哲學研究』92집: 85-110. 2004.

永明延壽.『宗鏡錄』(961). 100권.『大正藏』, 제48권, No. 2016.

圜悟克勤.『碧巖錄』. 또는『碧巖集』.『大正藏』, 제51권, No. 2003. 한글본: 상· 중·하. 선림고경 총서 37. 海印寺: 藏經閣. 2002년 4쇄.

元曉.『大慧度經宗要』.

月雲禪師 감수.『禪學大辭典』. 佛地社. 1996.

臨濟義玄.『臨濟錄·法眼錄』. 선림고경총서 12.

장순용 엮음.『禪이란 무엇인가: 十牛圖의 사상』. 도서출판 세계사. 1991.

全觀應大宗師 감수.『佛敎學大辭典』. 弘法院. 1996.

鄭性本 譯註.『무문관』. 한국정신문화원. 2004.

知訥.『普照全書』. 보조사상연구원. 佛日出版社. 1989.

眞覺慧心.『禪門拈頌集』(1227). 30권. 한글본: 金基秋『禪門拈頌要論』. 寶林禪院. 1979-.

馮契 主編.『哲學大辭典』. 上海: 上海辭書出版社. 1992.

慧能.『六祖壇經』. 영역본: Yampolsky 참조.

『曹洞錄』. 洞山·曹山語錄을『五家語錄』및『祖堂集』에서 전재. 선림고경총서 14.

Fink, Eugen. "Phänomenologische Philosophie Husserls in der gegenwärtigen Kritik." *Phenomenologica* 21 (Den Haag: M.N., 1966), pp. 79-156 oder *Kant Studien* V. 38, SS. 321-83.

Fink-Husserl. *Sixth Cartesian Meditation: The Idea of Transcendental Theory of Method.* Trans. Ronald Bruzina. Bloomington & Indianapolis: Indiana University Press. 1995.

Hakeda, Yoshito S., trans. *The Awakening of Faith.* New York: Columbia University Press. 1967.

Heidegger, M. *Einführung in die Metaphysik.* Tübingen: Max Niemeyer. 1958.

Jaspers, K. *Philosophie I.* Berlin/Göttingen/Heidelberg: Springer Verlag. 1958.

Leibniz, G. *Die Philosophischen Schriften von Gottfried Wilhelm Leibniz.* Heraus. C. I. Gerhardt. Erster Band. Berlin: Weidmannsche Buchhandlung. 1885.

Platon. *Phaidros.*

_____. *Politeia.*

Sekida, Katsuki, trans. *Two Zen Classics: Mumonkan* (the Gateless Gate) & *Hekiganroku (the Blue Cliff Records).* New York & Tokyo: Weatherhill. 1977.

Suzuki, D. T. *The Doctrine of No-mind.* York Beach: Samuel Weiser. 1967.

Tsujimura, Kôichi & Buchner, Hartmut, übersetz. *Der Ochs und seine Hirte: Eine altchinesische Zen-Geschichte erläutert von Meister Ohsu.* Stuttgart: Günter Neske. Siebte Auflage. 1995.

Yampolsky, B. *The Platform Sutra of the Sixth Patriarch.* The Text of the Tun-Huang Manuscript. New York and London: Columbia University Press.1967.

영문 논문개요

The Question of Nothingness as a Breakthrough in Ch'an-Aporia: A Metaphysical Elucidation of a Transcendental Reduction in a Classical Chinese Ch'an (Zen) Buddhism

[Abstract]

The present paper is designed to follow up a series of essays previously delineated concerning philosophical implications of Ch'an Buddhism in classical China. Previously we have presented two papers dealing respectively with the philosophical nature of Ch'an thinking and with the philosophical prospect of Ch'an in the 21st century. It is now in a proper order for us to present in outline the transcendental phenomenological theory of method for Ch'an philosophy. As has previously been shown, Ch'an is a philosophical thinking par excellence that is to be identified as a unique experience of enlightenment, a peculiar sort of knowledge of a metaphysical, philosophical or transcendental nature in which the object and subject of knowledge is to be absolutely identical and in which therefore the relation between the two items of knowledge is also to be absolute. So to speak, the egoless absolute subject knows absolutely and simultaneously the absolute reality of the worldless subject or subject matter so to say that is also identical with the egoless subject. It has been claimed to be designed just for this purpose that transcendental phenomenological philosophy professes itself to describe this kind of transcendental experience precisely as it shows itself to itself. The methodological procedure of transcendental phenomenological description is called transcendental phenomenological reduction.

Needless to say, it is quite adequate and legitimate in the present attempt at the metaphysical elucidation of Ch'an experience to apply the phenomenological reduction to the description of and the intuition into Ch'an thinking. There can be said two steps in phenomenologically reductive procedure: what Husserl calls epochē in a Greek term is supposed to put out of play, so to speak, or put out of the circuit of intentionality of consciousness, all beliefs and representations with regard to everything and all beings in the world, including one's own being and nothing. This procedure makes it possible for us to cleanse the mind or soul from an age-old habit of representational thinking so that a complete clearance may be prepared in which a brand-new thinking originating from the first dawning of the new world might begin to loom large. For this purpose it is absolutely necessary to clear the question of Nothingness (Nichts in Heidegger's term) before it can make any sense to talk about the Question of Beingness (Seinsfrage) and Thinking of Beingness (das Denken des Seins). To be sure, it has everything to do with the so-called "public case (kung-an=公案)" designed by Patriarchs and Masters in Classical Chinese Ch'an Tradition: these case studies are made for the possible and abrupt breakthrough of the Question of Beingness and Nothingness.

The second step to the phenomenological reduction is action of reduction proper that is made possible by abstention or disconnection from all sorts of belief in the world and worldly things going through phenomenological epochē. On the other hand "abstention from belief can only be radical and universal when that which falls under disconnection by the epochē comes to be clearly seen precisely as a belief-construct, as an acceptedness. Through reductive insight into the transcendental being-sense of the world as 'acceptedness' the radicality of phenomenological epochē becomes possible."[35] The Procedure of epochē and action of reduction proper can be taken as reciprocal conditioning relationships to the effect that reductive insight into the transcendental being-

---

35. Eugen Fink, *Sixth Cartesian Meditation: The Idea of Transcendental Theory of Method*, trans. Ronald Bruzina (Bloomington & Indianapolis: Indiana University Press, 1995), p. 41.

sense of the world as acceptedness is possible only so far as the belief in the world is put out of play whereas the abstention from world-belief can be radical and universal in keeping with reduction: the understanding of relationships in question can be enriched in analogy to relationship between meditation (*ting*= 定) and wisdom (*hui*=慧) in the *Platform Sutra* of Hui-neng in ancient China or to relationships between the Practice of Cessation (修止; śamatha) and the Practice of Clear Observation (修觀; vipaśyanā) in the *Awakening of Faith* attributed to Aśvaghosha in ancient India. It may incidentally be added that the Husserlian phenomenological version of the present essay of Ch'anian reduction of transcendental philosophy will be forthcoming hopefully in the next issue of this Journal of Philosophy.

* Key words: Transcendental Reduction, Ten Diagrams and Gāthās for Ox and Oxherd, Gateless Gate, Being and Nothingness, Transcendental Experience, Ch'an

04
네 번째 논문

형이상학의 핵심을 직접 지시함: 하이데거의 실존적 형이상학을 완숙한 중국 선불교의 정신으로 옹호함

Direct Pointing to the Heart of Metaphysics:
In Defense of Heidegger's Existential
Metaphysics in the Spirit of the Mature Zen
of Chinese Buddhism

* 이 논문은 영어로 작성된 것이나 독자들의 이해를 위해 번역을 하여 원문과 함께 실었다. 안세권 옮김.

1. 형이상학은 왜 더 필요한가?

우리의 이 예비적 질문은 하버마스의 질문 "철학이 왜 더 필요한가?"
에 빗대어서 만들어진 것이다. '탈脫형이상학적 사유' 분야에서 잘 알려
진 비판적 사회이론가인 하버마스는 "'형이상학적'이라는 용어를 플라
톤으로 거슬러 올라가 …… 칸트와 …… 헤겔까지 이어지는 철학적 관
념론의 사유방식을 지칭하는 데 사용하고"[1] 있다. 하버마스가 형이상
학이 사망한 이후에도 철학이 갖가지 양태와 방식으로 존속되고 있음
을 보여주고자 하듯이, 우리는 여기서 진정한 형이상학의 위대한 전통
이 소크라테스 이전 사상과 동양 고대 사상에서 시작된 이래 하이데거
에 이르기까지 여전히 살아있음을 보여주고자 한다. 역사적으로 형이상
학적 논의와 형이상학에 대한 논의가 엄청나게 많았는데, 특히 20세기
후반에 등장한 이른바 '탈형이상학적' 담론은 더욱 그러하다. 그러나 중
요한 것은, 형이상학을 스스로 '체득함'이 없이 단지 그것에 대해 말하는
데 머물지 않고, 형이상학적 실천을 통해 참된 형이상학의 진면목을 '경
험'하는 것이다. 도대체 무엇을 말하고 있는지도 확실히 모른 채 형이상

---

1. Jürgen Habermas, *Postmetaphysical Thinking: Philosophical Essays*, trans. W. H.
   Hohengarten (MIT & Polity Press, 1992), 29. 하버마스는 '형이상학적'이라는
   범주 속에 14명의 철학자를 열거하였다.

1. WHY MORE METAPHYSICS?

Our preliminary question is made as an analogy to Habermas' question "Why More Philosophy?" A well-known critical social theorist in "post-metaphysical thinking," Habermas is "using 'metaphysical' to designate the thinking of a philosophical idealism that goes to Plato and extends ...... up to Kant ...... and Hegel."[1] Just as Habermas tries to show that philosophy continues in different forms and by other means even after the death of metaphysics, we here intend to show that the grand traditions of authentic metaphysics are still alive since its initiation from the pre-Socratics and Eastern classical thought and on through Heidegger. There has been an enormous amount of both metaphysical talk and talk about metaphysics throughout history, particularly in terms of a so-called "post-metaphysical" discourse during the latter half of twentieth century. However, the point is to *experience* the true identity of authentic metaphysics via metaphysical practice, not merely to talk about metaphysics without one's own *realization* of the same. It is pure nonsense

---

1. Jürgen Habermas, *Postmetaphysical Thinking: Philosophical Essays*, trans. W. M. Hohengarten (MIT & Polity Press, 1992), 29. He listed 14 philosophers under this category.

학에 대해 말하는 것은 전혀 말이 되지 않는다. 문제는 우리가 형이상학을 '소유'하거나 그것에 대해 '아는' 것이 아니다. 오히려 '우리가 곧 형이상학'이며 '형이상학이 우리 존재 자체'이기에, 이것을 부정한다면 '존재론적' 자기모순에 빠지게 된다는 점이 중요하다.

'형이상학의 문제'라는 개념은 애매하다. 그것은 '형이상학적 문제'를 의미하거나 '형이상학의 문제'를 의미하는데, 후자는 '형이상학 자체'의 본질이나 동일성, 혹은 하이데거가 '형이상학의 형이상학Metaphysik der Metaphysik'[2]이라고 칭한 것을 묻는 개념이다. 여기서 우리의 관심이 후자에 있음은 물론이다. 전자는 콰인이 말하듯 "동일성은 따라서 존재론과 같은 종류"[3]라는 점에서 후자를 전제한다. [물론 콰인식의 '존재론'은 우리가 '존재자적 존재론ontic ontology'이라 부르는 표상적 존재론이다.[4]] 형이상학이 무엇인지 모르면 형이상학적 문제들에 대한 어떤 유의미한 논의도 불가능하다. 그럼에도 불구하고, 하이데거에 따르면 서양철학사를 통틀어 칸트가 등장하기 이전은 물론이고 이후에도 형이상학의 토대 마련은커녕 그 정체성에 대한 진정한 탐구는 한 번도 이루어

---

2. Martin Heidegger, *Kant und das Problem der Metaphysik* (Frankfurt: Vittorio Klostermann, 1965), 208; Heidegger, *Vorträge und Aufsätze* (Tübingen: Neske, 1959), 79.

3. W. V. Quine, *Ontological Relativity and Other Essays* (New York: Columbia University Press, 1969), 55. 달리 말하면, "동일성이 없는 실재는 없다; 의미의 동일함이 없는 의미는 없다." Quine, *From Stimulus to Science* (Cambridge & London: Harvard University Press, 1995), 75-76.

4. Shin Oh-Hyun, "Philosophy and the Thesis of Ontological Non-Relativity," *Philosophy and Culture* I (Spring 1999): 91-122.

to talk about metaphysics without really knowing what is being talked about. It is not that we *have* metaphysics or *know* about it. It is rather that *we are metaphysics*, and that *metaphysics is our self-being*, the denial of which involves an *ontological* self-contradiction.

The concept of "the problem of metaphysics" is ambiguous. It means either a "metaphysical problem" or "the problem of metaphysics," the latter questioning the essence or identity of "metaphysics as such," or what Heidegger terms as *"Metaphysik der Metaphysik."*[2] Our concern here is of course with the latter. The former presupposes the latter to the extent that "identity is thus of a piece with ontology," as Quine says.[3] [Of course Quinean "ontology" is a representational ontology, what we call "ontic ontology."[4]] Without knowing what metaphysics is, there cannot be any meaningful discourse on any metaphysical problems. Notwithstanding that, there has never been any genuine quest for the identity of metaphysics, let alone a laying of its foundation,

---

2. Martin Heidegger, *Kant und das Problem der Metaphysik* (Frankfurt: Vittorio Klostermann, 1965), 208; Heidegger, *Vorträge und Aufsätze* (Tübingen: Neske, 1959), 79.

3. W. V. Quine, *Ontological Relativity and Other Essays* (New York: Columbia University Press, 1969), 55. In other words, "there is no entity without identity; no meaning without the sameness of meaning."; Quine, *From Stimulus to Science* (Cambridge & London: Harvard University Press, 1995), 75-76.

4. Shin Oh-Hyun, "Philosophy and the Thesis of Ontological Non- Relativity," *Philosophy and Culture* 1 (Spring 1999): 91-122.

진 적이 없었다.

여기서 형이상학에 대한 철학적 담론들이 '오늘날까지도 최고 수준에
서'조차 얼마나 혼란스럽고 뒤죽박죽인지를 명백히 보여주는 몇몇 사례
를 제시하고자 한다. 20세기 철학의 주류 학파에 꼽히는 논리실증주의,
비판적 사회이론, 그리고 현상학 운동은 한결같이 반反형이상학적이라
고 공언한다. 그들은 현상학에 대한 후설의 모토인 '사태 자체로'에 연대
감을 공유하는 것 같다. 우선 하이데거는 『존재와 시간』에서 '형이상학
역사의 해체'가 자신의 존재론적 기획 중 하나라고 선언함으로써 고지
식한 반형이상학자로 알려져 있다. 다음으로 카르납은 「언어의 논리적
분석을 통한 형이상학의 제거」[5]라는 논문에서 형이상학의 정체성에 대
한 하이데거의 교수 취임 강연을 무자비하게 난도질하고 짓밟아 버리는
의미론적-논리적 분석을 펼쳐 보이는데, 이때 그는 자신의 성공을 확신
한 나머지 하이데거에 대한 영광스러운 승리를 주저하지 않고 선언해
버린다. 진지한 사상가라면 그 누구도 이렇게 안이한 기교에 의해 형이
상학이, 특히 하이데거의 형이상학이, 제거되거나 제거될 수 있다는 걸
인정하지 않을 것이다.

그러나 카르납의 주장은 20년이 채 되기도 전에 그의 후계자인 콰인
이 똑같은 논리적 필연성이 우리에게 "사변적 형이상학과 자연과학 사
이에 있다고 가정된 경계가 모호해지는 것"을 받아들이도록 강요한다고
선언했을 때 거부돼 버렸다. 이것이 사실이라면 이번에는 콰인 자신도

---

5. 이 논문의 원제목은 "Überwindung der Metaphysik durch Logische Analyse
der Sprache"로 *Erkenntnis*, vol. 2 (1932)에 처음 게재되었다.

throughout the history of Western philosophy, not before nor after Kant à la Heidegger.

Here are some examples that clearly show how confused and muddled the philosophical discourses on metaphysics are, even "at the highest level and to this day." It is well established that the main philosophical schools of the twentieth century, logical positivism, critical social theory, and the phenomenological movement, all profess to be anti-metaphysical. They seem to share solidarity with Husserl's motto for phenomenology: "To things (or matters) themselves." First of all, Heidegger is known as a starchy anti-metaphysician owing to his announcing "the destruction of the history of metaphysics" as one of his ontological projects in *Being and Time*. Secondly, Carnap does not hesitate to proclaim his glorious victory over Heidegger when the former is convinced of his success in "The Elimination of Metaphysics Through Logical Analysis of Language"[5] by playing a simple semantic and logical game in which Heidegger's Inaugural Lecture on the identity of metaphysics is ruthlessly dissected and trampled down. No serious thinker would admit that metaphysics, especially Heidegger's, was, or could be, eliminated by such an easy trick.

However, Carnap's claim had been denied less than twenty years when his successor Quine declared that the same logical

---

5. This article appeared in *Erkenntnis*, vol. 2 (1932), originally titled "Überwindung der Metaphysik durch Logische Analyse der Sprache."

형이상학 혹은, 그 자신의 용어로, '선험적 형이상학'을 수행하고 있다는 비난을 받아야 할 것이다.

자칭 '선험적-기호학적 관점을 가진 탈형이상학적 철학자'인 아펠은 과감하게 "형이상학의 (그리고 신화적 사고의) 가장 큰 약점은 형이상학이 궁극적인 토대를 암시만 할 뿐 실제로는 결코 증명할 수 없다는 것이다"[6]라고 비판한다. 심각한 논쟁을 군이 시도하지 않더라도, 이런 비판을 내놓는 사람은 한마디로 형이상학이라는 이름에 걸맞은 어떤 것도, 적어도 고전적 선불교[7]의 형이상학이나 하이데거의 현존재 형이상학 같은 것을 수행할 능력이 전혀 없다고 말할 수 있으리라.

하이데거는 이 모든 반형이상학적 담론들이 존재를 완전히 망각한 표상적 사유에 사로잡혀 있다는 단순한 이유로 똑같이 형이상학적이라고 진단한다. '형이상학적인 것'은 '물리적인 것'의 언어로는 결코 말할 수 없다. 전자는 '논리/진리/존재'의 수준이나 종류가 일상적 담론의 그것과는 전혀 다른 영역에 속한다는 점에서 언설과 언표가 불가능하다. 바로 이런 이유로 형이상학적인 것은 '논쟁거리'가 되어선 안 되며, 그것이 자신을 드러내는 지점은 오직 '직접 지시되고/보여지고/확인되며/직면되어야' 하는 것이다. 그것은 우리가 모종의 대상으로 확인하거나 표

6. Karl-Otto Apel, "Can an ultimate foundation of knowledge be non-metaphysical?," in *From a Transcendental-semiotic Point of View* (Manchester and New York: Manchester University Press, 1998), 81.

7. Fung Yu-Lan, *A Short History of Chinese Philosophy*, ed. Derk Bodde (New York: The Free Press, 1948), 255. 풍우란은 선(Chan)[일본식 표기는 Zen]이 불교의 고유한 중국 버전이기 때문에 'Chanism'으로 명명하는 것이 합당하다고 주장한다. 물론 일본식 표현인 'Zennism'도 무방할 것이다.

necessity compels us to accept "a blurring of the supposed boundary between speculative metaphysics and natural science." If this is true, then it is Quine this time who is to be charged with metaphysics or, in his own terms, "transcendental metaphysics."

The self-styled "post-metaphysical philosopher from a transcendental-semiotic point of view," Apel dares to criticize that "the greatest single weakness of metaphysics (and of mythical thinking) is that metaphysics can only intimate, but never really prove, an ultimate foundation."[6] Without any serious argument it can be said that the writer of this comment is simply incapable of any metaphysics worthy of the name, at least of the metaphysics of Classical Chanism[7] and Heidegger's metaphysics of Dasein.

Heidegger takes all this anti-metaphysical discourse to be equally metaphysical on the simple ground that it is engaged in representational thinking under the complete oblivion of Being. "The metaphysical" cannot be talked about in any way in the language of "the physical." The former is inexpressible and ineffable in the sense that it belongs to a different level or kind of "logic/truth/being" from that of ordinary discourse. This is

---

6. Karl-Otto Apel, "Can an ultimate foundation of knowledge be non-metaphysical?," in *From a Transcendental-semiotic Point of View* (Manchester and New York: Manchester University Press, 1998), 81.

7. Fung Yu-Lan, *A Short History of Chinese Philosophy*, ed. Derk Bodde (New York: The Free Press, 1948), 255. He claims that Chan [J.: Zen] is a uniquely Chinese version of Buddhism such that it is reasonable to name it "Chanism" or, to use the Japanese rendering, Zennism.

상할 수 있도록 우리 앞에 마주 서 있는 어떤 것이 아니다. 만약 그것이 어떤 의미를 갖는다면 그것은 주관/객관 이분법을 초월한 존재 그 자체일 수밖에 없다. 형이상학은 인간의 본성에 속한다는 칸트의 언명, 즉 그의 '본성적 형이상학' 이념에서 암시를 받은 하이데거는 인간 현존재의 현상학적 분석을 통해 '실존적 형이상학'을 고안하였다. 이 논문은 선불교의 정신에 입각하여 그의 형이상학을 설명하고 옹호하고자 한다.

the reason why it should not be *argued* but only to be d*irectly pointed to/seen/looked/faced* on the spot as it shows itself. It is not something that we can identify or represent as any kind of an object standing against us. If it has any meaning whatsoever it cannot but be Being itself transcending the subject/object dichotomy. Hinted from Kant's dictum that metaphysics belongs to human nature, that is, his idea of "natural metaphysics," Heidegger worked out an "existential metaphysics" through the phenomenological analysis of Human Dasein. This paper is designed to expose and defend his metaphysics in the spirit of Zen Buddhism.

2. 현상학적 존재론의 전제조건

1) 시원적 자연 상태: 상실과 획득

  '자연 상태' 개념은 사회계약론에서 사회의 기원을 설명하는 데 상당히 도움이 된다. 똑같은 설명 방식이 기독교, 유교, 불교에서도 사용되며, 하이데거의 철학에도 어느 정도 활용된다. 여기서는 하이데거의 자연φύσις 개념에 집중하기로 하자. 하이데거에 따르면, 그리스어 퓌시스φύσις가 라틴어 나투라natura로 옮겨지면서 그것의 본래 의미와 명명력命名力이 심각하게 왜곡될 수밖에 없지만, 우주의 개시를 표현하는 데 있어선 'physis' 대신 '자연Nature'을 사용하는 것이 적절하다.[8]

  중국철학에서 '세계의 시작'은 하늘과 땅의 열림 즉 '천지개벽天地開闢'으로 불린다. 이 개벽을 통해 무의 혼돈 상태로부터 '만물'이 생겨나게 된다. 천지와 '천지의 자손들'은 세계(cosmos 혹은 universe)를 구성한다. 만물을 개벽, 배열하고 질서를 부여하는 방식은 자연이 '작동하고naturing' '생육하는nurturing' 방식과 정확히 일치한다. 도교에 따르면 이는 "도道

---

8. 스피노자가 '자연'을 '능산적(能産的) 자연(natura naturans)'과 '소산적(所産的) 자연(natura naturata)'으로 구분하면서 "신즉자연(神卽自然 / Deus sive Natura)" 이라는 놀라운 형이상학을 구축하였음을 주목하라.

2. PREREQUISITE FOR PHENOMENOLOGICAL ONTOLOGY

1) The Originating State of Nature: Lost and Gained

"The state of nature" serves well as an explanation of social origin in the social contract theory. The same type of explanatory device is exploited by Christianity, Confucianism, Buddhism and to some extent by Heidegger. Let us concentrate here on Heidegger's notion of Nature ($\varphi\acute{v}\sigma\iota\varsigma$). Though the Latin translation of Greek $\varphi\acute{v}\sigma\iota\varsigma$ into *natura* is subject to serious distortions of its original meaning and naming power, à la Heidegger, it is convenient to employ "Nature" despite him, instead of "physis," to express the cosmic initiation.[8]

In Chinese philosophy, "the beginning of the world" is called "the opening of Heaven and Earth." Through this opening, "myriad things" continue to be created out of the chaos of Nothing. Heaven and Earth and "their children" constitute the world (cosmos, or universe). The way of opening or arranging and ordering things is precisely the way Nature is *naturing* and

---

8. Note that Spinoza worked out a wonderful metaphysics of *"Deus sive Natura,"* differentiating *"Natura"* into *"natura naturans"*/*"natura naturata."*

가 자연에 순응함道法自然"[9]이다. 하이데거는 사유 도정의 전회Kehre 이후 '사역四域의 합일Vierung des Gevierts'의 관점에서 '세계 유희Weltspiel'라는 기발한 이론을 전개한다. 하늘, 땅, 신적인 것들과 죽을 자들은 그 자체로 정지 상태의 사물이나 실체가 아니며, 부단히 자발적으로 놀이하는 단일하고 단순한 방식으로 세계-유희를 구성한다. 그는 세계를 사물들의 총합이 아닌 존재자들이 '존재하는' 방식으로 정의한다.[10] 개략적으로 볼 때, 하이데거의 세계 개념은 그리스의 우주 개념과 공통점이 있다.[11] 그리스의 우주와 하이데거의 '세계'는 각각 κοςμέω와 welten이라는 동사 형식을 갖고 있으며, 도교와 유교[12]의 '자연'과 스피노자의 '능산적能産的 자연natura naturans'이 그리스어 φύσις와 공통점이 있다는 것은 주목할 만하다.

시원적始原的 자연 혹은 현전함으로서의 세계 유희는 존재의 또 다른 명칭이다. 이러한 창조적 유희는 유희로서의 세계-시간-공간이 세계 내 만물을 낳음과 같은 일이며, 그럼으로써 세계는 사물들에 거주하면서verweilen 사물들을 가지고 유희한다는 점에서 시공화생時空化生/Zeit-

---

9. 『도덕경』1, 14, 25장 참조.
10. 하이데거의 철학적 우주론은 다음 문건들을 참조할 것: "Sprache," "Die Sprache der Gedicht," "Das Wesen der Sprache" in *Unterwegs zur Sparche* (Tübingen: Neske, 1959); "Was heißt Denken," "Bauen Wohnen Denken," "Das Ding," "… dichterisch wohnet der Mensch" in *Vorträge und Aufsätze*.
11. *Metaphysische Anfangsgründe der Logik im Ausgang von Leibniz* (V. Klostermann, 1978), 219 ff. 참조. 하이데거는 다음과 같이 말한다: "세계: 존재자가 아닌 무—그럼에도 불구하고 어떤 것; 존재자가 아니고—존재."(252)
12. 『중용』22, 23, 26장 참조.

nurturing. According to Daoism, this is called "Dao conforming to Nature."[9] The post-Kehre Heidegger develops an ingenious theory of "the world play" [*Weltspiel*] in terms of "*Vierung des Gevierts*." Heaven, Earth, Divinities and Mortals constituting the world-play in a single and simple way which are not themselves things or substance in stasis, but ceaseless and spontaneous playing. He defines world not as the sum total of things but a way of *being* of beings.[10] In its outline, Heidegger's concept of *Welt* has something common with the Greek conception of cosmos.[11] It may be noted that Greek cosmos and Heidegger's *Welt* have the verbal form κοϛμέω and *welten* respectively, while Daoist and Confucian[12] "Nature" and Spinozistic "*natura naturans*" share the Greek φύσις in common.

Originating Nature or world playing as coming to presence is another title for Being. This originating play is coextensive with Time-play-Space [*Zeit-Spiel-Raum*] to the effect that world-time-space as playing belongs together with begetting myriad

---

9. See *Daodejing*(道德經), Chapters 1, 14, 25.
10. For Heidegger's philosophical cosmology refer to the following: "Die Sprache," "Die Sprache der Gedicht," and "Das Wesen der Sprache" in *Unterwegs zur Sprache* (Tübingen: Neske, 1959) and "Was heißt Denken," "Bauen Wohnen Denken," "Das Ding," "⋯ dichterisch wohnet der Mensch" in *Vorträge und Aufsätze*.
11. See *Metaphysische Anfangsgründe der Logik im Ausgang von Leibniz* (V. Klostermann, 1978), 219 ff. He says: "the world: a Nothing, not a being – and nonetheless something; not beings – but Being."(252)
12. See *Zhongyong*(中庸), Chaps. 22, 23, 26.

*Spiel-Raum*과 동연적同延的이다. 이는 "세계가 사물들을 세계로서 가지고 유희하는 동안 계속해서 사물들이 차례로 세계로서 작동하는 것"과 같은 것이다. 자연-세계-시간-공간-사물은 존재와 존재자, 존재와 현존재, 시간과 공간, 세계와 사물, 신과 인간, 혹은 행위와 정념 사이에 아무런 존재자적 차이나 이분법이 없는 낙원에서의 모임처럼 단일하고 단순한 우주적 만남을 만들어 낸다. 이 모임에 참여하는 모든 무리는 완벽한 상호 조화를 유지하면서 어디에서나 두루 섭리하고, 동시에 '세계화-함*en-world-ing*'을 실현한다.

2) 존재와 존재자의 존재론적 차이

인간이 '그 자체로 있는 존재자 전체'에서 분리되어 생각을 하기 시작하는 즉시, 인간은 세상의 모든 것에 맞서는 주체가 되어버리고 본래의 조화에서 벗어나게 된다. 이러한 상황은 평화롭고 조화로운 자연 상태에 온갖 종류의 해악을 가져온다. 본래의 낙원은 상실되고 마침내 시민국가가 들어서게 된다. '조화*Ereignis*'가 '짓거리*Ge-stell*'의 형태를 띤 '조작*Machenschaft*'으로 대체되었을 때 '세계상*Weltbild*'과 표상이 지배하게 된다. 세계-유희에서 분리되어 세계 안에 있는 사물로 전락된 것들은 한갓 대상들로 표상될 수밖에 없다. 하이데거가 말하는 '존재자*das Seiende*'는 주체에 의해 대상으로 표상되는 것들에 다름 아니다. '생기하는-상태-내-존재'는 전락하여 '더-이상-생기하는-상태가-아닌 것'으로 고화固化되어 버린다. 그리하여 존재는 망각된 채 심연으로 가라앉게 되고,

things in the world, such that the world plays over things while the world dwells [*verweilen*] on things. This is the same thing as "things play as world in their turn as long as and insofar as the world plays on things as world." Nature-World-Time-Space-Thing constitutes one single and simple cosmic rendezvous, like a gathering in paradise where there is no ontic difference and dichotomy between Being and beings, Being and Dasein, Time and Space, world and things, God and man, or action and passion. All parties concerned are kept in perfect harmony prevailing everywhere, prevailing and *en-world-ing*.

2) Ontological Difference of Being and Beings

As soon as reflection begins on the part of man in separation from "beings as such and *in toto*," man becomes a subject standing against every thing in the world, falling apart from original harmony. This situation brings about all kinds of evils into the peaceful and harmonious natural state. Natural paradise is lost and finally the civil state is ushered in. *Weltbild* and representations come to hold sway when *Ereignis* is replaced by *Machenschaft* in the form of *Ge-Stell*. Things separated from the World-Play and degraded into things in the world are bound to be represented as mere objects. What Heidegger calls "*das Seiende*" is nothing other than things represented by the subject as an object. Being-in-originating-state is fallen and fixed into a not-any-more-

급기야 존재가 망각되었다는 사실 자체마저 망각되어 버리는 것은 시간 문제일 뿐이다.

존재는 어떤 상황에서도 사라지거나 어떤 수단에 의해 제거될 수 있는 것이 아니다. 시원적 자연으로서의 존재는 세상 어떤 것의 변화와 영향에 종속될 수 없다. 왜냐하면 존재는 시공화생으로서 세계와 동근원적同根源的이기 때문이다.[13] 존재는 인간이 본래의 존재를 망각하면 인간으로부터 부재하고, 물러나고, 은폐될 수 있지만, 언제나 이미 현존하고 있다. 한편으로 "존재는 우리가 항상 이미 이해하고 있는 것이며, 그것을 그 자체로 파악하려면 단지 그것을 한 번 더 상기하기만 하면 된다."[14] 다른 한편으로 "그-자신을-위해-존재한다는-것은 우리가 현존재라고 부르는 존재자의 존재의 본질적 규정"[15]인데, 바로 그 존재자의 존재에 자기성自己性이 속하게 된다. 이렇게 "스스로에게-자기가-됨이 바로 실존함이며, 그것은 오직 근원적인 형이상학적 충만함 속에서 다루어져야 한다."[16]

---

13. 하이데거는 또한 "세계는 존재의 본질적 근원으로서 은폐되어 있다"고 말하고, 따라서 "세계가 명시적으로 처음으로 독자적인 것으로 나타날 때, 존재, 그리고 그것과 함께, 무가 세계됨[Welten]에서 사라진다"고 말한다. *Bremer und Freiburger Vorträge* (Frankfurt: Vittorio Klostermann, 1994), 49.

14. *Metaphysische Anfangsgründe*, 186.

15. Ibid., 243.

16. Ibid., 244.

originating one. It is only a matter of time then until Being comes to be forgotten and finally sinks into a deep recess such that the fact of oblivion itself is forgotten.

Under no circumstances can Being disappear or be done away with by any means. Being as originating Nature cannot be subject to change and effect of any thing in the world. For Being is co-original with the World as Time-Play-Space.[13] Being is always and already coming to presence though it can be absent, withdrawing, and concealing from human beings if they forget its original Being. On the one hand "Being is such a thing that we always already understand and that of which we need only to be reminded in order to take it as such a thing."[14] On the other hand, "to be for-the-sake-of-itself is the essential determination of Being of beings that we name Dasein"[15] to whose Being selfness belongs. This "being-self-to-itself is precisely existing and must be taken in the original metaphysical fullness."[16]

---

13. Heidegger also says that "the world remains concealed as the essential origin of Being," and that therefore "when the world expressly comes to its own for the first time, Being, and Nothing as well with it, vanish in the worlding [Welten]" in *Bremer und Freiburger Vorträge* (Frankfurt: Vittorio Klostermann, 1994), 49.

14. *Metaphysische Anfangsgründe*, 186.

15. Ibid., 243.

16. Ibid., 244.

3) 현상학적 존재론

존재망각이 초래한 이러한 전락 상태는 고유한 존재와 자연주의적-물리주의적 세계에 존재하는 것들 사이의 차이를 만든다. 주체/객체 이분법과 대비되는 존재/존재자의 차이는 '존재론적 차이'로 파악된다. 이제부터 우리는 시원적 존재를 존재 자체Being as such라고 부르고, 주체에 의해 표상되고 대상화된 일시적 존재를 '존재being / 존재자beings / 존재성beingness'이라고 부를 텐데, 전자는 '존재론적ontological'을 의미하는 것으로, 반면에 후자는 '존재자적ontic'을 의미하는 것으로 각각 간주될 것이다.

존재는 그 자체가 항상 이미 로고스가 가능한 현존재로, 즉 존재 자체를 기다리고 보살피며 존재를 위한 거처를 제공하는 인간의 존재로 가는 길에 있다는 점에서 '존재-론적'이다. 존재와 인간의 참 존재가 만나는 장소는 열려 있음 혹은 간단히 '자리Da'이다. 'Da-sein'은 '원래' 존재에 속하는 인간에게 적용되는 존재론적 용어다. 시원적 존재가 없다면 현존재는 그 뿌리와 근거를 잃을 것이고, 그 존재에 대해 본질상 탈자적인 현존재가 없다면 존재를 이야기하는 것 자체가 무의미할 것이다. 존재가 현존재에게 임재하는 방식으로 자기 자신을 드러내는 것을 '현상학적 개방'이라고 부른다. 존재론은 오직 그것이 현상학적일 때만 참된 것일 수 있다. 그렇기에 현상학적 존재론은 철학의 주요 주제와 방법을 동시에 결정한다.[17] 하이데거는 현상학의 예비 개념을 다음과 같이 정식

---

17. Heidegger, *Sein und Zeit* (Tubingen: Max Niemeyer, 1963), 38; John Macquarrie and Edward Robinson, trans. *Being and Time* (New York: Harper & Row, 1962), 62.

3) Phenomenological Ontology

This state of degradation is constitutive of the difference between unique Being and beings in the naturalistic-physicalist world. Contrasting to a subject/object dichotomy, the difference of Being/being is identified as "the ontological difference." From now on, we call originating Being as Being as such while a temporary being represented and objectified by a subject as "being/beings/beingness" where the latter is taken as meaning "ontic" as opposed to the former as "ontological."

Being is "onto-logical" to the extent that Being as such and from itself always already is on its way to Dasein capable of logos, namely to Being of man, waiting and caring for Being as such, providing a dwelling place for Being. The meeting place for Being and authentic Being of man is openness or simply "Da." "Da-sein" is the ontological term for human being, originally belonging to Being. Without original Being, Dasein is without its root and ground whereas without Dasein, essentially ecstatic to its Being, it is meaningless to talk about Being. Disclosing Being as it comes to presence from itself to Dasein is called "phenomenological disclosure." Ontology can be genuine only if it is phenomenological, and phenomenological ontology determines both the main theme and the method of philosophy.[17] Heidegger's

---

17. Heidegger, *Sein und Zeit* (Tübingen: Max Niemeyer, 1963), 38; John Macquarrie and Edward Robinson, trans. *Being and Time* (New York: Harper & Row, 1962), 62.

화한다: "자기 자신에게 보여지는 바 그대로의 자기 자신을 자신으로부터 자신을 보여주는 바로 그 방식으로 보여주게 하라."[18]

존재가 존재자적 용어로 진술될 수 없는 것은, 후자가 표상적 언어라는 단순한 이유에서이다. 반면에 존재는 주체에 의해 표상되는 어떤 것이 아니며, 그 주체라는 것 역시 하나의 대상일 수밖에 없다. 표상적 사고와 언어는 존재의 시원적 사유와 언어와는 절대적으로 구별되어야 한다. 따라서 표상적 사고와는 완전히 다른 질서, 즉 선험적 차원에 속하는 형이상학/존재론/철학을 존재자적 관점에서 담론하는 것은 애당초 불가능하다. 그렇다면 논리적인 근거를 들어서 하이데거의 형이상학에 반대하는 카르납의 주장은 존재론적 근거에서 볼 때 허튼소리에 불과하다고 말할 수 있으리라. 존재자적 유형의 사이비 형이상학과 존재론적 유형의 순정純正 형이상학의 근본적 차이점은 존재론적 차이에 있다. 논증적 담론에 의거한 탈형이상학적 원리의 측면에서 지식의 비형이상학적, 선천적*a priori* 토대를 제시하려는 아펠의 주장을 위시한 형이상학적 담론에 대한 어떤 존재자적 주장에도 똑같은 논법이 적용될 수 있다. 아펠이 하이데거를 세밀히 분석했음에도 불구하고, 우리는 그가 여전히 존재론적 망각의 깊은 수렁에 빠져 있다고 분명히 말할 수 있다.[19]

---

18. *Sein und Zeit*, 34; *Being and Time*, 58.
19. Apel, articles nos. 4-6 참조.

preliminary conception of phenomenology is formulated: "to let that which shows itself be seen from itself in the very way in which it shows itself from itself."[18]

Being cannot be stated in ontic terms simply because the latter is representational whereas Being is not something to be represented by subject which in its turn cannot be but an object. Representational thinking and language are to be absolutely distinguished from original thinking and the language of Being. Therefore any ontic discourse on metaphysics/ontology/ philosophy is out of the question since it belongs to a completely different order, a transcendental dimension. Carnap's arguments against Heidegger's metaphysics on logical grounds can be said to be all but nonsense on the ontological ground. The radical difference between the pseudo-metaphysics of an ontic kind and the authentic metaphysics of the ontological type consists in the ontological difference. The same logic can be applied to any ontic claim to metaphysical discourse including Apel's who tries to present a non-metaphysical *a priori* foundation of knowledge in terms of a post-metaphysical principle of argumentative discourse. Despite his fine analysis of Heidegger, we must say he remains still in the deep recesses of ontological oblivion.[19]

18. *Sein und Zeit*, 34; *Being and Time*, 58.
19. See Apel, articles nos. 4-6.

3. 기초 존재론으로서 실존적 형이상학

　제한된 지면 때문에 우리는 현존재 분석론에서 현존재 형이상학에 이르는 하이데거 형이상학의 촘촘한 여정 전체에 대한 이야기를 제쳐두고, 실존적 형이상학에 대한 간략한 설명으로 바로 들어가고자 한다. 현존재의 구성 요소들, 즉 '자리*Da*', 존재, 시간-공간, 존재의 의미와 이해, 세계, 세계-내-존재, 초월, 실존 등은 모두 현존재의 '탈자적*ecstatic*' 본성, 다시 말해 '자기 자신을 앞서 있음'인 동시에 '존재자를 넘어서 나아감'과 관련되어 있다. 이것이 바로 실존이 현존재의 '본질'로 정의되는 이유인데, 이는 현존재의 탈자적 본성 혹은 인간이 존재 '속에 들어가' 있으면서 동시에 존재 '속으로 나아가' 있음을 가리킨다. 간단히 말해 현존재는 인간이 본성적으로 형이상학적이라는 것을 의미한다. 즉 칸트가 『순수이성비판』 '서문'에서 말했듯이 인간의 본성*natura hominis*은 본성적으로 형이상학*metaphysica naturalis*이다. 하이데거의 주장에 따르면, 칸트는 순수이성의 선험적 분석론에서 '본성적 형이상학으로서의 인간의 본성'의 관점에서 '형이상학의 형이상학'을 위한 토대를 놓으려고 시도한 최초의 철학자인데, 이는 하이데거가 현존재 분석론에서 형이상학으로서의 형이상학의 토대를 마련한 것과 유사하다.[20]

---

20. Heidegger, *Kant und das Problem der Metaphysik* (Frankfurt: Vittorio

3. EXISTENTIAL METAPHYSICS
AS FUNDAMENTAL ONTOLOGY

Due to a lack of space we intend to go directly to a summary exposition of existential metaphysics, putting aside the entire story of Heidegger's compact itinerary of metaphysics from the Dasein-analytic to the metaphysics of Dasein. The constitutive elements of Dasein, that is, *Da*, Being, Time-Space, Meaning and Understanding of Being, World, Being-in-the-World, Transcendence, Existence etc. are all of an "ecstatic" nature, namely "being ahead of itself" and "going beyond beings." That is why Existence is defined as the *essence* of Dasein, referring to its ecstatic nature or *out*-standing-*in*-standing of man in Being. In short, Dasein means that man is naturally metaphysical: *natura hominis* is *metaphysica naturalis* as Kant puts it in his "Preface" to *Critique of Pure Reason*. It is Heidegger's contention that Kant is the very first philosopher who tried to lay the foundation for a "metaphysics of metaphysics" in terms of *natura hominis* as *metaphysica naturalis* in his transcendental analysis of pure reason, which is parallel to Heidegger's laying of the foundation of metaphysics as metaphysics in his Dasein-analytic.[20]

20. Heidegger, *Kant und das Problem der Metaphysik* (Frankfurt: Vittorio

편의상 하이데거의 현존재 분석론으로서의 형이상학이라는 구상에 대한 우리의 논의는 주로 그의 교수 취임 강연과 그것에 대한 후일의 부록을 참조하도록 하겠다. 이러한 방침은 그 강연의 마지막 문장에서 정식화된 형이상학의 근본적 물음이 1935년 『형이상학 입문』의 서론인 '형이상학의 근거 물음Grundfrage der Metaphysik'에서 25번이나 인용되고 있다는 사실로 뒷받침된다. 그 물음은 다음과 같이 정식화된다: **왜 도대체 존재자이고 오히려 무無는 아닌가?** '무'는 우선 '형이상학의 근거 개념'으로 파악되겠지만,[21] 이는 '전회Kehre' 이후 '존재' 혹은 '존재의 진리'에 다름 아닌 것으로 나중에 드러나게 된다. 그렇다면 이 '전회'는 왜 수행된 것일까?

'무'는 무의 베일 뒤에서 존재가 나타날 공간을 마련하기 위해 '그 자체로 있는 존재자 전체'를 일소하려는 전략으로 채택된다. 하이데거는 대리 기능을 하는 무를 통해 존재의 정체를 밝히려고 하는데, 이는 무가 불안, 고독 그리고 유한성과 같은 근거-기분을 통해 직접 드러날 수 있다는 점을 고려한 것이다. 일상적으로 무는 단지 아무것도 아닌 것nihil negativum에 지나지 않지만, 형이상학/철학이라는 특별한 경우 문제는 완전히 달라져서 적어도 당분간은 무가 모든 것이 된다. "무로부터는 아무것도 생기지 않는다ex nihilo nihil fit"라는 오래된 명제는 "무로부터 존

Klostermann, 1965), 14.

21. Grund는 '근본', '기초' 등으로 다양하게 번역되지만, 이 용어가 하이데거의 형이상학과 존재론에서 동시에 Abgrund이기도 하다는 사실을 고려할 때, 우리는 Grund를 '근거' 혹은 '근저'로 옮겨서 Abgrund가 '근거 없음' 혹은 '근저 없음/헤아릴 수 없음'으로 옮겨질 수 있게 하는 것이 좋다고 생각한다.

For the sake of convenience, our discussion of Heidegger's conception of metaphysics as Dasein-analytic refers mostly to his inaugural lecture with the later addenda. This choice is supported by the fact that the fundamental question of metaphysics formulated in the last sentence of the lecture is cited 25 times in *Grundfrage der Metaphysik* as an introduction to his *Introduction to Metaphysics* of 1935. The question is formulated thusly: *why are there beings at all, and not rather Nothing?* For the moment, "Nothing" is identified as a "ground concept of metaphysics"[21] which is later to be shown as nothing other than "Being" or "the truth of Being" after *Kehre*. Why then is this *Kehre* performed?

"Nothing" is adopted to serve as a strategy to sweep away or clean up "beings as such and as a whole" in order to prepare the room for the appearance of Being from behind the veil of Nothing. Heidegger tries to disclose the identity of Being via Nothing as a proxy function, considering the fact that the latter can be revealed directly through the ground-moods such as anxiety, solitude and finitude. In an ordinary case, Nothing is merely nothing but nothing (*nihil negativum*), however, in an extraordinary case of metaphysics/philosophy, the matter becomes totally different, such that Nothing is everything, at least for the

---

Klostermann, 1965), 14.

21. *Grund* is variously rendered as "fundament," "basis" et cetera, but we prefer to render it as "ground" or "bottom" so that *Abgrund* can be rendered as "groundless" or "bottomless," considering the fact that *Grund* is at the same time *Abgrund* in Heidegger's metaphysics and ontology.

재자로서의 존재자 전체가 생긴다*ex nihilo omne ens qua ens fit*"[22]는 존재론적으로 의미 있는 명제로 바뀌는데, 여기서 '부정적 무*nihil negativum*'인 일상적 무는 '근원적인 무*nihil originarium*'[23]로 변모하게 된다. 그렇다면 무는 현존재와 어떤 관계에 있는 것인가?

무는 아무것도 아닌 도무都無가 아니고 존재자도 아니다. 즉 무의 본질은 단순히 존재자를 무화無化하는 것이지 소멸시키는 것이 아니다. 이는 무화가 무의 '철저한 타자'인 존재자 전체를 드러낸다는 것을 의미하며, 이는 다시 현존재가 무에 대항하는 타자로 밝혀진 '존재자 자체를 전체적으로' 분명히 보는 것을 가능하게 해준다. 달리 말하자면, 무는 나중에 자신을 존재 자체로 드러낼 목적으로 일시적으로 존재론적 차이의 역할을 수행한다. 현존재가 존재자를 넘어서 무 안에 들어가서 존재를 기다리고 관심을 기울이는 것*Sorge*도 일시적일 뿐이다. 따라서 현존재를 초월적이고 형이상학적으로 만들 수 있는 것은 오직 무밖에 없다.

하이데거의 강의와 실존적 형이상학을 더 잘 이해하려면 형이상학적 물음을 전개하고 응답하는 중에 그가 언명하는 경고들을 깊이 고찰하는 것이 결정적으로 중요하다: "우선, 모든 형이상학적 물음은 항상 형이상학적 문제들의 영역 전체를 포괄한다. 각각의 물음은 그 자체가 항상 전체에 대한 물음이다. 다음으로, 모든 형이상학적 물음은 오직 묻는 자가—그 자체로서—물음 가운데 함께 있는, 즉 물음으로 제기되는, 식으로

---

22. Heidegger, *Was ist Metaphysik?* (Frankfurt: Vittorio Klostermann, 1955), 40.
23. *Metaphysische Anfangsgründe*, 252.

time being. The old proposition "*ex nihilo nihil fit*" turns into the ontologically meaningful proposition "*ex nihilo omne ens qua ens fit*"[22] in which the ordinary nothing "*nihil negativum*" transforms itself into the originating Nothing "*nihil originarium*."[23] What then is the relation of Nothing to Dasein?

Nothing is neither nothing nor beings; the essence of Nothing is simply the nihilation of beings but never its annihilation. This means that nihilation only discloses beings as a whole which is "the radical Other" of Nothing, which in turn makes it possible for Dasein to see clearly "beings as such and *in toto*" revealed as the Other against Nothing. In other words, Nothing plays a temporary role of ontological difference in order to later reveal itself as Being as such. It is only for the time being that Dasein goes beyond beings, holding out into Nothing, waiting and caring [*Sorge*] for Being. Therefore, it is only Nothing that enables Dasein to be transcending and metaphysical.

For a better understanding of Heidegger's lecture and his Existential metaphysics, it is of crucial importance to think through his warning statements in unfolding and responding to the metaphysical question: "First, every metaphysical question always encompasses the whole range of metaphysical problems. Each question is itself always the whole. Therefore, second, every metaphysical question can be asked only in such a way that

22. Heidegger, *Was ist Metaphysik?* (Frankfurt: Vittorio Klostermann, 1955), 40.
23. *Metaphysische Anfangsgründe*, 252.

만 물어질 수 있다. 여기서부터 우리는 다음과 같이 결론지을 수 있다. 형이상학적 물음은 전체로, 그리고 **물음을 묻는 현존재의 본질적 입장으로부터 제기되어야 한다. 우리는 지금 여기에서 바로 우리 자신에 대해 묻고 있다.**"[24]

달리 말하면, 형이상학적 물음이 지닌 이러한 이중적 특성은 '총괄 개념_Inbegriffe_'으로 정의되는, "항상 전체가 문제시되고 … 묻는 자 자신이 물음과 함께 하는 형이상학과 철학의 근거 개념"[25]을 나타낸다. 요컨대 "형이상학적 사유는 총괄적 사유인데, 전체로 향하면서 동시에 실존을 관통하여 포착한다는, 이중적인 의미의 총괄적 사유이다."[26] 그리하여 하이데거는 이 물음에 대하여 다음과 같이 응답한다.

우리가 무에 대한 물음이 **실제로 제기되고 있음**에 마음을 쓸 때, 적어도 처음에는 우리의 목적에 맞는 단 하나의 본질적인 대답을 이미 얻었다. 이것은 **매순간 불안이 우리 안에 야기하는 변화, 즉 인간을 그의 현존재로 변화하게 하여 거기서 스스로를 드러내는 무를 장악할 수 있도록 하는 일을 우리가 적극적으로 완수할 것을 요구한다. 동시에 이것은 우리로 하여금 무가 스스로 주장하지 않는 무의 의미들로부터 거리를**

---

24. David Farrell Krell, trans. *Martin Heidegger: Basic Writings* (New York: Harper Collins, 1977), 93-94; *Was ist Metaphysik?*, 24. 강조는 필자의 것임. 여기서 주목해야 할 점은 형이상학적 물음이 가진 이러한 특징들이 나중에 설명하게 될 선적禪的 물음의 근본적 성격을 정확하게 보여준다는 것이다.

25. Heidegger, *Grundbegriffe der Metaphysik* (Frankfurt: Vittorio Klostermann, 1983), 36.

26. Ibid., 13.

the questioner as such is present together with the question, that is, is placed in question. From this we conclude that metaphysical inquiry must be posed as a whole and *from the essential position of Dasein that questions. We are questioning, here and now, for ourselves.*"[24]

In other words the double character of metaphysical questions represents "the ground-concept of metaphysics and philosophy" defined as *Inbegriffe*, "in which always the whole is questioned and ⋯ which always include the grasping party [the questioner] in questioning."[25] In short, "metaphysical thinking is comprehensive thinking in this double sense: going to the whole and penetrating the existence."[26] He then says in response to this question:

We have already won the answer which for our purpose is at least at first the only essential one when we take heed that the question of the Nothing *remains actually posed.* This requires that *we actively complete the transformation of man into his Dasein that every instance of anxiety occasions in us, in order to get a grip on* the *Nothing revealed there as it makes itself known. At the same time this*

---

24. David Farrell Krell, trans. *Martin Heidegger: Basic Writings* (New York: Harper Collins, 1977), 93-94: *Was ist Metaphysik?*, 24. Emphasis added. It must be noted here that these characterizations of metaphysical questions show precisely the fundamental nature of Zen questions that will be elaborated later.

25. Heidegger, *Grundbegriffe der Metaphysik* (Frankfurt: Vittorio Klostermann, 1983), 36.

26. Ibid., 13.

둘 것을 요구한다.[27]

　먼저 하이데거는 형이상학적 물음이 **모든 것을 포괄하는 실존적 물음**, 즉 고독한 개인으로서 현존재가 던지는 진정한 물음임을 역설한다. 이와 관련하여 그는 이 개인이 인간에서 현존재로 바뀌고 변형되어야 함을, 즉 "자신의 이웃으로서 존재에 가까이 있어야 함"을 강조한다. 이는 형이상학적 물음이 형이상학적으로 **실제로 그리고 진정으로** 실행될 때, 그리고 오직 그때에만 비로소 물음을 묻는 자가 실제로 현존재 속으로 움직여 들어가게 됨을 의미한다.

　'총괄 개념*In-begriff*'이라는 형이상학적 개념의 형이상학적 의미에 관해 몇 마디 부언을 하고자 한다. 이 용어는 사전적으로 '체화, 화신, 구현'을 뜻한다. 철학/형이상학과 관련된 '총괄 개념'은 '근거 개념*Grund-begriff*'의 '근거*Grund*', '물어진 것과 묻는 자'를 하나로 묶는 '전체*Ganze*', 그리고 '총괄 개념*In-begriff*'의 '자체 내*in sich*'와 관련이 있음이 분명하다.[28] "'근거'는 존재 자체를 의미하며 이것이 곧 시원始原/*Anfang*이다."[29] **존재를 파악함이란 '근거'를 파악함을 의미한다.** 여기서 **파악함**은 존재에 의해서 **존재 안으로 들어가 존재에 동화됨***inbegriffen werden*'을 의미한

27. Krell, 102; *Was ist Metaphysik?*, 33. 강조(이탤릭체)는 필자의 것이다. Krell 영역본에는 이 인용 문단 속의 '무'가 'nothing'으로 표기되어 있으나 여기서는 'Nothing'으로 바꾸어 표기하였음. 덧붙여 말하자면, 무의 가능성에 대한 소극적이면서 적극적인 이 두 가지 요구는 후설의 '원리 중의 원리'(Ideen-I, §24)와 비교할 수 있겠다.

28. *Grundbegriffe der Metaphysik*, 13.

29. Heidegger, *Grundbegriffe* (Frankfurt: Vittorio Klostermann, 1981), 88.

demands that we expressly hold at a distance those designations of the
Nothing that do not result from its claims.[27]

In the beginning Heidegger emphasizes that the metaphysical question is an *all-inclusive existential question*, namely the authentic question of a solitary individual Dasein. Now in response, he stresses that this individual must be transposed and transformed from man into Dasein, "being in proximity in Being as its neighbor." This means that if and only if the metaphysical question is metaphysically executed *actually and authentically*, only then is the questioner actually moved into Dasein.

Let me add a few words more regarding the metaphysical meaning of metaphysical concepts *In-begriff*. It means lexically, "embodiment, incarnation, personification." *In-begriff* in relation to philosophy/metaphysics must have something to do with "*Grund*" in *Grund-begriff*, with "the whole" (*Ganze*) as "the questioned and the questioner" and then with "*in sich*" in *In-begriff*.[28] "'*Grund*' means Being itself and this is *Anfang*."[29] "*Begreifen Being means 'Grund' begreifen. Be-greifen* means '*inbegriffen werden*' in Being from Being. *Begreifen* indicates here the every time transformation of man from essential relation

---

27. Krell, 104; *Was ist Metaphysik?*, 33. "Nothing" capitalized and italics added. Incidentally, the two requirements negative and positive with respect to Nothing can be compared with Husserl's "principle of all principles." (Ideen-I, §24)
28. *Grundbegriffe der Metaphysik*, 13.
29. Heidegger, *Grundbegriffe* (Frankfurt: Vittorio Klostermann, 1981), 88.

다. '파악함'은 매 순간 인간이 본질적 관계를 통해 인간에서 벗어나 존재의 화육化育 속으로 들어감을 나타낸다."[30] 우리에게 또 다른 힌트는 하이데거가 철학적 개념을 다음과 같이 '형식적 지시formal *Anzeige*'[31]로 개념화한 데서 찾을 수 있다.

> 모든 철학적 개념은 형식적으로 지시적이라는 주장과 관련하여 그 개념들을 관통하는 특성에 대한 숙고가 필요하다. 그 개념들이 지시적이라는 말에는 다음과 같은 뜻이 들어 있다. 즉 이러한 개념들의 의미 내용은 이 개념들이 관계하는 것을 직접적으로 의미하거나 말하지 않고 다만 다음과 같은 것에 대한 지시*Anzeige*, 안내*Hinweis*만을, 즉 이 개념을 이해하는 자가 현존재 내에서 자기 자신의 변화를 수행하도록 이 개념 연관으로부터 요구되어 있다는 사실에 대한 지시만을 제공할 뿐이라는 뜻이 함축되어 있다.[32]

이 인용문의 요점은 형이상학적-철학적 개념들은 '근거 개념/총괄 개념'으로서 현존재가 그 안에서, 그리고 그것으로부터 파악 · 지탱 · 변형되는 무/존재를 가리키는 형식적 지시(혹은 암시*Fingerzeig*)의 역할을 한다는 것이다.

현존재 및 그와 관련된 개념들은 무 속으로 들어가고 있음, 즉 형이상

---

30. Ibid., 93.
31. *Grundbegriffe der Metaphysik*, 10ff, 421, 425, 429, 430.
32. Ibid., 430.

to Being."[30] Another hint for us is found in his conception of philosophical concepts as "formal indication" [formal *Anzeige*],[31] which is explained:

> for the claim that philosophical concepts are all formally indicative, some reflections on their universal character are necessary. They are indicative, in that it is said that the meaning-content of these concepts means and says not directly that to which the meaning-content is related, it gives only an indication [Anzeige], a hint [Hinweis] that at which the one who understands it is invited from this concept-relation to carry out the transformation of himself in Dasein.[32]

In short, it means that metaphysical-philosophical concepts as *Grundbegriffe/Inbegriffe* serve as formal indications (or *Fingerzeig*) pointing to Nothing/Being in and from which Dasein is to be grasped, endured and transformed.

Dasein and related concepts mean: being held out into Nothing, namely being metaphysical. "Going beyond beings occurs in the essence of Dasein. But this going beyond is metaphysics itself" which "belongs to the 'nature of man.' ⋯⋯ Metaphysics

---

30. Ibid., 93.
31. *Grundbegriffe der Metaphysik*, 10ff, 421, 425, 429, 430.
32. Ibid., 430.

학적임을 의미한다. "존재자를 넘어서는 것은 현존재의 본질 안에서 일어난다. 그러나 이러한 넘어섬은 '인간의 본성'에 속하는 형이상학 자체이다. 형이상학은 현존재의 '근거' 생기, 즉 현존재가 존재를 만날 수 있도록 터를 닦는 일이다. 그것은 현존재 자체이다."[33] 『존재와 시간』에서 '시간'이 '존재의 열림을 가리키는 전명칭前名稱/Vorname'[34]임이 밝혀진 후에 모든 것이 바뀌게 되는데, 이른바 전회Kehre가 그것이다. 현존재는 원래 인간의 본질에 대한 존재의 관계이자 존재의 열려 있음(Da)에 대한 인간의 본질적 관계를 지칭하였는데, "이제 비로소 장소로서의 이름, 즉 도래하는 존재를 만나는 장소로서 불리게 되었으니, 그렇게 경험되고 사유되어야 한다."[35] 실존은 '무 속으로 들어감'에서 '존재가 나타나는 비은폐된 자리 안에서 열린 자세로 서 있음'[36]으로 전환된다. 아울러 형이상학의 감추어진 '근거'는 무로부터 '존재의 비은폐성'[37]으로 전환된다. 이로부터 다음과 같은 결론이 내려져야만 한다: '철학의 뿌리'로서의 형이상학은 '철학에서 으뜸가는 것'으로 뿌리를 유지한 채 존속하지만 '전회'를 통해 극복되며,[38] 그 결과 "형이상학은 철학의 중앙과 심장을 결정하는 이름에 합당하게 된다."[39] 취임 강연은 "철학은 형이상학의 진행형

---

33. *Was ist Metaphysik?*, 40; Martin Heidegger: Basic Writings, 108.

34. Ibid., 17.

35. Ibid., 18.

36. Ibid., 16.

37. Ibid. 전회의 발전과정에 대해서는 UB, 17; WW, 35; BW, 109를 참조할 것. 이에 대한 추가 논의는 다음 장에서 다루어질 것이다.

38. Ibid., "Einleitung," 9.

39. *Einführung in die Metaphysik* (Tubingen: Max Niemeyer, 1958), 13.

is the *Grund*-occurrence of Dasein and Dasein itself."[33] After "Time" of *Being and Time* turns out to be "the forename for the clearance of Being,"[34] then everything is to be turned about: this is the so-called *Kehre*. Dasein, originally the relation of Being to the essence of man as well as the essential relation of man to the openness ("Da") of Being as such, "is now rather called, for the first time, names as place, namely as the meeting place of clearance of Being and must be so experienced and thought."[35] Existence is turned from "Being held out into Nothing" to "*open*-standing *in*-standing in the unconcealment of Being."[36] Moreover, the concealed *Grund* of metaphysics is turned from Nothing to the "unconcealment of Being."[37] From this it must be concluded that metaphysics as "the root of philosophy" remains "the first of philosophy" but overcome in *Kehre* without thereby being uprooted,[38] and "metaphysics is worthy of the name for the determining middle and the heart of philosophy."[39] The inaugural lecture concludes that "philosophy is metaphysics getting under way, in which philosophy comes to itself and to its explicit

---

33. *Was ist Metaphysik?*, 18; Martin Heidegger: Basic Writings, 108.
34. Ibid., 17.
35. Ibid., 18.
36. Ibid., 16.
37. Ibid. For the development of Kehre see UB, 17; WW, 35; BW, 109. Further discussions are implied in the next section below.
38. Ibid., "Einleitung," 9.
39. *Einführung in die Metaphysik* (Tübingen: Max Niemeyer, 1958), 13.

이며, 여기서 철학은 본연의 자리와 명시적 임무에 도달하게 된다"[40]는 최종 결론으로 마무리된다.

이즈음에서 이러한 철학적 사유를, 비슷하지만 얼핏 보면 많이 달라 보이는, 절정기에 도달한 중국 선불교 전통의 맥락 안에서 개괄할 수 있다면 신선하고 흥미로울 것 같다. 그 중에서도 하이데거의 실존적 형이상학은 당대 최고의 선사로 회자되는 무문혜개無門慧開가 1229년에 편찬한, 가장 중요한 두 편의 공안집公案集 중 하나인 『무문관無門關/ Gateless Gate』에 함축된 형이상학적 동질성을 긴밀히 추적하는 방식으로 요약될 것이다.

---

40. 형이상학과 철학의 관계에 대한 똑같은 견해가 *Grundbegriffe der Metaphysik* 및 *Einleitung in die Philosophie* 전체에 걸쳐 자세히 설명되어 있다.

tasks."[40]

At the present stage of our exposition it might be refreshing and intriguing if we are able to recapitulate this thinking in the similar but seemingly very different context of the Chinese Chan tradition at the height of its prosperity. In particular, Heidegger's existential metaphysics is to be outlined in a close parallel to the metaphysical implications of the *Gateless Gate* (無門關; C.: Wumenguan; J.: Mumonkan), one of the two most important *gongan* (公案; J.: kōan) collections, compiled in 1229 by Wumen (無門), considered the most outstanding Chan master of his time.

---

40. The same view on the relation of metaphysics to philosophy is elaborated throughout *Grundbegriffe der Metaphysik* and *Einleitung in die Philosophie.*

4. 요약 : 하이데거와 간화선看話禪

　철학은 시원적 실재의 궁극적 진리를 탐구하는 것이며, 그 진리는 그 것을 보이는 그대로 정확하게 이해할 수 있는 존재자에게 자기 자신을 그 자신으로부터 보여준다. 하이데거는 후자(존재자)를 '현존재'로, 전자 (진리)를 '존재'로 명명한다. 이것은 원래적 의미의 '참된 앎'에 대한 고대 의 패러다임이며, 존재와 현상학적 봄Seeing의 관계는 일상적인 주관-객 관의 모형관계에 대한 원형이 된다. 원형적 지식의 원초적 상황은 인식 론적 이원론이 아직 득세하지 않아 "실체는 그 자체이고 그 자체를 통해 파악되며"(스피노자) "존재와 사유가 일치하는"(파르메니데스) 자연의 원초 적 상태이다. 왜냐하면 인간과 그의 사유는 능산적 자연natura naturans의 일부이기 때문이다. 자연, 세계, 우주, 존재, 시간은 만물을 낳으면서 말 함의 방식으로 함께 유희하고 있다.

　하이데거와는 반대로 중국의 고대 형이상학은 존재론보다 우주론을 우선시한다. 즉 인간 존재보다 우주의 존재를 우선시하는 것이다. 유교 의 모든 형이상학적-철학적 고전 중 단연 최고인『중용中庸』은 하이데거 의 초기 존재론 및 후기 우주론과 매우 유사한 관점을 제시한다.[41] 『도덕

---

41. 특히『중용』제1, 11, 22, 25, 26장을 참조할 것.

4. RECAPITULATION:
HEIDEGGER AND KANHUA CHAN(看話禪)

Philosophy is the quest for the ultimate truth of archaic reality, which shows itself from itself to a being capable of understanding it precisely as it is shown. Heidegger terms the latter as Dasein and the former as Sein. This is the archaic paradigm for *genuine knowledge* in the original sense of the word, and the relation of Being to phenomenological Seeing is the archetype for the ordinary subject-object relation of ectype. The original situation of archetypal knowledge is the original state of Nature in which epistemological dualism does not yet prevail so that "the substance is in itself and is conceived through itself"(Spinoza) and "to be and to think mean the same"(Parmenides). For man and his thinking are part of Nature naturing [*natura naturans*]. Nature, World, Cosmos, Being, Time are playing together in begetting myriad things, in a manner of speaking.

Contrary to Heidegger, Chinese classical metaphysics place cosmology before ontology: the being of cosmos prior to the being of man. *The Doctrine of the Mean*, by far the best of all Confucian metaphysical-philosophical classics, presents a close parallelism to Heidegger's early ontology and later cosmology.[41] The same can be said of Daoist philosophy, based

---

41. Especially in chapters I, XXI, XXII, XXV, and XXVI.

『道德經』에 기초한 도가철학도 마찬가지다.[42] 주목할 점은 유교의 '천-지-인' 삼재三才, 도교의 '인-지-천-도道' 사대四大, 그리고 하이데거의 '천-지-신적인 것들-죽을 자들' 사역四域/Vierung이, '사물-놀이-세계' 혹은 '존재자의 존재'의 형식을 띤 우주적 유희에서, 같은 종류의 형이상학적 구조를 형성한다는 것이다.

유교와 도교의 형이상학을 뒤로하고, 이제 하이데거의 형이상학과 관련된 범위 내에서 중국 선불교에 대해 좀 더 언급해야겠다. 양자 간의 가장 밀접한 친화성을 부각시키기 위해 나는 가장 중요하고 어려운 무無의 물음을 가장 성숙하고 철저한 형태의 선禪과 하이데거의 사유에서 대조해 볼 것이다. 전자와 관련하여 우리는 선불교에서 공인된 가장 유명한 '공안公案' 혹은 '화두話頭', 즉 『무문관』에서 제1칙으로 소개된 조주趙州의 '무자공안無字公案'을 다루고자 한다.

저 공안집에서 무문이 쓴 놀라운 서문은 "불교는 마음을 근본으로 삼고, 문 없음을 문으로 삼는다"고 선언하고, "문으로 들어오는 것은 그대 자신의 보물이 될 수 없다"[43]는 운암雲巖선사(780-841)의 말을 인용한다. 마음은 어떤 사물이 아니라는 단순한 이유로 마음의 문은 있을 수 없

---

42. 특히 『도덕경』 제1, 14, 16, 25, 40, 48, 51장을 참조할 것. 이들 자료에 대한 탁월한 번역과 논평에 대해서는 William Theodore de Bary, *Sources of Chinese Traditions*, vol. 1 (New York and London: Columbia University Press, 1960)을 볼 것.

43. Katsuki Sekida, trans., *Two Zen Classics: Mumonkan and Hekiganroku*, ed. A. V. Grimstone (New York & Tokyo: Weatherhill, 1977), 26. 이 인용문은 Ungan Donjō (780-841)의 것이다. Engo Kokugon, comp. *Hekiganroku*, Case 5, Engo's Comment and Sekida, 56 참조.

on the *Daodejing*.[42] It may be noted that the Confucian ternion of Heaven-Earth-Man, the Daoist quarternion of Man-Earth-Heaven-Dao, and Heidegger's *Vierung* of "Heaven-Earth-Divinities-Mortals" constitute the same kind of metaphysical structure in a cosmic play in the form of "thing-play-world" or "Being of beings."

Leaving the Confucian and Daoist metaphysics behind, we are forced to say something a little more about Chinese Chan, only in reference to Heidegger's metaphysics. To highlight the closest affinity between the two, I will contrast the most important and difficult question of Nothing in the most mature and radical forms of Zen and Heidegger. For the former, we refer to the most famous "punch-line" (*huatou*) of a "public case" (*gongan*) in Chanism, namely Zhaozhou's "Case of Nothing," which is introduced as the first case in the *Wumenguan*.

His marvelous introduction to the collection proclaims that "Buddhism makes mind its foundation and no-gate its gate," quoting master Yunyan (雲巖: 780-841): "things coming in from the gate can never be your own treasures."[43] There cannot be any

---

42. Especially chapters 1, 14, 16, 25, 40, 48, 51. For excellent translations and comments on these materials, see William Theodore de Bary, *Sources of Chinese Traditions*, vol. 1 (New York and London: Columbia University Press, 1960).

43. Katsuki Sekida, trans., *Two Zen Classics: Mumonkan and Hekiganroku*, ed. A. V. Grimstone (New York & Tokyo: Weatherhill, 1977), 26. This quote comes from Ungan Donjō (780-841). See Engo Kokugon, comp. *Hekiganroku*, Case 5, Engo's Comment and Sekida, 56.

다. 무는 세상 어디에서도 찾을 수 없다. 그것은 오직 그 자신에게만 자신을, 다시 말해서 마음에서 마음으로以心傳心만 자신을 보여줄 수 있다. 즉 그것은 형이상학적인 것이다. 바로 이런 이유로, 무문혜개는 그의 공안집에 수록된 총 48칙의 공안에 대한 자신의 모든 이야기는 '문을 두드리는 기와 조각'의 역할을 한다고, 다시 말해 '근기根機가 제가끔 다른 수행자들을 인도하여' 자신의 본래면목을 발견할 수 있게 하는 방편이라고 말한다.

이 '문 없음無門'의 사상은 선종사禪宗史에서 가장 유명한 화두인 조주의 무자화두無字話頭에 대한 그의 평창評唱에서 훨씬 더 구체적이고 철저하게 검토된다.

> 한 승려가 조주에게 물었다. "개에게도 불성이 있습니까?"
> 조주가 대답했다. "없다無."

무문의 평창은 다음과 같다: 선을 행하기 위해서는 조사들이 쳐놓은 장벽을 통과해야 한다. 진정한 깨달음의 묘미를 알기 위해서는 일상적이고 관습적인 사고방식을 버려야 한다. …… 그렇다면 무엇이 조사들의 장벽인가? 오직 이 하나 '무無'라는 글자가 바로 선종의 제일 관문이다. 그러므로 그것을 일러 '선종의 무문관禪宗無門關'이라고 부른다.[44]

---

44. Albert Low, *The World — A Gateway: commentaries on the Mumonkan* (Boston: C. E. Tuttle, 1995), 25. Chao-chou[웨이드-자일스 표기]와 Zhaozhou[한어병음]은 같은 사람의 이름(趙州)을 로마자로 표기한 다른 음역이다.

gate to Mind simply because it is not a thing. Nothing cannot be found anywhere in the world. It can show itself only to itself, namely from mind to mind: it is metaphysical. It is for this reason that Wumen professes that all his talks about the 48 Cases in his collection serve as "brickbats to batter the gate, leading novices on according to their capacities" to see their original faces.

This idea of no-gate is much more concretely and thoroughly examined in his comment on the first Case of the most famous *huatou* in Zen history, Zhaozhou's *Wuzi huatou* (無字話頭):

A monk asked Chao-chou, "Has a dog the Buddha Nature?"
Chao-chou answered, "Wu."

Wu-men's Comment: To practice Zen you must pass the barriers set up by the patriarchs. To know the subtlety of true awakening you must let go of your ordinary, habitual ways of thought. ······ Now, what is the barrier of the patriarchs? It is a single word *wu*! Thereby this is the first gate of Zen. This is why it is called "the Wu-men-kuan of Zen Buddhism."[44]

What is the true awakening that is the ultimate goal of Zen practice? Seeing through your original self for your self

---

44. Albert Low, *The World — A Gateway: commentaries on the Mumonkan* (Boston: C. E. Tuttle, 1995), 25. Chao-chou (Wade-Giles) and Zhaozhou (pinyin) are different Romanized transliterations of the same person's name (趙州).

선 수행의 궁극적 목표인 참된 깨달음이란 무엇인가? 당신 자신을 위해 당신의 본래 자기를 당신 자신이 가진 부처의 눈으로 꿰뚫어 보는 것. 철학함의 궁극적 목표는 무엇인가? 존재 자체에 가까이 다가서서 존재의 이웃/목자/지킴이/수호자이자 무의 '대리자'인 현존재에게 존재 자체가 '말을 걸고$_{Sagen}$-던져 보내고$_{Zuwurf}$-명령하고$_{Geheiß}$-조화하는$_{Ereignis}$ 것'에 세심하게 응답함으로써 당신이 당신 자신이 될 수 있도록 하는 것. 이것은 천지 만물 속에 사는 인간의 우주적 역할에 대한 잘 알려진 고전적 그림이다. 선과 하이데거의 특징은 '무'를 도입하고 그것에 중대한 역할을 부여하는 것이다. 하이데거에 있어 무는 존재를 가리는 베일의 역할을 하게끔 도입되는데, 그 방편적 베일이 벗겨지는 순간 그것은 존재 자체 이외 아무것도 아님이 밝혀진다. 무는 존재의 첫 번째 장벽이고, 존재자는 똑같이 비실체적인 인간에 의해 만들어진 비실체적 표상 이외 아무것도 아니다.

그렇다면 선에 있어 무는 무엇인가? 무문의 서문에서는 "마음을 근본으로 삼는다"고 말하고 있고, 제1칙 공안에 대한 그의 평창에서는 '마음의 길$_{心路}$'이 끊어져야 한다고 선언하고 있는데, '마음의 길'은 '마음을 통한 길'을 뜻하지 '마음으로 가는 길'을 뜻하는 게 아니다. 후자의 마음은 존재로서의 마음이고 전자의 마음은 존재자, 혹은 다른 말로 정신적 표상을 의미한다.

마음은 오직 마음에서 마음으로만 전달될 수 있다는 명제는 그러므로 존재론적이다. 그렇기 때문에 '마음의 길'을 세키다$_{Sekida}$는 '사고 방식'으로, 로우$_{Low}$는 '일상적이고 습관적인 사고 방식'으로 표현한다. 이렇게 이해하면 무문의 견해는 두 경우 모두 일관되며, 존재는 존재자적 표

through your own Buddha Eyes. What is the ultimate goal of philosophizing? To be in proximity of Being itself so that you may be your own self via careful responses to *Sagen-Zuwurf-Geheiß-Ereignis* of Being itself to Dasein in its capacity of the neighbor/shepherd/warder/preserver of Being and the *proxy* of Nothing. This is a well-known classical picture of the cosmic role of man in the universe. The characteristic of Zen and Heidegger is the introduction of "Nothing" and its crucial role. For Heidegger, Nothing is introduced to play a proxy function for the veil of Being until it turns out to be none other than Being itself at the moment the temporary veil of Being is unveiled. Nothing is the first barrier to Being whereas beings are nothing but insubstantial representations made by man, equally insubstantial.

What about Nothing for Zen? Wumen's Preface states that "mind (心地) is the foundation" and while his comment on the first Case proclaims that the "mind-road" (心路) is cut off, "mind-road" means "road via mind," not "road to mind" where the latter mind is mind as Being while the former means mind as beings, or in other words, mental representations.

The thesis that mind can be transmitted only from mind to mind is therefore ontological. That is why "mind-road" is rendered as "the way of thinking" by Sekida or as "ordinary, habitual ways of thought" by Low. Understood thusly, Wumen's views in both cases are consistent and come to the same conclusion as Heidegger's view that Being cannot be approached through ontic representations, and that therefore, the gateless barrier can be

상을 통해서는 접근 불가능하고 따라서 문 없는 장벽은, 나중에 존재 자체로 확인될, 무를 통해서만 비로소 타파될 수 있다는 하이데거의 견해와 같은 결론에 도달하게 된다.

다음 질문이 바로 따라 나온다: 그렇다면 선 수행자 혹은 실존적 형이상학자는 존재가 자신의 본래면목임이 드러나는 그 순간까지 어떻게 무를 붙들고 있을 수 있을까? 무문의 평창에는 다음과 같이 쓰여 있다:

삼백육십 개의 뼈마디와 팔만사천 개의 털구멍에 이르기까지 온몸이 '커다란 의문 덩어리'가 되어 이 한 글자 '무'를 참구參究하여 밤낮으로 붙들고 있으라. 이 '무'를 단순히 아무것도 아닌 것으로 받아들이거나 유有/무無의 상대성으로 받아들여서는 안 된다. 그것은 마치 시뻘겋게 달아오른 쇠구슬을 삼키는 것과 같아서 토하려고 해도 토할 수가 없다. …… 지금까지 쌓아온 모든 헛된 견해와 식견이 사라지고, 시절 인연이 무르익어 안과 바깥이 저절로 하나가 될 때까지 죽을힘을 다해 끊임없이 이 '무'와 맞붙어 버텨내어라.[45]

형이상학에 대한 하이데거의 물음은 형이상학의 근거와 본질, 그리고 진리를 탐구하는 물음이다. 그 강연의 고유한 주제는 무이며, 이는 무문의 무와 마찬가지로 순수한 도무都無가 아니고, 있음에 대한 반대 개념도 아니다. 그것은 단순히 존재 그 자체이다. 이 근거야말로 왜 하나의 형이상학적 물음이 모든 형이상학적 물음을 수반하며, 물어진 것과 묻는 자가 동시에 물음에 부쳐지는지에 대한 대답이 되는 것이다. 무의 침입으로 묻는 자를 포함한 존재자 전체는 한꺼번에 빠져나간다. 주관/객

---

45. Sekida, 28; Low, 26. 번역은 부분적으로 변경 및 재배열되었음.

broken through first only via Nothing, later to be identified as Being itself.

The next question immediately follows: how can the practitioner or existential metaphysician hold up Nothing right through until Being is revealed as his original face? Wumen's Preface reads further:

Arouse your entire body with its three hundred and sixty bones and its eighty-four thousand pores; summon up *a great mass of doubt* [italics mine] and pour it into this word "Wu" and hold it fast day and night. Do not take it as mere nothingness nor as being/nothing relativity. It is like swallowing a red hot iron ball; you try to spit it out but can not. ⋯⋯ Employ every ounce of your energy to hold up without interruption on this "Nothing" until all the illusory ideas and delusive thoughts accumulated thus far will be exterminated and, when time comes, internal and external will be spontaneously united.[45]

Heidegger's question of metaphysics is the question inquiring into the ground, essence, and truth of metaphysics. The unique theme of the lecture is Nothing, which is neither sheer nothing nor the counter-concept of beings, just like Wumen's *Wu*. It is simply Being as such. This ground is why one metaphysical question involves all metaphysical questions and the questioned and the questioner are both put in question. With the intrusion of Nothing, beings as a whole, including the questioner, all

---

45. Sekida, 28, and Low, 26. Translations altered and rearranged in part.

관의 지위를 박탈당한 채 "형이상학적 탐구는 전체로서 그리고 '현존재의 본질적 입장'에서 제기되어야 한다."

하이데거는 기존의 강연문에 덧붙여 1949년에 집필한 「『형이상학이란 무엇인가』 서론'에서 "인간의 본질에 대한 존재의 관계뿐만 아니라 존재 자체의 열려 있음(Da)에 대한 인간의 본질적 관계를 '한' 단어로 표현하고, 인간이 인간으로서 그 안에 들어서 있는 본질적 영역을 가리키기 위해 현존재Dasein라는 명칭을 선택하였다"고 말한다.[46] 그는 또한 『존재와 시간』에 나오는 현존재에 대한 그의 논의를 주도하는 원리, 즉 "현존재의 '본질'은 그의 실존에 있다"[47]는 원리를 독자들에게 상기시켰다. 그리고 여기서 그는 현존재의 형이상학적 본성을 해명하기 위해 실존을 재정의한다: "이 단어는 존재의 한 방식, 즉 이미 열려 있는 존재 속으로 나아가서 존재의 개방성에 대하여 열린 채 서 있는 그런 존재자의 존재를 지칭한다."[48]

존재론적 용어인 '실존existence', '나아가 있음ausstehen', '탈자ecstasis／Ekstasis', '탈자적ekstatisch／ecstatic'은 모두 가족유사성을 갖고 있다. 현존재와 존재 사이의 탈자적 관계는 양자가 "존재 자체의 열려 있음을 두고 '상호 왕래／개방 관계에 있음Auseinander'"[49]이라는 관점에서 이해되어야 한다. 따라서 "탈자적인 것의 상태는, 이상하게 들릴지 모르지만", 존재 자체가 현전하는 방식인 "비은폐성에서 일어나는 '나아감Aus'과 '열

---

46. *Was ist Metaphysik?*, 13-14.
47. *Sein und Zeit*, 42; *Being and Time*, 67.
48. *Was ist Metaphysik?*, 15.
49. Ibid.

at once slip away. Being robbed of subject/object status, "the metaphysical inquiry must be posed as a whole and from the *essential position of Dasein.*"

In the "Introduction" appended to his lecture in 1949, Heidegger "selected the name of Dasein for the essential domain in which man as man stand, in order to hit in one word both the relation of Being to the essence of man and the essential relation of man to openness ("Da") of Being as such."[46]

He also reminded readers of the guiding principle of his discussions on Dasein in *Being and Time* (p. 42) that "the 'essence' of Dasein lies in its Existence."[47] Then he redefines Existence here for the exposition of the metaphysical nature of Dasein: "the word names a way of Being, and of course Being of that being which stands open for the openness of Being in which it stands, while it out-stands the openness."[48]

As ontological terms, "existence," "*ausstehen*," "ecstasis," "*Ekstasis,*" "*ekstatisch,*" and "ecstatic," all have a family resemblance. The ecstatic relation between Dasein and Being must be thought to be their "*Auseinander* of openness of Being itself."[49] Therefore "the stasis of ecstasis persists, so strange it may sound, in *inner-* standing in 'Aus' and 'Da' of unconcealment" which is a way of being of Being itself. We are forced to say this simply because

---

46. *Was ist Metaphysik?*, 13-14.
47. *Sein und Zeit*, 42; *Being and Time*, 67.
48. *Was ist Metaphysik?*, 15.
49. Ibid.

려 있음Da' 속에 끈질기게 '들어서' 있음에 근거를 두고 있다." 우리가 이렇게 말할 수밖에 없는 이유는 현존재의 존재와 존재 자체가 어떤 경우에도 존재자가 아니며, 오직 존재의 존재론적 관계일 뿐이기 때문이다. 'Aus'와 'Da'는 비단 인간뿐 아니라 인간과 존재 모두에게도 적용된다. 바로 이런 이유로 "우리는 무엇보다도 존재의 열려 있음 '속에 들어가' 서 있기, 그렇게 서 있음을 견디어내기(심려), 그리고 가장 극단적인 상황(죽음을 향한 존재) 속에서도 참고 버티기를 함께 사유해야만 한다. 왜냐하면 그것들은 실존의 완전한 본질을 구성하기 때문이다."[50] 하이데거의 이런 입장은 무문의 입장과 밀접한 유사성을 이룬다.

우리가 기억하듯이, 취임강연 원문에서 하이데거는 현존재를 '무 속에 들어가 있음'으로 정의하고, "숨겨진 불안을 바탕으로 무 속에 들어가 있음은 존재자 전체를 넘어서는 것, 즉 초월"[51]이라고 말한다. 형이상학의 본질에 대한 그의 탐구, 즉 형이상학의 근거로서의 무에 대한 탐구의 결론은 "무는 존재자에 대한 막연한 대립개념이 아니라 스스로 존재자의 존재 자체에 속해 있음을 드러낸다"는 것이며, 따라서 "존재와 무는 공속적인 동일함"이라는 것이다.[52] 이제 20년 후에 현존재는 더 이상 무에 의해 규정되지 않고, 단지 존재 자체와 관계 맺고 있는 실존에 의해 규정된다. 우리가 보여주려고 하는 것은 『무문관』으로 대표되는 선적 사유와 무와 존재의 관점에서 조명된 하이데거의 사유와의 친화성이다.

---

50. Ibid.
51. Ibid., 37, 38.
52. Ibid., 39.

Being of Dasein and Being itself can never be beings, but only an ontological relation of Being. "Aus" and "Da" apply not only to man, but both to man and Being. It is for this reason that "we must think *inner*-standing in openness of Being, carrying through it (Care) and persevering in the extreme (Being-unto-death) together and as the full essence of existence."[50] This position of Heidegger constitutes a close parallelism to Wumen's.

As we recall, in the original text of the Lecture, Heidegger defines Dasein as "being held out into Nothing" and "being held out into Nothing on the ground of concealed anxiety is its surpassing of beings as a whole: the transcendence."[51] The conclusion of his inquiry into the essence of metaphysics, namely, the quest for Nothing as the ground of metaphysics, is that "nothing does not remain the indeterminate opposite of beings but reveals itself as belonging to the Being of beings" and thereby "Being and Nothing do belong together."[52] Now, twenty years later, Dasein is determined not in terms of Nothing anymore, but simply in terms of Existence in its relation to Being itself. What we try to show is the affinity of Zen thinking represented by the *Wumenguan* with Heidegger's thinking in terms of Nothing and Being.

When all the requirements for the question of Nothing and the breakthrough of the gateless barrier are fulfilled, namely,

---

50. Ibid.
51. Ibid., 37, 38.
52. Ibid., 39.

무의 물음과 문 없는 장벽의 돌파를 위한 모든 요건이 성취되었을 때, 즉 현존재를 무에 내맡김과 존재의 비은폐성 속에서 실존의 '내적' 서 있음이 성공적으로 이루어졌을 때, 그때에야 비로소 형이상학이 극복되고 존재의 문 없는 장벽이 홀연히 사라질 것이다. 무엇보다도 "원초적으로 무화시키는 무의 본질은 바로 이것, 즉 현존재를 비로소 존재자 자체 앞으로 데려온다는 데 있다는 것"[53]이다. 그것은 "무의 거부하는 몸짓으로 미끄러져 나간 존재자 자체와 전체를, 현존재를 압도하고 경이로움을 불러일으키는 완전하지만 여태까지는 숨겨져 있었던 낯섦 속에서 드러낸다."[54] 이것은 "모든 경이 중의 경이, 즉 존재자가 존재한다"[55]라는 존재에 대한 불가사의한 경험이다. 이 경험은 존재자의 존재 안에 있는 무의 무화無化를 통해서 가능하다. 정녕 "무의 원초적 개방성이 없이는 자기 자신으로 있음도 없고 자유도 없으며"[56] 당연히 어떤 진리도 없다. 현존재의 입장에서 이런 환상과 망상으로부터의 자유는 "존재자를 위해 존재의 진리를 보존하는 것"[57]을 가능케 하는데, 그것은 존재자들이 본래 그것들이 있는바 그대로의 자연 상태를 회복하여 자신의 본질을 온전히 실현하는 것과 다를 바 없다.

이제 『무문관』 서문에 나오는 무문의 게송을 음미할 차례가 되었다.

---

53. Ibid., 34.
54. Ibid.
55. Ibid., 47.
56. Ibid., 35.
57. Ibid., 49.

when the being-held-out of Dasein into Nothing and the *inner-standing* of existence in the unconcealment of Being have been successfully carried through, then and only then metaphysics is overcome and the gateless barrier of Being will all of a sudden evaporate. Above all, "the essence of originally nihilating Nothing lies in this, that it brings Dasein for the first time before beings as such."[53] It discloses beings as such and as a whole, "slipped away with a repelling gesture of Nothing, now in their full but heretofore concealed strangeness which overwhelms Dasein, arousing and evoking wonder."[54] This is the enigmatic experience of Being as "wonder of all wonders: that beings is."[55] This experience is made possible through the nihilation of Nothing in Being of beings. Indeed, "without the original revelation of Nothing, no self-being and no freedom,"[56] and of course no truth either. This Freedom from illusions and delusions on the part of Dasein makes it possible to "preserve the truth of Being for beings"[57] which is nothing other than the restoration of beings in their originating state of Nature as they are and what they are, so that beings simply are in full force of their essence.

We are now in a position to appreciate Wumen's verse in his Preface to the *Wumenguan*: "The Great Way is gateless, /

---

53. Ibid., 34.
54. Ibid.
55. Ibid., 47.
56. Ibid., 35.
57. Ibid., 49.

대도에는 문이 없으나
여기에 이르는 길은 천차만별이다.
한번 이 관문을 통과하면
천지간을 고고하게 활보할 수 있다.

  만세! 우리는 바로 우리 자신이고 그냥 이대로가 우리이며, 세상 모든 것은 바로 그 자체이고 늘 있는 그대로일 뿐이다.

— 안세권 옮김

Approached in a thousand ways. / Once break through this barrier / You stride through the universe." Hurrah! We are what we are and as we are, and everything in the world is what it is and as it is.

참고문헌

Apel, Karl-Otto. *From a Transcendental-semiotic Point of View*. Manchester and New York: Manchester University Press, 1998.

de Bary, William Theodore. *Sources of Chinese Traditions*, vol. 1. New York and London: Columbia University Press, 1960.

Fung Yu-Lan. *Short History of Chinese Philosophy*, ed. Derk Bodde. New York: The Free Press, 1948.

Habermas, Jürgen. *Nachmetaphysisches Denken*. Frankfurt: Suhrkamp, 1988. English translations from W. M. Hohengarten, *Postmetaphysical Thinking: Philosophical Essays*. MIT & Polity Press, 1992.

Heidegger, Martin. *Beiträge zur Philosophie (vom Ereignis)*. Frankfurt: Vittorio Klostermann, 1989.

_____. *Bremer und Freiburger Vorträge*. Frankfurt: Vittorio Klostermann, 1994.

_____. *Einführung in die Metaphysik*. Tübingen: Max Niemyer, 1958.

_____. *Einleitung in die Philosophie*. Frankfurt: Vittorio Klostermann, 1996.

_____. *Grundbegriffe*. Frankfurt: Vittorio Klostermann, 1981.

_____. *Grundbegriffe der Metaphysik*. Frankfurt: Vittorio Klostermann, 1983.

_____. *Kant und das Problem der Metaphysik*. Frankfurt: Vittorio Klostermann, 1965.

_____. *Metaphysische Anfangsgründe der Logik im Ausgang von Leibniz*. Frankfurt: Vittorio Klostermann, 1978.

_____. *Sein und Zeit*. Tübingen: Max Niemeyer, 1963. English translations are from John Macquarrie and Edward Robinson, trans. *Being and Time*. New York: Harper & Row, 1962.

_____. *Über den Humanismus*. Vittorio Klostermann, 1947.

_____. *Unterwegs zur Sprache*. Tübingen: Neske, 1959.

_____. *Vom Wesen der Wahrheit*. Frankfurt: Vittorio Klostermann, 1954.

218

_____. *Vorträge und Aufsätze*. Tübingen: Neske, 1959.

_____. *Was ist Metaphysik?*. Frankfurt: Vittorio Klostermann, 1955. English translation from David Farrell Krell, *Martin Heidegger: Basic Writings*. New York: Harper Collins, 1977.

Low, Albert. *The World — A Gateway: Commentaries on the Mumonkan*. Boston: Charles E. Tuttle Co., 1995.

Quine, W. V. *Ontological Relativity and Other Essays*. New York: Columbia University Press, 1969.

_____. *From Stimulus to Science*. Cambridge & London, 1995.

Sekida, Katsuki. trans. *Two Zen Classics: Mumonkan and Hekiganroku*. Edited by A. V. Grimstone. New York & Tokyo: Weatherhill, 1977.

Shin, Oh-Hyun. "Philosophy and the Thesis of Ontological Non-Relativity." *Philosophy and Culture* 1 (Spring 1999): 91-123.

05

현상학과 심리학

다섯 번째 논문

1. 서론

　'현상학과 심리학'은 애매한 개념이다. 개별적인 분과학으로서 '현상학'과 '심리학'이 독자적으로 확립된 다음 이 양자간의 관계를 문제삼을 때, 심리학의 측면에서는 '심리학과 현상학'을, 현상학의 측면에서는 '현상학과 심리학'을 거론할 수 있을 것 같다. 그런가 하면 '현상학'을 단순한 방법론적 개념으로 이해하여, 이를테면 '실험적 심리학'에 대비되는 '현상학적 심리학'의 개념을 제시할 수 있을 것 같기도 하다. 특히 현상학이 여타의 학문과 연관하여 '현상학적 사회학', '현상학적 인간학', '현상학적 종교학'에서 방법론적 개념으로 사용되고 있을 뿐만 아니라, 심지어는 후설 자신이 '현상학적 철학'이라는 학문이념을 강조하고 있는 사실을 감안하면, '현상학적 심리학'이 다만 '심리학'의 한 양태에 불과한 것으로도 이해될 수 있을 것 같다. 그러나 '현상학적 심리학'의 학문이념을 창출한 후설이 또한 '심리학적 현상학'의 이념도 함께 사용하는 것을 감안한다면 문제가 그리 단순하지 않음을 알 수 있다. 즉 '현상학과 심리학'이란 개념은 '현상학적 심리학'과 '심리학적 현상학'의 개념을 동시에 근원적인 것으로 이해할 경우에만 올바르게 파악될 수 있다는 말이다.

　'현상학'이란 개념은 후설 특유의 개념이지만, '심리학'의 경우에는 당시의 심리학자들이 제도화한 분과학으로서의 심리학 개념과 후설이 이해하는 심리학 개념이 상이할 수 있을 뿐만 아니라, 양자 간에 하등의 공통성도 찾아볼 수 없을 만큼 근본적으로 다를 수도 있다. 후설 자신으로 말하면 심리학은 핵심에 있어서 현상학일 수밖에 없다. 제도적 심리학은 이 본질적·일차적 심리학에 대한 지엽적·세부적인 보충 작업에 지나지 않는다. 그럼에도 불구하고 후설이 '심리학'이라는 개념을 사용할 때 우선은 기존하는 심리학을 염두에 두지 않을 수 없었다. 그러나 이러한 어려움은 단지 잠정적·절차적인 문제에 불과하고, 그에게 있어서는 현상학의 이념이나 심리학의 이념 및 기존 심리학의 현실은 명석·판명하게 이해되어 있었다. 문제는 심리학자들에 있다. 그들은 우선 현상학의 학문이념을 현상학적으로 이해할 수 없었고, 따라서 심리학에서 현상학이 문제되자마자 헤어날 수 없는 혼란에 빠지게 된다. 이것은 전문심리학자의 경우에나 심리학을 분과학으로 이해하는 철학자의 경우에나 마찬가지였다. 현상학을 이해하는 하나의 방편으로 제시된 '현상학적 심리학' 개념이 도리어 현상학의 정체를 파악하는 데 치명적 장애요인으로 작용하였다.

도대체 '심리학'의 개념을 현상학에 연계시킨 근본 목적이 현상학의 정체해명에 있다면, '현상학적 심리학'의 개념을 현상학적으로 이해한다는 것은 현상학 자체를 올바로 이해하는 데 결정적인 중요성을 가진다. 설사 현상학적 심리학이 비현상학적 심리학에 모종의 기여를 제공한다고 하더라도, 그것은 역시 '현상학적'일 뿐 결코 심리학적이 아님을 유념해야 한다. 과학적 심리학에게, 그것과는 근본이 다른 철학적 심리학을 전형적으로 예시함으로써, 전자로 하여금 심리학의 또 다른 차원, 이를테면 근본적·본질적인 차원을 인지하게 하려는 데 현상학적 심리학의 본래 목표가 설정되어 있다는 말이다. 따라서 우리는 어디까지나 후설의 근본 취지에 충실하게 현상학적 심리학의 이념을 해명하려 한다. 다른 현상학자들이나 철학자들이 '현상학과 심리학의 관계'에 대해서 어떤 의견을 제시했건, 또는 심리학의 측면에서 본 현상학의 한계성 또는 현상학적 심리학의 문제성이 무엇이든, 우리는 여기에서 전혀 개의하지 않을 것이다. 이를테면 후설 자신의 '현상학', '심리학' 또는 '현상학적 심리학'의 개념 자체를 명료하게 파악할 목적으로 일체의 여타 의견·이론·개념을 철두철미 지금의 논의로부터 차단·배제(에포케)하려 한다.

2. 심적인 것das Psychische의 특수성

　현대학문적인 의미에서 '심리학'은 문자 그대로 '마음Psyche'에 관한 '이치Logos'를 뜻한다. '마음'과 '이치'의 합성어인 '심리학Psychologie'이 어떤 학문인가 하는 것은 바로 이 '마음'과 '이치'를 어떻게 해석하는가에 따라 얼마든지 달라질 수 있다. 예컨대 '과학적 심리학'과 '철학적 심리학'의 구분이 있는가 하면, '과학'이나 '철학'의 개념 차이에 따라 과학적 심리학이나 철학적 심리학에도 다양한 양태들이 존립할 수 있겠다. 심리학이 과학의 한 분과로 분류되는데도, 유독 심리학에서만 다른 어떤 과학에서도 찾아볼 수 없는 '철학의 침투'가 유별난 것도, 이 심리학이라는 것이 '마음'에 관한 학문이기 때문이다. 마음은 세계의 창이고, 마음먹기에 따라 일체 만유가 얼마든지 달라질 수 있을 뿐만 아니라, 바로 그 점에서 마음 자체도 얼마든지 달라질 수 있기 때문이다. '마음'이란 대상이 불확정적이라 할 수 있기도 하지만 보기에 따라서는 마음은 여하한 대상도 아니라고 할 수 있기 때문이다. 이 세상의 어떠한 대상보다 마음은 마음 그 자신에 의해서 인지되거나 변모되는 정도가 심하기 때문이다. 일체의 것은 마음의 대상이지만, 마음은 오직 그 자신의 대상일 뿐이기 때문이다. 여기에 '마음의 철학philosophy of mind'이 가지는 각별하게 · 철학적인 성격을 읽어낼 수 있다. 제도화된 심리학에 대한 철학적 접근, 이를테면 '철학적 심리학philosophical psychology'이나 '심리학의 철학philosophy of psychology'과는 별도로 '마음의 철학'이 충분히 가능하고 또 명증적으로 성낭화될 수도 있다.

 마음의 자기경험에 의하면, 마음속에는 적어도 두 가지 요소·작용·직능을 구별할 수 있다. '영혼anima, soul, Seele'과 '정신mens, spirit, Geist'의 구별이 그것이다. 신체와의 관계에서 본 마음이 영적이라면, 신체와는 무관하게 그 자체로 또는 절대적으로 본 마음을 정신이라 부를 수 있다. 정신과 자연(물체) 사이에 신체와 영혼이 자리잡고 있어서, 현실적으로는 물체와 정신 사이에 모종의 동질성·계속성·인과성이 존재할는지도 모른다. 그러나 그것은 과학이 탐구할 문제요, 마음의 자기인식을 통하여 절대명증성을 추구하는 철학의 문제는 사실이나 실증의 문제와는 다른 차원에 속한다고 하겠다. 마음을 과학적·형이상학적으로 어떻게 설명하든지 간에, 적어도 자기명증적인 자기인식 또는 실존적 자각의 지평에서 본다면 마음은 자연에 속하면서 동시에 자연을 넘어서는 이중성을 가지는 것으로 규정될 수 있다. 바로 이러한 이중성에서 마음의 문제성이 생겨난다.

 마음은 자연적이면서 초자연적이다. 세계내재적이면서 세계초월적이다. 인과성의 지배 아래 있으면서 인과성을 초월한다. 한편으로는 신체적이면서 또 한편으로는 정신적이다. 생성변화 속에 있으면서도 불생불멸不生不滅한다. 시간의 지배 아래 있으면서 영원의 형상 아래sub specie aeterni 있다. 신체를 통해서 영향을 받고 신체를 빌려서 자신을 현시하지만 결코 신체로 환원되거나 신체적인 방식으로 확인될 수 없는 것이다. 어떤 것일 수도 있지만 절대로 어떤 것만일 수는 없다. 그러기에 그 '무엇'이라 할 수도 그렇다고 '아무것도 아닌 것'이라 할 수도 없는, 그럼에도 불구하고 그 '무엇'으로 끊임없이 규정하려 하지 않을 수 없는 것이다. 그러기에 마음은 한편으로 대상적 표상 즉 심리과학의 대상일 수 있지만, 다른 편으로는 결코 과학적 탐구의 대상, 아니 그 어떤 표상의 대상이 될 수 없는 것이다. 대상적인 발언은 철두철미 대상표상의 논리 즉 실증과학의 방법과 원리에 충실해야 한다는 점에서, 심리과학은 그 나름대로 철저히 과학적이고자 해야 할 것이다. 그러나 심리과학이 제아무리 과학적이라 하더라도 그것은 오직 마음의 대상적 측면에 국한될 뿐, 비대상적·절대적·정신적 측면에 대해서는 전적으로 맹목적일 수밖에 없다는 사실도 분명하게 인식되어야 할 것이다.

3. 마음의 철학

'마음에 관한 논리'가 '심리학'이라 하더라도, 우리는 마음에 관한 대상적 표상인 '과학적 심리학', '심리과학' 또는 '과학으로서의 심리학'에 관해서는 더 이상 언급하지 않을 것이다. 마음을 하나의 대상으로 표상하려 하는 한 그것은 오직 사실과학일 수 있을 뿐이고, 사실영역에 대하여 하등의 발언권을 가지고 있지 않은 철학과는 아무런 연관이 없겠기 때문이다. 그것이 설령 철학자의 발언이고 철학이론으로 주장된다 하더라도, 그것이 마음의 '사실'을 대상적으로 관찰·기술·설명하려 한다면, 그것은 여전히 모종의 심리과학일 수는 있어도 결코 마음에 관한 철학적 발언으로 취급될 수는 없다. 그렇다면 철학은 마음에 관해서 무슨 말을 할 수있는가? 생멸중生滅中에 현상하면서 마음을 쓰는 일 이외 마음의 그 무슨 실재성·실체성을 마음이 알 수 있다는 말인가? 도대체 현상적·경험적·대상적인 측면밖에 그 무엇을 우리가(또는 철학이 혹은 마음이) 인식하고 언표할 수 있다는 말인가?

철학은 개별적인 존재자에 대하여 그 구조·성질·상태·관계에 관해서는 하등의 발언권도 가지고 있지 않지만, 존재자 전체에 관해서 모종의 발언을 제시할 수 있는 것으로 자처해 왔다. 그러기에 어떤 대상적인 존재자와는 달리 하나의 전체성·통일성·궁극성으로 존재한다고 상정된 정신·마음에 관해서 모종의 발언권을 가지고 있다고 주장해 왔다. 마치 여하한 개별적 존재자와는 다르게 존재하면서도, 일체 존재의 기원·근원·근거로 상정된 궁극적 존재인 바 신神에 관해서 모종의 발언권을 가진 것으로 주장하는 것과 같은 차원에서 말이다. 유심론唯心論은 그 대표적 사례라 하겠다. 그 방법과 절차를 밝히지도 않고, 그 결과에 관해서도 아무런 증거나 근거를 제시하지 않은 채, 모종의 인식을 확보한 것으로 자처하는 인식양식을 우리는 사변적·형이상학적 또는 사변적·형이상학적 인식이라 부르기도 한다.

마음에 관한 형이상학은 대체로 마음의 존재를 모종의 실체로 간주하는 경향을 가진다. 물질적 실체와 구별되는 정신적·심령적인 실체로 말이다. 현대 실증과학은 존재를 실체로 보지 않고 사건·상태·과정·기능·작용 등으로 해소하는 현상론적 성향을 띠고 있다. 그래서 마음의 존재도 신체의(특히 두뇌의) 사건·상태·과정·기능들의 집합으로 해소·환원하는 것을 볼 수 있다. 이러한 심리철학 유형을 '유물론', '과학적 유물론' 또는 '물리론'으로 부른다. 그런데 이러한 심리철학은 전문적인 과학절차에 의존한다기보다는, 이른바 심리학적 언어·개념들을 논리적으로 분석한다고는 하지만, 실제에 있어서는 다분히 형이상학적 사변에 의존하거나, 과학적 이론에 대한 준과학적이면서도 반성적인 사유에 기탁하여 결과적으로는 다분히 사변적·형이상학적인 가설을 도출하는 수준을 넘어서지 못하는 실정이다. 이른바 현대 영미분석철학의 심리철학은 대체로 이러한 범주에 귀속되는 것으로 보아도 무방할 것이다. 마음을 심리현상으로 환원한 다음, 심리현상을 물리현상으로부터 구별하는 특성을 가려내거나, 마음과 몸의 관계를 심리현상과 물리현상의 관계에 준하여 설명하거나, 물리적 운동과 인간의 행동을 구별하거나, 자아·인격, 인격동일성, 자기인식 등의 특성을 '사랑思量'해 보는 따위의 지적 활동을 마음에 관한 철학적 성찰로 치부하는 터이다.

후설의 현상학에 의하면 현상론적 심리철학은 마음을 자연의 일부로, 또는 사실의 영역으로 간주하는 추상적 사변이며, 아직도 자연적인 태도에 머물러 있는 일종의 사이비과학이라 할 수 있다. 그들이 심리현상을 다룬다고는 하지만, 그리고 그런 의미에서 사실·사태·사건·상태를 경험·현상에 환원하여 이들 현상만을 집중적으로 분석한다고 볼 수 있기도 하지만, 그들이 논의하는 현상은 자연·사실의 경험 또는 경험적 현상일 뿐이다. 그들이 개념과 언어를 분석한다고는 하지만, 이들의 개념·언어는 과학에서부터 유래하여 과학에로 귀환되는 것들이다. 그들은 단지 사실의 세계, 과학의 세계를 심心의 영역으로부터 잠정적으로 배제한 후, 그 근거·형식·논리를 순수하게 선천적으로 분석·기술·논변·설명하려 할 뿐이다. 이른바 과학의 근거·토대·원리·방향·논리를 비판적·반성적·논리적·개념적으로 분석·검토한다는 과학철학의 한 분과에 해당하는 것이 심리철학인 셈이다. 심리철학은 심리학주의에 지배되고 있으며, 자연주의·경험주의·실증주의 테두리 안에 있고, 따라서 심리학적이다. 현상론적 현상은 온전한 의미의 현상이 아니라, 아직도 자연주의 시각 속에 등장하는 현상이며, 현상학적 현상과는 엄연히 구별되어야 하는 것이다. 현상론적 심리철학은 심리과학에 대한 선천적·형식적·논리적인 분석일 뿐, 또는 이른바 철학적인 정초작업일 뿐, 그 자체만으로는 아직 철학의 전단계에 머물러 있다고 하겠다.

이에 비하여 철학을 과학의 논리적 정초작업이나 언어에 대한 개념·

논리적 분석으로 규정하지 않고, 과학과 과학언어 이전에 문제로 되어 있는 존재 · 언어 · 사유 지체를 아무런 전제나 목적의식 없이 자체존재가 존재하고 현상하는 대로 여실하게 인식하는 행위양식 또는 존재양식을 '철학함'으로 규정하는 현대현상학은 마음에 관해서도 현상론과는 아주 다른 철학을 제시한다. 그것은 심리과학에서 출발하여 심리과학을 보좌 · 보충 · 보완하는 식으로 수행되지 않고 과학과는 전혀 다른 관점에서 출발한다. 현상학적 철학은 과학과 병존하는 것도, 과학에 예속하는 것도, 그렇다고 과학 위에 군림하는 것도 아닌, 과학과는 본질적으로 다른 차원에 속하는 학문이다. 그것은 세계 내 존재자, 현상적 사건 · 상태 · 과정 · 기능, 사실적 · 인과적 관계와는 하등의 연속성도 가지지 않는 인식 · 존재양식이며, 일체 사실 · 사태 · 사건 · 사물에 대해서 단적으로 초월적인 것에 관계한다. '마음의 철학'에서도 현상학적인 철학은 신체 · 영혼과 같은 생멸심 · 현상심에 관계하지 않고, 따라서 이들에 대한 여하한 기술 · 분석 · 설명에도 종사하지 않고, 오직 초월하는 마음, 마음의 초월계기 또는 영원한 마음, 불생불멸하는 마음에 관해서 언급할 뿐이다. 이러한 마음은 규정 · 정의 · 진술 · 설명 · 기술될 수 없고, 오직 직관될 수 있거나(자기자신의 경우) 또는 직지直指 또는 지시指示될 수 있을(타인의 경우) 뿐임을 설득하는 것이 철학언어 또는 철학담론의 유일한 의미임을 보여주는 것이 진정한 철학의 임무이다. 일언이폐지하면 현대 심리철학의 두 유형 중에 현상론은 심리학의 수준에 머물러 있으며, 현상학이 비로소 철학의 수준까지 고양된 진정한 심리철학이라 하겠다.

4. 현상학적 심리학 또는 심리학적 현상학

후설에 있어서 '현상학적 심리학'의 개념은 애매하게 사용되고 있다. 즉 '심리학'을 '마음에 관한 로고스'로 이해할 경우, 바꾸어 말하여 '심리학'을 심리과학으로 이해하지 않고 개념 자체에 충실하게 독자적으로 이해할 경우, '현상학적 심리학'은 '현상학적 철학'과 동연개념이다. 이제 '현상학'의 개념에 초점을 맞추어, 현상학이 경험적인 것에로 하향하는가 아니면 선험적인 것에로 상승하는가에 따라, 현상학은 심리학적 현상과 선험적 현상학으로 구분되며, 심리학이 경험과학에 속한다는 사실에 착안하여 과학과 철학을 대비시킨다면, 심리학적 현상학에 대비되는 현상학은 '철학적 현상학' 또는 '현상학적 철학'으로 불린다. 즉 심리과학을 심리철학과 대비시킬 경우 현상학은 심리학적 현상학과 철학적 현상학으로 구분되며, 현상학적 의식이론 자체의 단계·국면·수준에 따르면 현상학적 심리학과 선험적 현상학으로 나누어 볼 수 있다는 것이다. 철학적 현상학에 대비해서 심리학적 현상학을 구분할 경우, '심리학적 현상학'과 동의어로 사용된 '현상학적 심리학'은 좁은 의미의 현상학적 심리학이며, 선험적 현상학의 예비단계요, 따라서 현상학적 심리학과 선험적 현상학을 총칭하는 넓은 의미의 '현상학적 심리학'의 전반부에 속한다고 할 수 있다.

1876년 라이프치히에서 심리학과 인연을 맺은 이래, 한편으로는 브

렌타노Brentano와 슈툼프Stumpf에 사사하면서, 다른 편으로는 존 스튜이트 밀J. S. Mill, 스펜서Spencer, 로크Locke 및 흄Hume 계열의 심리학 · 심리철학 저술을 연구하면서, 후설은 '마음의 철학'에 정진했던 것으로 알려져 있다. 그리하여 그는 경험주의와 심리학주의에 사로잡히게 되고, 그 결과 수학 · 논리학의 기초를 심리학적 · 경험주의적인 주관적 경험에 터잡으려고 하는 잘못된 길로 접어들게 되었으며, 그 연구성과가 1891년의 『산술의 철학』이었다. 이 저서에 대한 프레게Frege의 비판과 나토르프Natorp의 저술에 접하면서, 후설은 마침내 심리학주의의 심각한 오류를 자각하기에 이르렀다. 1895년 할레Halle에서 행한 그의 강연은 이미 반심리학주의적 경향을 뚜렷하게 나타내고 있으며, 1900년에 출간된 『논리연구』는 그 확실한 전거를 제공한다. 특히 「서설Prolegomena」에서 후설은 심리학주의에 대한 가혹한 비판을 무자비하게 수행하고 있다.

그러나 논리에 대한 심리학적 정초를 거부한다고 해서, 후설이 '논리주의'에 머물러 있다고 생각해서는 안 된다. 물론 수학 · 논리학의 연구 대상은 심리학적 구성물이 아니라 독자적인 실재성을 가지는 이념체이기는 하지만, 그것이 인식의 대상인 한 그것은 어떤 방식으로든 인식작용 · 경험작용 즉 마음의 체험에 관계되지 않으면 안 된다. 즉 모든 인식의 절대확실한 정초는 형식적 · 선천적 논리주의와 내용적 · 후천적 심리주의 사이를 빠져나가는 제3의 도정 · 방법을 통해서만 성취될 수 있다는 것이다. 여기에 심리과학적 심리학이 아닌 철두철미 철학적인 심리학, 그의 이른바 현상학적 심리학의 이념이 요청된다. 그는 이미 1901년 『논리연구』 제2권에서 사유대상과 사유작용 사이에 존립하는 하나의 놀라운 '대비Correlation, Parallelism'를 '현상학'의 개념 아래 치밀·정교하게 분석·기술하고 있다. 이것이 바로 1938년까지 계속되는 후설 현상학 도정의 출발점이었으며, 그는 이때의 발견에 관해서 그의 최후 저술에 이르기까지 자랑스럽게 언급하고 있을 정도로, 이 출발점은 하나의 획기적인 거보였다고 할 수 있다.

1907년 괴팅겐Göttingen에서 행한 5회 연속 강의가 『현상학의 이념 *Die Idee der Phänomenologie*』으로 출간되었고, 이제 현상학은 제일철학의 이념으로 전면에 부각되었다. 그때 이후 심리학은, 후설이 자신의 현상학적 철학이념을 제창·표창하는 데 필수불가결한 '상대역'으로 늘 함께 거론되었다. 1911년 『엄밀한 학문으로서의 철학』에서 태동되어, 1913년 『순수현상학과 현상학적 철학에 대한 이념』 제1권에서 최초로 공식화된 '이성적 심리학' 또는 '형상적 심리학'의 이념이 바로 '현상학적 심리학'의 전신前身 또는 전명前名/Vorname이라 하였다. 여기에서 이미 경험심리학과 현상학적 철학 사이에 다리를 놓을 수 있는 '완전히 새로운 학문'의 필요성을 절감하고, 이 새로운 학문을 이성적·형상적 심리학으로 파악했던 것이다.

그러나 '심리학과 현상학의 관계'나 '현상학적 심리학'의 이념을 '엄밀한 학문으로서의 철학'의 수준·형식에서 실현한다는 것은 바로 '제일철학으로서의 현상학적 철학'의 이념을 실현하는 일과 동일하다. 이제 이에 대한 전거나 사실을 간략하게 지적해 보겠다. 유작으로 출간된 『순수현상학과 현상학적 철학에 대한 이념』 제2권은 1908년에 시작되어 1923년에 완성되었지만, 후설은 1928년까지 계속 수정·추고를 거듭했다고 한다. 후설 같은 위대한 사상가가 그의 생애 최황금기·최다산기를 20년 동안이나 소비하고서도 끝내 출판을 보류할 수밖에 없었던 이 유명한 저술의 내용은 바로 '현상학적 심리학'이었다고 우리는 생각한다. 그 내용이 선험현상학으로부터 완전히 차단된 좁은 의미의 현상학적 심리학에만 국한되어 있다고 할 수 없다 하더라도(그것은 불가능할 뿐만 아니라 현상학 자체의 이념에 어긋난다), 역시 현상학적 심리학에 치중하면서 결과적으로는 선험현상학에의 길을 지시하고 있음에 틀림없다고 하겠다.

이 대저의 출판을 보류한 채 후설은 1925년 여름학기 '현상학적 심리학'이라는 강좌를 개설하여 구체적 · 명시적으로 현상학적 심리학의 구조를 예시해 보였고, 1926~1927년 겨울학기에는 '지향적 심리학의 가능성 문제'를, 1928년 여름학기에는 '지향적 심리학'을 강의제목으로 하여 1925년 여름학기의 강의와 대동소이한 내용을 강의하였다. 이들 강좌의 명칭 자체가 동일한 '현상학적 심리학'의 표현상 변경에 지나지 않는다. 이 강좌들에서 그는 현상학적 심리학을 '선천적 · 형상적 · 직관적 · 순수기술적 · 지향적 심리학'으로 규정하고, 경험심리학과 선험현상학의 매개학문이기에 충실하고자 한다. 즉 경험심리학으로 하향하거나 선험현상학으로 상승하는 일탈을 자제하고 중간영역에 충실히 남아 있고자 노력한다.

같은 시기에 발표된 대영백과사전의 '현상학' 항목해설은 현상학적 심리학과 선험현상학을 단계적으로 기술하여 현상학이 이 양자의 통합 · 총칭임을 분명히 하였다. 게다가 1928년 4월 네덜란드의 암스테르담에서 행한 강연 「현상학과 심리학」은 대영백과사전의 '현상학'에 대한 수정 · 보완 · 확대판인데도 표제가 '현상학'이 아니라 '현상학과 심리학'으로 설정되어 있으며, 사후 출판된 『현상학적 심리학』 속에서는 '현상학적 심리학'의 표제 아래 부록되어 있다. 뿐만 아니라 후설의 최후 저술인 『유럽학문의 위기와 선험현상학: 현상학적 철학 입문』(1936)에서, 선험현상학에 이르는 여러 가지 도정을 제시 또는 시사한 다음, 최후로 제시한 가장 확실하고 구체적인 도정으로서 '심리학에서부터 현상학적 선험철학에 이르는 도정'을 자세하게 논의하고 있다. 여기에서 그는 현상학적 심리학이 필연적으로 선험현상학에로 이행하게 마련이며, 오직 선험현상학의 형태로서만 순수선천적 심리학, 순수형상적 심리학 또는 현상학적 심리학이 그 온전한 모습을 구비하게 된다는 점을 분명히 밝혔다. 그러므로 현상학적 심리학이 심리학적 현상학으로 파악될 경우에도 현상학 또는 넓은 의미의 현상학적 심리학의 일부 또는 전단계로서 이해될 수밖에 없다는 점에서, 현상학적 심리학의 이념은 선험현상학과의 연계 속에서 전체적인 '현상학적 심리학'으로 기술되어야 하겠다.

5. 현상학적 심리학과 선험현상학

  이상에서 우리는 후설 현상학의 전 도정을 통하여 현상학적 심리학 이념의 유래를 간략하게 스케치하였다. 후설의 경우뿐만 아니라 대부분의 경우에 철학의 이념과 심리철학의 이념은 결국 동연적일 수밖에 없을 것 같다. 철학의 이념을 현상학으로 파악한 후설의 경우 현상학적 철학과 현상학적 심리학은 결국에 가서 합치하는 것이었다. 왜냐하면 일체 존재는 현상하고 경험되며 인식되는 한에서만 그 존재의미를 가지며, 존재가 인식되는(혹은 대상이 주관에 주어지는) 방식 혹은 현상방식을 그것 자체로 분석 · 기술 · 직관하는 것이 현상학인데, 철학은 이런 의미의 현상학 이상일 수 없겠기 때문이다. 현상이 곧 경험이라는 뜻에서, 현상은 동시에 의식이고 마음이며, 현상의 논리는 마음의 논리, 또는 풀어 써서 '심리心理' 이외 별다른 것이 아니라면 '현상학'이 왜 동시에 '현상학적 심리학'일 수밖에 없다는 것도 쉽게 이해할 수 있을 것이다. 앞서 서두에 밝혔듯이 우리는 후설의 '현상학적 심리학'의 이념을 후설적으로, 즉 현상학적으로 해명하는 것을 목표로 하는 만큼, 가급적이면 역사적 사실이나 타인의 의견 · 해석 · 이론들을 도외시하고자 한다. 그럼에도 앞서 우리가 다소 역사적 · 이념발생적 진술에 잠시나마 종사한 것은 이해를 돕기 위한 하나의 방편, 사소한 일탈에 지나지 않는다.[1] 이제 다시 현상학적 해명에로 돌아와서 현상학적 심리학과 선험적 현상학의 구조적 대비를 밝혀보기로 하자.

1) 심리학적 · 현상학적 환원

후설은 '현상학'을 동시에 '현상학적 방법'이나 '현상학적 태도'로 규정한다. 즉 현상학적 태도에 입각하여 현상학적 방법을 따르지 않는 한 후설적인 현상학 개념은 무의미하다는 것이다. 현상학적 방법의 핵심개념이 현상학적 환원조치이며, 이러한 조치는 언제나 그에 상응하는 입지 · 태도 · 정신에 입각해서만 취해질 수 있다. 그렇다면 현상학적 환원은 어떠한 환원이며, 어떠한 방법적 조치인가? 그것은 우선 사실 · 실재 · 자연 · 존재를 경험 · 현상 · 의식에로 환원하는 조치이다. 간단히 말해서 존재를 현상에로 환원하는 조치이다. 사실의 세계가 그 무엇이든 간에, 혹은 사실에 관한 이론이 그 무엇을 의미하든 간에, 사실의 존재나 사실이론의 타당성을 일체 불문에 부치고, 오로지 당면하고 있는 혹은 관심 중에 있는 의식 · 경험 · 현상에만 관심과 시선을 전적으로 집

---

1. 어떤 후설 현상학 연구가는 후설의 현상학적 심리학의 이념을 이해하는 데 저러한 발생적 · 역사적 고찰을 필수적인 것으로 주장하고, 후설의 현상학적 심리학을 해명하는 데 후설 현상학 전부를 거론하고 있음을 볼 수 있다. 예컨대, J. J. Kockelmans, *Edmund Husserl's Phenomenological Psychology: A Historico-Critical Study* (Duquesne Studies Psychological Series, Humanitie Press, 1978. ⓒ 1967, by Duquesne University) 참조.

중하게 하는 조치이다. 때로는 '괄호침'으로 표현되기도 하는바, 의식초월적인 일체존재 · 인체관념을 당면한 관심영역 밖으로 배제하고, 그와 상관적으로 당면 관심영역에로 주의를 한정함을 의미한다. 의식 외부의 세계가 실재하거나 말거나, 그리고 이 외부세계에 대한 믿음이 타당하거나 말거나에 개의하지 않음으로써, 이러한 존재믿음, 존재타당성이 우리의 당면 관심사에 하등의 영향력도 행사하지 못하도록 효력정지 처분하여 치지도외시置之度外視하려는 조치이다.

이러한 방법개념으로서 현상학적 환원에 관한 후설의 견해가 다의적으로 해석 가능하다는 논란이 있어왔다. 그러나 이제 현상학의 완성기에 그 전모를 드러낸 현상학적 심리학의 이념에 준하여 해석한다면, 후설의 환원개념은 별 무리 없이 비교적 명료하게 이해될 수 있다. 현상학이 심리학적 현상학과 선험적 현상학으로 잠정적 · 방법적이게나마 구분될 수 있다면, 현상학적 환원도 '심리현상학적 환원'과 '선험현상학적 환원'으로 구분될 수 있게 된다. 마치 '현상학적 심리학'을 '심리학적 현상학'으로 표현할 수 있듯이, '현상학적-심리학적 환원'도 '심리학적-현상학적 환원' 또는 줄여서 '심리현상학적 환원'으로 표기할 수 있을 것이다. 우선 편의상 '현상학적-심리학적 환원'을 '심리현상학적 환원'으로 지칭하고, 넓은 의미의 현상학적 환원의 제1단계인 '심리현상학적 환원'의 개념부터 해명해 보기로 하자.

심리현상학적 환원은 물론 심리사실을 심리현상에로 또는 '순수심적인 것'에로 환원하는 조치이다. 인간의 심리사실을 이해하기에 앞서, 즉 여하한 경험심리학적 탐구에 선행하여 우선적으로 수행되어야 할 조치가 '도대체 심리적인 것 혹은 심적인 것이 무엇인가, 혹은 무엇을 의미하는가'를 절대명증적으로 확보 또는 확인하는 일이다. '심적인 것' 그 자체를 명증적으로 파악하지 않은 채로 심적인 것의 사실세계를 탐구한다는 것은, 마치 초석 없이 건물을 세우려는 시도만큼이나 비합리적이고 무근거적이어서 결코 엄밀한 학문의 이념에 부합할 수 없겠기 때문이다. 즉 심적인 것의 정체해명이 심적 사실의 탐구에 선행하는 필연적인 정초작업이겠기 때문이다. 그렇다면 우리는 어떻게 '순수심적인 것' 자체를 우선적으로 확보할 수 있을 것인가? 그것은 먼저 심적인 것을 심적이 아닌 것으로부터 분리·독립시켜 그 순수성을 확보하는 일이다. 즉 심적인 것을 심리·물리적 복합체로부터 분리시키고, 이를 물리적인 것이나 생리·화학적인 것과 혼동되지 않게 분별하는 일이다. 그리하여 물리적인 경험, 심리·물리적인 경험을 일단 전적으로 효력정지처분한 후 오로지 순수현상학적 경험, 즉 현상으로·경험에·직접·여실하게·주어진·경험에만 우리의 주의를 한정시켜서, 바로 이 경험에서 직접적이고 구신적具身的으로[2] 주어진 경험만을 직시·직관·관조할 완벽한 태세를 갖추는 것이 급선무이다. 그리고 순수심적인 것을 확보하기 위해서는 모든 일상적·개인적·인습적·이론적인 편견으로부터도 자유로워야 함은 물론이다. 순수심리현상이란 결국 모든 비심리현상으로부터 분리되고 모든 편견으로부터 정화된 순수심리적인 경험 그 자체를 지칭한다.

---

2. '具身的'이란 '몸소' 또는 '몸째로' 또는 '現身的'을 의미하는 개념으로, 아무런 선입관이나 선입견에 의해서 혼동되거나 해석되지 않고 사태 자체가 우리의 의식에 직접 주어지는 상태를 지칭한다.

2) 본질직관

　의식 외부로부터 흘러들어오는 일체의 유입을 차단하고 순수심적
인 것을 그것 자체로 확보한 다음에 현상학적 심리학자는 무엇을 어떻
게 해야 하는가? 심리현상학적 환원에 의해서 포착된 순수심적인 것이
바로 현상학적 심리학의 탐구대상이다. 앞서 우리는 현상학적 심리학
을 '선천적 · 형상적 · 직관적 · 순수기술적 · 지향적인 심리학'으로 규정
한 바 있다(이것은 물론 후설 자신의 규정이다). 현상학적 환원을 통해서 확보
된 순수심적인 것에 대한 선천적 · 형상적 · 직관적 · 순수기술적 · 지향
적인 분석이 곧 현상학적 심리학을 형성한다. 현상학적 심리학이 사실
에 관여하지 않는다는 점에서 선천적이며 형식적이다. 사실로부터 추상
된 순수심적인 것 속에서 직관될 수 있는 것은 플라톤적 의미의 형상彤
相/eidos 또는 본질일 수 있을 뿐이다. 이러한 보편적 본질 · 유형 · 형상
의 직관을 본질직관이라 부르며 경험적 직관으로부터 구별한다. 사실로
부터 분리된 내적 현상, 즉 경험 자체 속에서는 이러한 형상 이외 아무
것도 직관될 수 없다. 따라서 현상학적 심리학은 선천적 · 본질적 · 형상
적 · 직관적 · 보편적인 학문이 된다. 그리고 지향적 분석이란 의식의 지
향성에 관여하는 것으로서 심적인 것이 어떻게 의식작용과 의식대상 간
의 의도意圖 · 의미意味관계로 맥락지어지고 질서지어지며 구조지어져
있는가를 분별하고 분석하는 일을 뜻한다. 이러한 모든 작업은 관찰하
거나 구성하거나 설명하는 일이 아니라 사태 자체Sache selbst를 순수하
게 표출시키는 '기술Deskription'의 작업에 속한다.
　이렇게 심적인 것을 그것만으로 직관 · 기술 · 분석함으로써 심적 활

동 자체의 여러 유형과 구조를 직관해 내고, 그것에 상응하는 대상측면을 사실로서가 아니라 의미체로서 즉 심적 활동의 의미내용으로서 파악하는 것은 현상학적 심리학에 하나의 새로운 지평을 열어보인다. 즉 사실세계를 문제삼기 이전이라도 또는 선천적인 차원에서라도 이미 무한하게 풍부한 과제가 심리학에 주어져 있음을 확인할 수 있다. 형상적 직관, 순수기술, 지향적 분석에 의하여 순수심리적인 영역 내에서 즉 심리현상학적 환원의 범위 내에서 수행되는 심리학적 탐구가 순수심리학 또는 순수현상의 심리학 즉 현상학적 심리학이라는 말이다. 심적인 것의 선천적 개념구조 · 연관 및 그 형식들에 관한 사전 탐구는 경험적 심리학의 토대 · 근거 · 예비 · 기초의 역할을 수행한다. 그러기에 후설은 선험현상학적 철학 또는 현상학적 선험철학이 모든 철학의 근거학으로서 제일철학의 역할을 수행하듯이, 모든 경험심리학의 근거 · 예비학인 현상적 심리학을 '제일심리학'으로 규정하고 있다.[3]

3) 선험적 환원

   그러나 심리현상학적 환원은 아직도 자연적 태도에 머물러 있다. 자연적 태도란 사실 · 실재 · 자연 · 객체가 의식으로부터 독립하여 그것 자체로 존재한다고 믿는 소박한 자세 · 정신을 지칭한다. 나무, 하늘, 사람, 세계, 물질, 정신, 영혼은 물론 과학, 수학, 논리학 같은 사물과 진리

---

3. *Husserliana*, IX, pp. 267, 331 참조.

가 의식활동과는 별개로 존재한다고 믿는 수준의 의식상태를 말한다. 다만 방법적 · 방편적인 고려 아래서 잠정적으로 사실 · 진리를 '차안此岸'과는 무관한 것으로 격리시키는 임시조치가 심리현상학적 환원이었다. 이제 잠정적인 인위적 조치에서 풀려나면 세계는 전과 다름없이 존재하고, 모든 진리 · 의미는 독자적 실재에 대한 묘사적 표상이며, 이 의식 · 마음은 저 모든 객체를 표상하는 주체이고 경험의 주체이며 경험적인 자아에 불과함을 여전하게 확인하고 확신하게 된다. 환원 이전이나 환원 후 다시 환원 이전으로 복귀한 지금이나 아무것도 달라진 것이 없다. 사실 이러한 심리현상학적 환원은 우리가 일상적 · 실천적 · 이론적인 활동에서 다반사로 수행하는 조치라 하겠다. 실험마저도 일종의 현상적 환원, 적어도 준환원에 속한다고 할 수 있다. 심리적 반성, 이론적 가설(가정 설정) 등도 이와 유사한 방법적 조작이며, 따라서 모든 자연적 · 현상론적 인식론은 심리현상학적 환원의 수준에 머물러 있다고 볼 수 있다. 소위 '심리철학'으로 불리고 있는 현대 영미철학의 현상론은 심리현상학적 환원 내에서 수행되는 '선천적 · 형상적 · 순수기술적 · 논리적 분석' 외에 아무것도 아니라고 할 수 있으며, 이런 의미에서 '심리현상학적 환원'을 '현상론적 환원'으로 지칭하여 '선험적 환원'인 '현상학적 환원'으로부터 구별할 수도 있을 것 같다.

그런데 심리현상학적 환원을 철저하게 수행한다면, 순수심적인 것의 본질직관 · 지향적 분석에 철저하다면, 심리현상학적 환원은 선험적 환원에로 나아가게 마련이다. 즉 순수형식적 심리학을 경험적 심리학에 합류시키는 대신, 선천적인 본질 · 형상이 경험적 사실의 모사적 표상으로 간주되는 대신, 심리학의 원천이 선험적 자아임을, 모든 심적인 본질·형상과 그들의 필연적·형식적인 구조연관이 저 선천적인 순수자아에서 유래함을 간파하게 마련이라는 것이다. 우리의 의식·마음이 그것의 대상을 모사·표상·인식하는 것이 아니라, 객관적 대상 자체가 오히려 의식의 지향성에 의하여 의미부여되고 질서·구조·맥락지어지면서 비로소 의미 있는 대상으로 구성Konstitution된 것임을 깨닫게 마련이라는 뜻이다.[4] 선험적 환원이란 경험세계의 선험적 구성체인 바 선험적 자아, 절대순수의식을 발견하게 되는 조치·태도를 지칭하는 말이다.

심리현상학적 환원은 자연적 태도 내에서 수행되는 환원이었다. 심리·물리적인 사실세계가 그 자체로 존재한다는 사실에 대해 추호의 의심을 품지 않은 채로도 얼마든지 사실세계를 잠정적으로 '치지도외시置之度外視'할 수 있다. 이를테면 심리현상학자는 자연적인 태도를 견지한 채로도 얼마든지 이론과 실천의 세계를 번갈아 오갈 수 있으며, 이러한 과정 중에 그의 자아는 하등의 변화를 겪지 않을 수도 있다. 그러나 선험적인 환원의 경우에는 사정이 근본적으로 달라진다. 일부 현상학 연구가들은 이렇게 주장한다. 즉 현상학적 환원을 통해 이루어지는 것은 현상학적 관망자(관조자)의 시선·시각·관점·태도·입지의 변경뿐이요 세계와 세계에 대한 진리는 환원에 의해서 하등의 영향을 받지 않는다고. 현상학적 환원조치에도 불구하고 세계는 부정되지도 않고 세계의 존재가 의심받지도 않으며 다만 시공적 세계현실에 관한 일체의 판단이

---

4. 여기에서 '構成'이란 현상학적 의미의 구성을 지칭해 현상론적 구성Konstruktion과는 엄밀하게 구별되어야 한다. 전자는 의미의 창출을 뜻하고, 후자는 실재나 관념을 요소복합적으로 조립함을 뜻한다.

효력정지처분될 뿐이라고 말이다.

현상학적 환원은 좁은 의미의 현상학적 환원 또는 제2의적義的인 현상학적 환원인 바 심리현상학적 환원과 선험적 환원(또는 제1의적인 현상학적 환원)으로 구분될 수 있고, 이 양자를 통합·총칭하여 온전한 의미의 현상학적 환원 또는 넓은 의미의 현상학적 환원으로 이해한다. 현상학적 환원을 통하여 실재세계에 하등의 변화도 일어나지 않는다는 것은 우선적으로 심리현상학적 환원에 적용되는 주장이다. 물론 선험적 환원을 거쳐 순수절대주체, 선험적 자아가 증득된다[5] 하더라도 사실세계에는 하등의 변화가 일어나지 않는다고 할 수 있기는 하다. 그러나 그것은 어디까지나 자연적인 태도에서 보여지는 세계일 뿐 결코 선험적인 관점에서 관조되는 세계는 아니다. 오히려 이제 선험적인 환원을 통과하여 선험적 절대자아에 도달하게 되면 지금까지의 사실세계 즉 자연적인 태도 아래 경험된 자연적인 세계는 완전하게 달리 보여진다고 하는 것이 온당한 말이 된다. 현상학적 환원을 통하여 세계질서는 의미통일체로 보이지만 심리현상학적 환원의 경우에는 이 의미통일체들이 실재세계 내에 실재하는 심리학적 주체성에 주어져 있는 것으로 이해되는 데 반하여, 선험현상학적 환원의 경우에는 이러한 의미통일체가 바로 선험적 자아의 능산적 창출물로 직관된다. 이제 세계는 원본적·일차적인 존재론적 지위를 선험적 자아에게 인계하고, 선험적 자아에 대한 전반적인 현상의 지위 즉 부차적 지위에로 격하된다. 모든 의미는 세계의 모사·

---

5. '證得된다'는 것은 '절대확실하게 인식된다' 또는 '자명한 인식으로 획득된다'는 불가철학적 개념이다.

표상이 아니라, 역으로 선험적 자아의 능산적 창출물이며, 바로 이러한 의미창출에 의해서 사실세계에 의미가 부여되는 방식으로 세계가 구성되는 실정이다. 전도된 자연적 세계를 다시 역전시킴으로써 의미세계가 원위치로 복귀 · 복원되는 셈이다.

심리현상학적 환원을 통하여 심리 · 물리적 또는 심리 · 생리적 사실세계는 심리현상학적 또는 현상학적 · 심리학적인 현상으로 환원되고, 이것은 그 극단에 가서 결국 선험적 환원을 거침으로써 선험적 현상으로 드러난다. 이제 반성은 선험적 반성으로, 경험은 선험적 경험으로, 경험적 자아는 선험적 자아에로, 심리적 삶은 선험적인 삶으로, 경험적 의식은 선험적 의식으로, 현상학은 선험현상학에로, 학문은 선험적 학문으로, 그리고 경험적 주체는 선험적 주체로 변혁된다. 즉 주 · 객의 관계가 완전히 역전됨으로써 주객분리가 해소되며, 주객관계의 문제 즉 인식론의 아포리아가 사라져 버린다. 여기에 모든 이분법, 각종 이원론, 근원적 소외가 지양되어 버린다. 여전히 사실세계는 '거기에' 있고, 여전히 나는 불가피한 일상성의 틀 속에서 신체활동에 종사하고, 문화세계 안에서 일상적 · 문화적으로 사유하고 일상의 언어를 사용할 수밖에 없겠으나, 나, 이 자유로운 선험적인 주체는 나의 모든 자연성 · 일상성을 바로 이 선험적 자아에 대한 현상으로만 수용하게 되며, 나 자신은 불생불멸하는 절대적 자아로 항상 나의 모든 경험적 자아와 그것의 활동에 수반되어 있음을 결코 망각할 수 없게 된다. 즉 이전과는 판이하게 다른 완전히 새로운 현실, 세계, 삶의 지평이 전개됨을 역연하게 증지할 수 있게 된다. 이제 내가 이 세계의 중심이 되며, 모든 것은 나를 통해서 비로소 나에게 의미 있는 것으로 드러날 수 있게 된다.

이리하여 심리현상학적 환원과 선험현상학적 환원은, 자연적 태도와 현상학적 태도나 실증과학적 태도와 선험철학적 태도의 차이만큼이나 근본적인 차이를 가진다. 자연적 태도에서 선험적 태도에로 전환하는 일은 결코 마음먹은 대로 실현되지는 않는다. 이러한 변혁은 실존적 · 통체적 · 근본적인 변혁이며, 종교적 개종에 비유될 수 있을 만큼 인간 성 · 인류성 자체의 철두철미한 변화이다.[6] 그러기에 그것은 아무나 아 무렇게 아무 때고 수행할 수 있는 것이 아니라 현상학적인 환원의 길고 어려운 도정을 거쳐서 절대 자체에로 상승해 가는 이른바 '정신의 신을 향한 여정itineris mentis ad deum'에 비유될 수 있는 것이다. 수백 년 또는 수천 년의 오랜 사유습벽을 깨고, 마음이 곧 정신이며 자신이 바로 신神 임을 증득하는 일은 지극히 어려운 일이다. 불교적 표현을 빌리면 6바 라밀, 8정도를 통해서 무상정등각을 성취하는 일만큼이나 어려운 수행 을 필요로 하는 것이 선험적 환원이다. 선험적 환원을 통해서 현상학적 심리학은 현상학적 철학으로 변용된다고 했거니와, 지혜사랑으로서의 철학이 얼마나 철저한 수행을 필요로 하는 학문인가를, 어떻게 철두철 미한 수행적 · 실천적 행위인가를 여실하게 알 수 있다.

---

6. Husserl은 그의 최후 저서 *Die Krisis der Europäischen Wissenschaften und die transzendentale Phänomenologie* (Haag: Martinus Nijhoff, 1962)에서 이러한 변 혁을 '완전한 인격적 변화(eine völlige personale Wandlung, S. 140)', '전인류 의 철저한 변화(radikale Umwendung, einer totalen Umstellung der ganzen natürlichen Weise des Lebens, SS. 169-170, Note)'로 규정하고 있을 정도다.

4) 경험적 자아와 선험적 자아

후설은 '심리학'을 그리스어의 어원에 충실하게 '심성론心性論/Logos des Psychischen oder Logos des Seelischen'으로 이해한다. 마음이 하나의 통일적인 전체라면 이러한 전체를 파악하려는 심리학도 하나의 통일적인 전체성을 지니지 않을 수 없다. 우리가 경험적인 심리학으로 부르는 것은 신체와 결부된 영혼의 측면, 즉 자신의 사실적인 측면 혹은 현상적 자아의 측면에 주목하여 얻어낸 일면적인 지식체계일 뿐이다. 그리고 바로 이러한 일면성을 극복하기 위하여 마음의 다른 측면, 이를테면 영혼의 정신적인 측면 또는 선험적 자아의 측면을 현시해 보이려는 것이 현상학적 심성론 또는 현상학적 · 선험적인 철학의 목표이념이다. 그런데 마음에 관한 경험적 · 사실적 또는 사실경험적 혹은 경험사실적인 고찰인 경험심리학, 심리현상학 또는 심리과학과 (다른 편으로) 마음의 선험적 · 형상적 · 지향적 · 절대적 · 능산적 · 구성적인 측면을 증득하는 철학 또는 선험현상학적 심성론 사이에는 너무나 현격한 차이가 있어서 양자 간의 의사소통이 지극히 어렵게 될 수도 있다. 그리하여 이 양자 사이를 매개하는 과도적 · 잠정적 · 방편적인 심리학을 설정하여, 경험심리과학에서 선험심리철학에로의 상승을 용이하게 하려는 데 '현상학적 심리학=심리학적 현상학'의 목표이념이 설정된다고 하겠다.

따라서 경험심리학과 현상학적 심리학 사이에는 사실과 현상 또는 내용과 형식, 현상과 본질 또는 후천성과 선천성의 대비가 성립된다. 경험심리학의 정초를 위해서 우리는 언제나 필요하면 경험심리학에서 현상학적 심리학에로 소급할 수 있는 동시에, 역으로 현상학적 심리학이 탐

248

구한 선천적 · 개념적 · 형상적 · 형식적 · 원리적인 것들을 언제라도 필요에 따라 경험심리학에 되돌려 적용할 수 있으며, 이러한 양자 간의 왕복과정은 피드백feedback의 형식으로 부단히 반복될 수 있음은 물론이다. 마찬가지로 넓은 의미의 현상학적 환원에 의해서 가능해진 현상학적 심리학과 현상학적 선험철학적인 심성론 사이에도 이중성과 대비성을 찾아볼 수 있다. 앞서 지적한 대로 양자 간의 차이는 바로 심리현상학적 환원과 선험현상학적 환원의 차이에서 성립하기 때문이다. 내적 심리학적 경험이 선험적 · 철학적 인식에로 고양되는 데서, 선험현상학적 심리철학이 심리현상학적 형식과학과 다른 점을 찾아볼 수 있기 때문이다. 따라서 현상학적 심리학을 통하여 경험심리학과 선험철학 사이의 상대성 · 대비성 · 이중성 · 상호왕복가능성을 확인할 수 있음은 물론이다. 동일한 마음에 대해서 갖는 관점과 태도의 차이에 따라 세 가지 국면 · 단계 · 수준의 심리학, 즉 경험적 심리학, 현상학적 심리학 및 선험현상학적 심리학(즉 선험현상학적 철학)이 확인되는 터이다.

이 세 가지 심리학 또는 심리학의 세 국면 · 양태 · 단계 · 수준을 보다 더 명료하게 파악할 수 있기 위해서 심리현상의 주체인 자아의 문제에 관심을 집중해 보기로 하자. 즉 경험적 자아와 선험적 자아의 차이성과 동일성 또는 자아의 경험적 · 상대적 · 현상적 측면과 선험적 · 절대적 · 본체적 측면의 차이성과 동일성을 상호대비성에 입각하여 고찰해 보기로 하자. 심리현상은 어떠한 경우에도 마음의 현상 · 경험 · 의식 · 인지 작용이며 기능일 터이고, 이 마음 자체는 결코 저러한 작용 · 기능과 동일시될 수 없는 능산적 주체성을 보존하고 있는 것으로 보지 않을 수 없겠기 때문이다. 그것이 부정되는 경우 사유 · 인식 · 언어 · 행위 · 평가 · 진리 · 회의 등의 일체 문제가 일거에 무의미해지기 때문이다. 문제가 시작되는 곳에 회의가 수반되며, 회의가 존속하는 한 회의하는 주체의 존재는 이미 언제나 전제되어 있어야 하기 때문이다. 이 점에서 '데카르트적 회의'는 '의심할 수 없이 절대확실한' 하나의 출발점을 제공하고 있음에 틀림없다고 해야겠다. 후설의 현상학도 일종의 데카르트적 사고지평에 머물러 있는 것이 아니던가.

선험적 환원을 수행함으로써 비로소 증득되는 선험적 자아는 일상적 · 경험적 · 현상적 자아와는 판이하게 다르다. 그것은 자체적 존재를 반영 · 모사 · 표상하는 인식 · 의식기능이 아니라 거꾸로 세계에 의미를 부여함으로써 세계를 구성적으로 창출하는 절대주체이기 때문이다. 즉 선험현상학적 태도에서 증지證知된 선험적 자아와 자연적 태도 아래 상정된 현상적 자아 사이에는, 의미와 사실 또는 정신과 자연 사이에서 존립하는 차이만큼이나 근본적인 차이가 있다. 선험적인 것과 경험적인 것 사이의 차이는 결코 또 하나의 경험적 차이일 수가 없겠기 때문이다. 그럼에도 불구하고 현상적 · 경험적으로는 경험적 자아 이외 또 하나의 자아가 경험적 자아로 존재하는 것은 결코 아니다. 즉 경험적 자아 이외 선험적 자아가 경험적 · 현상적으로 존재하는 것이 아니다. 경험적으로는 오직 하나의 경험적 자아가 신체 · 심리적으로 현상계 내에서 실재할 뿐, 제2의 자아가 경험적 자아와 병존竝存하거나 공존共存하는 것이 아니다. 이런 의미에서 경험적 자아와 선험적 자아는 동일하다. 그러나 동일한 경험적 자아가 자신의 선험성 · 본체성 · 절대성 · 능산성을 자각함으로써 경험적 자아와는 차원이 다른 선험자아를 증지하자마자 선험적 자아는 결코 그 이전의 경험적 자아와 동일할 수 없다. 이 점에서는 이 양자가 전혀 다르다고 할 수밖에 없다. 이제 자연적 태도와 선험적 태도를 동시에 돌아보게 되면 경험적 자아와 선험적 자아의 관계는 일즉이 一即二요 이즉일二即一이며, 동즉이同即異요 이즉동異即同으로서, 불일불이不一不二하다고 할 수 있겠다.

선험적 자아는 현상계를 떠나 그 무슨 별천지에 거주하는 신비적 존재자가 아니다. 그것은 오직 현상적 자아의 형식으로 시 · 공간적 현실세계 내에서 구신적具身的 · 현신적現身的으로, 즉 인격인간人格人間으로 존재할 수 있을 뿐이다. 그러나 선험적 자아는 현상적 자아와 함께 있으면서도 다시는 소박한 현상적 자아에로 몰입하여 자신을 망각하지 않는다. 선험적 자각이 있기 이전에도 이미 현상적 자아 속에서 익명적으로 기능하고 있었던 이 선험적 자아가, 선험적 자각을 통하여 자신이 선험적 자아임을 명증적으로 확인한 이상, 다시 현실적 자아의 일상적 현실세계를 대면하고 있다 하더라도 자신이 선험적 자아임을 결코 외면할 수 없게 된다. 오히려 선험적 자아는 경험적 자아의 '몸'으로 현실세계 속에 실재하는 가운데서도 부단히 자신의 세계, 선험적 현실성, 선험적 경험, 선험적 '인식 삶'을 경험적 자아의 '의식 삶' 속에 구현할 수 있는 것이다. 그렇게 함으로써만이 현상적 자아의 심령생활Seelenleben이 진정하게 자신의 삶, 자각된 삶일 수가 있다. 후설의 표현을 빌린다면, 현상적 자아와 선험적 자아는 동일한 '전체자아'의 전면前面과 배면背面을 구성하고 있는 것으로 비유될 수 있겠다.[7]

---

7. E. Husserl, *Husserliana*, B. VI, SS. 213-214 참조.

6. 결론

대저 마음이란 마음 이외의 어떠한 존재자와도 근본적으로 다른 특수한 존재자이다. 한편으로는 일체존재자를 대상적으로 인식하면서도 또한 다른 존재자들과 함께 세계를 구성하는 세계 내 존재자이기도 하다. 즉 내재와 초월의 이중성을 동시에 갖는 모순된 존재이다. 마음은 마음을 쓰는 이와 달리 자신의 실재성·실체성을 실증하지 못한다. 그런데 마음을 쓴다는 것은 언제나 일정한 대상을 지향하는 것인데 마음의 이러한 특성을 후설은 브렌타노의 명법을 따라 '지향성志向性'으로 규정하고 있다. 마음이 지향성으로 존재하는 한에서, 마음은 일체존재를 포괄하며, 일체존재에게 의미를 부여함으로써 그것을 드러나게(태어나게, 현상하게, 창출되게) 하는 한, 마음은 결코 일정한 존재자일 수 없다. 그러면서도 이 특수한 신체의 방식으로 존재하는 한에서는 국소성Locality과 개별성을 가지는 것으로 볼 수 있다.

신체와 결부되는 한에서 마음은 현상적·경험적·인과적인 현실성에 속하고 이 점에서 '마음의 학'은 심리과학일 수 있다. 즉 심리·물리적 또는 심리·생리적인 복합체로 간주될 수 있다. 그러나 마음은 동시에 본체성·선험성·자유성의 차원에서 파악될 경우 과학적 이해의 한계성을 넘어선다. 이 경우 마음은 자기자신 이외의 어떠한 존재자에 의해서도 원인지어질 수도 규정지어질 수도 없는 절대존재 자체이다. 세계 내의 일체존재자가 바로 마음에 의해서 의미부여 되고, 그러한 한에서만 일정한 질서·관계·맥락·구조의 형식으로 파악될 수 있을 뿐이라면, 세계를 있게 하는 마음 자체를 세계에 의해서 또다시 규정한다는 것은 원천적으로 불가능하기 때문이다. 마음의 경험적 측면은 '생멸문生滅門'이라 하고 선험적 측면을 '진여문眞如門'으로도 부르거니와, 본래 일심은 생멸문과 불생불멸문을 다 포괄한다고 보아도 좋을 것이다. 불가에서는 불생불멸不生不滅과 생멸生滅의 화합식和合識을 '알라야식'으로 부르기도 한다. 우리에게 문제되는 것은 물론 생멸심과 불생불멸심의 화합체인, 양면적·이중적 구조를 가지고 있는 마음이다.

모든 것은 마음에 주어지는 한에서, 또는 모든 것은 마음에 의해서 지향·의도되는[8] 한에서 비로소 존재의미 즉 현실성·실재성을 가진다는 점에 착안하면, 마음의 자기해명은 일체인식의 선천적 조건이요 그것 자체 이미 선천적 인식이지 않으면 안 된다. 이른바 무전제적·무가설적·무제약적·궁극적 인식을 철학적 인식으로 규정하는 것도 '마음의 자기인식'에 관한 자기명증적인 자기해명이 결국 진정한 철학적 인식이라는 주장과 상통된다. 현상학이 마음을 절대적 순수의식, 선험적 자기의식, 또는 선험적 주체로 파악하면서 현상학적 심리학이고자 하는 것도 지극히 당연한 일이다. 그러나 생멸심에 국한하여 마음을 대상적·현상적으로 이해하는 심리과학과 구별하기 위하여 심리과학은 다만 심

---

8. '지향'이란 '의식이 대상에 관계함' 즉 '의식에 의해서 대상에 의미가 부여됨', 곧 '의식됨으로써 의미 있는 대상이 출현함'을 뜻한다. 그리고 '意圖'란 문자 그대로 '뜻으로 윤곽지움' 또는 '의미연관성을 창출함'을 의미한다.

리철학의 예비단계 · 전단계에 불과하다는 것을 증시할 필요가 있었고, 이와 같은 요구에 부응하여 설정된 것이 이른바 심리과학적 현상학으로서 '현상학적 심리학'의 이념이었다. 그리하여 현상학적 심리학은 한편으로는 경험심리학의 선천적 토대역할을 수행하는 '제1심리학'이면서, 동시에 다른 한편으로는 선험현상학에로 상승하여 '온전한 심리학' 즉 넓은 의미의 '현상학적 심리학＝현상학적 철학'이 될 것을 지시하기도 하는 이중적인 역할을 수행하게 마련되어 있다.

마음의 이중성 즉 생멸성과 불생불멸성, 대상성과 주체성, 경험성과 선험성, 시간성과 영원성, 국소성과 보편성, 개별성과 전체성, 인과성과 자유자재자생성, 양상 · 작용성과 실체성 등에 의해서 결국 경험적 자아와 선험적 자아의 이중성 · 대비성이 생겨나고, 그에 따라 '마음의 학'에도 두 가지 종류 또는 이중성 · 대비성이 생겨난다. 마음의 과학이 있는가 하면 마음의 철학이 있고, 또 양자는 상호 불가분리적이다. 그리고 마음의 현상학에도 경험심리학적 측면 · 단계 · 수준과 선험철학적인 측면 · 단계 · 수준이 구분될 수 있었다. 크게 보면 하나의 현상학, 즉 '현상학적 심리학＝현상학적 철학'이 있을 뿐이지만 현상학적 철학에로 가는 단계에 착안하면, 편의상 심리학적 현상학(현상학적 심리학)과 철학적 현상학(현상학적 철학 또는 선험현상학)으로 나누어 볼 수 있었다. 그리고 물론 현상학적 과정은 환원의 과정이며, 이를테면 『대승기신론大乘起信論』의 지관문止觀門처럼 사실세계(一切境界相)를 차단하고, 현상 자체를 직관 · 관조 · 분별 · 기술 · 분석함으로써(分別因緣生感想), 결과적으로는 실재 자체(眞如自性)에로 접근해 가는 수도 · 수습 · 수행과정이다. 심리적 현상학이 선험적 현상학의 예비단계라 한다면, 선험현상학은 진여자성을 증지 · 지시하는 또 하나의 방편에 지나지 않을 것으로, 결국 현상학 또는 '현상학적 심리학=현상학적 철학' 자체가 불립문자不立文字의 절대지絶對知를 지시하는 방편설에 지나지 않는다고 볼 수 있을 것이다.

06
여섯 번째 논문

현상학적 철학 개념:
후설의 제일철학이념

* 본 논문은 1994년도 한국학술진흥재단의 자유공모과제 연구비
에 의하여 연구되었음.

1. 현상학적 철학개념의 현상학적 해명과제

마치 '철학이 무엇인가'하는 문제가 철학탐구의 가장 근본적인 문제이고, 그러기에 '철학정체해명'의 역사가 '철학탐구(활동)'의 역사와 그 외연을 같이하는 것으로 볼 수 있듯이, '현상학이 무엇인가'하는 문제도 현상학탐구의 가장 핵심적인 문제이며, 그만큼 '현상학정체해명'의 역사도 '현상학탐구활동'의 역사와 그 궤적을 함께 하는 것으로 보아서 무리가 되지 않을 것 같다. 그것도 단순히 철학이나 현상학의 정체를 사변적 · 형이상학적으로 구축Substruktion한다는 의미에서 탐구활동과 그 역사가 아니라, 문제의 '정체 자체' 또는 '사태 자체Sache selbst'가 그쪽 편에서 그 자신을 어떤 방식으로든 드러내는 대로 **우리가** 드러나게 하는 활동과 그 역사라는 의미에서 말이다. 이러한 문제상황은 다른 학문, 이를테면 분과학 또는 객체학客體學, 철학전문용어로 바꾸어, 영역존재론regionale Ontologie의 경우에는, 적어도 외형적 · 일차적으로는 존립하지 않는 것으로 볼 수 있다. '보편학universale Wissenschaft' 혹은 '보편존재론universale Ontologie'으로 신분확인되어 있는 철학이나 현상학의 경우, 바로 그 '보편자'의 정체가 각별하게 문제되지 않을 수 없겠기 때문일 것이다.

그런데 이제 우리가 문제삼고자 하는 것은: 현상학적 철학개념, 즉 현상학적인 철학의 정체해명 작업이다. 그것은 곧, 너무나도 자명하게, 현상학적인 방법으로 철학의 정체를 해명함을 의미하는 것인가? 그리고 그것은 철학의 정체를 해명하는 단지 하나의, 또는 기껏해야, 최선의 방법일 뿐인 것인가? 아니 더욱 중요하게, 현상학이란 어떤 주제의 '처분방식Behandlungsart'을 지칭하는 방법개념Methodenbegriff인가 또는 고유의 탐구대상을 함의하는 주제개념Themenbegriff인가? 의심할 바 없이 현상학의 원조元祖라 할 수 있을 후설Husserl이 현상학을 방법개념인 동시에 주제개념으로 규정하는 데 반하여, 그의 현상학을 가장 독창적으로 계승하고 있다는 하이데거Heidegger는 현상학을 단지 방법개념으로만 이해하고 있다. 여하간에 후설이 예컨대 '현상학적 심리학' 또는 '현상학적 철학' 등으로 명명하는 것으로 보아 적어도 '현상학'이 '철학'과 동의어가 아님은 명백한 것처럼 보인다. 그런데 만일 그가 또한 '심리학적 현상학'과 '철학적 현상학'을 대비시키거나, 진정한 철학은 오직 현상학적으로만 혹은 현상학으로서만 가능하다고 주장한다면, 우리는 그의 현상학 개념을, 특히 철학과의 연관에서, 어떻게 이해해야 할 것인가?

우선적으로 말하여, 후설은 철학을 현상학적 의식 · 이성 · 인식론으로[1] 규정하는 데 비하여, 하이데거는 철학을 현상학적 존재론으로 정

---

1. 현상학적 인식비판으로서의 인식이론은 자연적 태도에서 수행되는 객관적 · 실증적 인식론으로부터 엄격하게 구별되어야 한다. 현상학적 태도는 이미 주-객 분리의 전제를 넘어 일체존재의 근원-근거에로 소급하여, 절대적으로 자기명증적인 **하나의 장시**에로 지향되어 있는 만큼, 이제 더 이상 '존재'와 '그것의 인식' 사이의 구분 같은 것은 존재하지 않는다. 다시 말하여, 현상학적 인식론은 존재론에 대립되는 개념이 아니라, 이를테면 '"존재 = 인식"의 이론' 곧 '존재론적 인식론'으로 지칭할 수 있는 것이다. 따라서 의식, 이성, 인식이 정체불명의 주체가 수행하는 인지기능이 아니라, 바로 자기명증적인 선험적 주관성의 수행 그 자체로서 의식 삶, 이성 삶, 인식 삶인 것이다. 다만 '의식'은 일반적 · 총체적 표제(Titel)인데 비하여, '이성'은 자기비판 단계에서 거론될 수 있는 발달된 의식을 지칭하고, '인

의하는 것으로 이해할 수 있다. 그렇다면 현상학적 인식론이 전래의 인식론과 근거·본질적으로 다른 점은 무엇이며, 또한 현상학적 존재론이 이전의 존재론과 대비되는 근본적인 차이점은 무엇이기에, 하필이면 '현상학적'인 것으로 특징 지우는 것인가? 바꾸어 말하여, 철학의 정체해명 문제와 연관하여 이 양자 간의 공통점과 차이점은 정확히 어떻게 파악되어야 할 것인가? 양자 공히 철학의 이념을 다름 아닌 '현상학적 철학'으로 이해하면서도, 한 사람은 그것을 인식론으로, 다른 사람은 존재론으로 파악한다면, 결국 그 차이는 '현상학'의 개념 자체에 대한 차이로부터 비롯되는 것으로 보아 무방할 것이다. '현상학적 철학'을 '현상학으로서의 철학'으로 이해하건, 혹은 '현상학적(방법에 의한) 철학'으로 파악하건, 그것이 모두 '현상학적 철학개념'의 제시임에는 다를 바가 없을 것 같다. 따라서 우리는 '현상학적 철학개념'의 주제 하에 후설과 하이데거의 철학개념을 철두철미 현상학적·철학적으로 해명함으로써, 이 양자의 분기점을 가능한 한도 내에서 정확하게 확인해 내고자 한다.

순서상 당연하게도 우리는 먼저 후설의 '현상학적 철학'개념, 또는 우리의 주제에 따라, 후설이 제시하는 '현상학적 철학개념'으로부터 출발하고자 한다.[2] 그는 물론 현상학을 ① 하나의 학문, 이를테면 '현상에 관

식'은 지성·감성·의지의 세 측면을 가지는 이성 중에 지성적인 측면만을 부각시키는 이성명칭으로 구별할 수도 있다. 우리는 이 논의를 통하여 이러한 의식·이성·인식의 동근원적(同根源的)인 차이성을 일관되게 유념할 것이다.

2. 우리의 '현상학적 철학개념'은 후설의 철학개념과 하이데거의 철학개념을 대비적으로 해명함을 그 일차적인 논의목표로 삼고 있으나, 이 논문을 게재할 정기간행지의 논문게재규정에 따라 논문분량을 조정하기 위해서, 부득이 후설의 철학개념에 해당되는 부분만을 별도로 분할·게재하면서, 편의상 '현상학적 철학개념(I):

한 학문eine Wissenschaft von Phänomen'으로 뿐만 아니라, 또한 ② 학문분
과들의 연관ein Zusammenhang von wissenschaftlichen Disziplinen 즉 철지한
학문론Wissenschafts-lehre으로 이해하는 "동시에 그리고 무엇보다 먼저
③ 하나의 방법과 사고태도, 각별하게-**철학적인 사고태도**, 각별하게-**철
학적인 방법**을 나타내는 것"으로 규정하고 있다.[3] 그러나 현상학에 관한
이러한 규정은 그것만으로 이미 그의 이른바 '제일철학'의 이념을 근본
적 · 윤곽적으로 규정하고 있다는 점에서, 우리는 후설의 '현상학적 철
학'개념을 '제일철학'으로 이해하고자 하며, 그의 '제일철학 개념'을 해명
하는 것이 다름 아닌 그의 '현상학적 철학개념'을 해명하는 과제에 해당
하는 것으로 간주하고자 한다.

후설이 40년 가까운 연구철학die arbeitende Philosophie 또는 철학연구를
통하여 일관되게 추구한 것은, 철학사를 관통하여 면면부절綿綿不絕하
게 전승 · 실현되어 오고 있는 철학 자체의 목표이념을 정립하고, 바로
이러한 철학이념에 부합하는, 적어도 거기에 근접하는, 그것도 아니라
면 최소한 그 단초만이라도 제시하는, 그러한 철학을 스스로 구현해 보
이는 필생과업이었다. 이러한 철학의 일관된 표제가 곧 '현상학적 철학'
이었으며, 현상학적 철학을 모색하는 과정 중에 그는 '현상학'과 '철학'의
개념들을 경우에 따라 다양하게 사용하고 있다. 그 대표적인 예를 든다

후설의 제일철학이념'으로 잠정 표제해 두는 바이다.
3. Edmund Husserl, *Die Idee der Phänomenologie: Fünf Vorlesungen*, Hrsg.
   Walter Biemel, 2. Auflage, *Husserliana*, Band II (den Haag: Martinus Nijhoff,
   1973), S. 23. 그리고 강조부분은 원문 그대로이며, 이 책은 앞으로 '*I.d.Ph.*'로,
   *Husserliana*는 권수와 함께 이를테면 '*H-I*'의 형식으로 생략하여 인용한다.

면, '현상학적 · 철학적'을 '자연적 · 실증적'에 대비시키는가 하면, '심리학적 현상학'을 '선험적 현상학'에 대비시키기도 하고, '선천적 · 형상적'을 '사실적 · 경험적'에 대비시키면서도, '사실적-선험적' 또는 '경험적-선험적'이라는 얼핏 보아 서로 모순되는 듯한 용어contradiction in terms를 주저 없이 사용하면서, 급기야 '경험적 현상학' 또는 '사실적 현상학'은 물론 일체학문과 동일시되는 '보편철학'과 '완결현상학'이라는 개념으로 독자를 당혹하게 하기를 주저하지 않는다. 그러나 그것은 태초太初/Arche를 추적해 들어가는 현상학적 '고고학考古學/Archäologie'[4]의 경우에는 불가피하고도 자연스러운 방법적 전략이다. 의식분석과정을 통하여 새로운 현상학적 지층이 발견됨에 따라, 기성의 개념의미를 사태 자체에 적합하도록 부단히 수정할 수 있게끔 유동성 · 융통성을 유지해야 하는 것이 현상학적 개념의 본성이기 때문이다.[5] 따라서 우리는 '제일철학'을 일체 인식의 시금석, 일체 학문의 실마리로 삼아 현상학의 정체를 해명해 나가고자 한다.

우리는 후설의 제일철학 이념을 해명함에 있어서 오로지 현상학적 방법원리에 충실하고자 한다. 후설은 이 현상학적 방법원리를 "일체원리의 원리das Prinzip aller Prinzipien" 또는 "제일 방법원리ein erste methodische

---

4. Husserl, *Erste Philosophie (1923/24)*, Zweiter Teil, Hrsg. Rudolf Boehm, *H-VIII* (Haag: Martinus Nijhoff, 1959), S. 29. 이 책은 앞으로 '*EP-II*'로 생략하여 인용한다.

5. Husserl, *Ideen zu einer reinen Phänomenologie und phänomenologischen Philosophie*, Erstes Buch, *Allgemeine Einführung in die reine Phänomenologie*, Hrsg. Karl Schumann, *H-III/1* (Haag: Martinus Nijhoff, 1976), §84, S. 190. 이 책은 앞으로 '*Ideen-I*'로 생략하여 인용한다.

Prinzip"로 지칭하거니와, 내용상으로 보면 전자는 직관의 원리를, 후자
는 명증성의 원리를 표명하고 있다. 직관원리에 의하면, **"모든 원본부여
적**原本賦與的**인 직관은 인식의 권리원천이며, '직관'을 통하여** 우리에게
원본적으로 (이를테면 그 구신적具身的인 현실성에서) **제시되는 모든 것
은 그것이 주어지는 대로,** 그러나 또한 **그것이 주어지는 한계 내에서만,
단순하게 수용되어야 하고,** [이러한] **일체원리의 원리에서는** 우리가 생
각해 낼 수 있는 여하한 이론도 우리를 오도할 수 없다"[6]는 것이다. 그리
고 명증성의 원리는 우리에게, 순정학문純正學問의 목표를 추구하는 철
학적 창시자에게, "내가 명증성에서부터, 당해 사태當該 事態와 사태연관
을 나에게 **그 자체로** 제시하는 **경험**에서부터, 길어내지 않는 여하한 판
단도 내려지게 하거나 승인되게 하지 말 것"을 처방한다."[7] 이 두 원리
는 사실상 동일한 사태의 양면을 지시하고 있다. 사태 자체가 원본적 ·
등본적等本的으로[8] 우리 경험에 주어지는 경우에만, 진정한 직관이 가능

---

6. *Ideen-I*, §24, S. 51: "*Am Prinzip aller Prinzipien: daß jede originär gebende
   Anschauung eine Rechtsquelle der Erkenntnis* sei, daß *alles*, was sich uns *in der
   'Intuition' originär*, (sozusagen in seiner leibhaften Wirklichkeit) *darbietet,
   einfach hinzunehmen sei, als was es sich gibt*, aber auch *nur in den Schranken, in
   denen es sich da gibt*, kann uns keine erdenkliche Theorie irre machen.*" 강조는
   원문 그대로이다.

7. Husserl, *Cartesianische Meditationen und Pariser Vorträge*, Hrsg. S. Strasser,
   2 Auflage, *H-I* (Haag: Martinus Nijhoff, 1973), §5, S. 54: "Es ist offenbar,
   daß ich ⋯ kein Urteil fällen oder in Geltung lassen darf, das ich nicht aus
   der Evidenz geschöpft habe, aus *Erfahrungen*, in denen mir die betreffenden
   Sachen und Sachverhalte als *sie selbst* gegenwärtig sind." 강조는 원문 그대로
   이고, 이 책은 앞으로 '*CM*'으로 생략하여 인용한다.

8. 일반적으로 존재와 그것의 인식 간에 존립하는 관계를 원본과 사본의 관계로 비유

할 것이기 때문이다. 이러한 현상학적 원리에 따라서 우리는 후설의 현
상학적 기술記述이 등본적 직관의 언표인 한에서만,[9] 우리 자신의 명증
적 직관으로 승인 · 수용하고, 그 외의 여하한 사변思辨이나 논변論辯/
arguments/argumentations에도 관여하지 않을 것이다.

하거니와, 사본이 원본과 대등할(adäquat) 경우를 우리는 '등본적'이라 지칭한다.
9. *Ideen-I*, S. 51: "Jede Aussage, die nichts weiter tut, als solchen Gegebenheiten
durch bloße Explikation und genau sich anmessende Bedeutungen Ausdruck
zu verleihen, ist also wirklich ⋯ *absoluter Anfang*, im echten Sinne zur
Grundlegung berufen, *principium*."

2. 철학의 창시創始: 창시의 철학

1) 창시의 철학본질적 성격

　우리는 종국적으로-해명되어야 할 개념들을 우선적으로-사용하면서 우리의 해명작업을 진행할 수밖에 없는 사정에서, '철학'이니 '현상학'이니 하는 근본·근거·창시의 개념들을[10] 계속 사용하게 될 것이다. 여기에 특히 철학 언어의 유별나게 해석학적인 성격, 더 정확하게 말해서, 해석학적 순환성이 부각되는 바이다. 결론을 미리 말하자면, 일체 학문의 근본·근거·창시가 철학이며, 철학의 근본·근거·창시가 제일철학이라 할 수 있고, 역으로 제일철학의 전개·완성·종국이 철학 일반이며, 철학 일반 또는 보편철학의 전개·완성·종국이 일체학문 또는 학문총체라 할 수 있다. 그것은 현상학의 경우에도 그대로 적용될 수 있

---

10. '근본'은, 데카르트처럼 철학을, 같은 말로 학문을, 한 그루의 나무에 비유할 때, 그 '뿌리'를 지칭하며; '근거'는, 철학·학문을 한 채의 건축물에 비유할 경우, 그 토대를 지칭하고; '창시'는 처음과 마지막이 함께 하는 목적론적 존재의 시작·발단을 의미한다. 자연적 태도에서 본 '시작'과 구별하여 그 창조적·목적론적 성격을 부각시키고자 '창조적 시작', 줄여서 '창시'로 언표한 것임은 물론이다. 자주 시始·종終을 의미하는 '단초端初'로 언표하기도 하지만, 이 경우 그것의 동사형을 '단초하다'로 변형할 수 없는 어려움이 있기 때문에, 우리는 '창시', '창시하다'로 언표하고자 한 것이다.

으며, 오직 이런 근거 · 사정에서만 현상학과 철학은 동의어가 되며, '현상학적 철학'이 곧 '철학적 현상학'을 의미하게 된다. 이제 이러한 사정을 더욱 쉽게 표현하기 위하여, 관용적인 '학문'이나 '철학'의 개념 대신 '앎'이나 '지식'의 개념을 사용한다면,[11] 삶의 본성상 최고-명증적이고 최종타당적인 즉 자기-명증적이고 자기-타당적인 삶을 최심最深-핵심核心적인 앎으로 하여, 차례로 제일철학에서 철학일반을 넘어 마침내 학문일반에 이르는, 오직 하나의 동심원적同心圓的 '앎의 우주Universum der Wissenschaft'를 상정할 수 있다. 그리고 하나이자 전체인 앎의 우주를 '전체학totale oder ganze Wissenschaft' 또는 '보편학universale Wissenschaft'으로 부르며, 그것의 가장 고전적인 명칭이 '보편철학universale Philosophie'임은 물론이다.

우리가 통상 철학적 · 학문론적 성찰 없이 거명하는 '의식', '이성', '지성', '인식' 등의 개념들은 본원적으로 인간의 존재양식으로서의 "'앎의 삶'='삶의 앎'('Erkenntnisleben'='Erkennen als Leben'='Leben als Erkenntnis')"을 지칭하고, 후자는 바로 '지향적 수행=수행적 지향성

---

11. 우리의 관용적 표현 '학문'이나 '과학'은 'Wissenschaft'나 'science'의 손쉬운 번역어에 지나지 않는다고 할 수 있다. Gerhard Wahrig 등이 편찬한 Brockhaus판(1984년) 독어사전에 의하면, 'Wissen'은 "Gesamtheit der Kenntnisse"로, 그리고 'Wissenschaft'는 "durch Forschung, Lehre u. überlieferte Literatur gebildetes, geordnetes, für sicher erachtetes Wissen einer Zeit"로 풀이될 수 있으며, 'science'는 단지 '앎'을 의미하는 라틴어 'scientia'의 번역어일 뿐이다. 이들은 '철학'과 함께 모두 '앎'을 의미하는 그리스어 'επιστημη'의 번역일 뿐인데, 'Wissenschaft'를 '학문'으로, 'science'를 '과학'으로 번역하는 곳에 학문론 · 지식학Wissenschaftslehre적 무지가 발견된다고 하겠다.

Intentionalitätsleistung als leistende Intentionalität'으로 활동하는 지향적인 삶 이외 다른 아무것도 아니다. 이러한 근본적 · 궁극적인 인간존재양식에 대한 철두철미한 자기성찰Selbstbesinnung이 다름 아닌 '앎에의 충성=지혜의 사랑'으로서 철학philosophia이라면, 철학은 본성상 ① 일체학의 근본인 **근본학**Grundwissenschaft이자, ② 학문분과들 간의 관계설정으로서 **학문론**이며, ③ 동시에 전형적 · 본원적인 **학문태도**를 의미하게 된다.[12] 따라서 철학의 정체를 해명하려는 모든 시도는 당연히 학문일반의 정체해명에 지향되어 있게 마련이고, 그것은 결국 '앎=삶' 자체의 정체해명에로 소급되도록 운명지어져 있다. 그리고 어떤 존재의 정체해명이란 그것의 시始-종終과 기機-동動[13] 및 시-종관계와 기-동관계를 일관되게 지배하는 본성적 · 내면적인 목적론적 성격Teleologie을 해명하는 것에 다름 아니다.

이런 의미의 정체해명문제가 모든 진정한 창시적 철학anfangende Philosophie이, 특히 후설이나 하이데거의 철학이, 철학의 최초-최종의 근거-본질적인 문제로 일관적 · 지속적으로 물어가는, 저 '중대한 창시의 문제'이다.[14] 창시의 문제는 오직 철학적으로만 물어질 수 있고, 모

---

12. 이와 같은 우리의 철학개념은 후설이 내린 현상학의 개념규정과 정확하게 일치한다. 앞의 각주 3과 그에 해당하는 본문 참조.
13. '기-동'이란 '동기-행동'의 준말로서, '동기관계(Motivation)'를 번역한 어법이며, 이는 물론 '인과성(Kausalität)'을 '원인-결과 관계', 줄여서 '인과'로 표현할 수 있는 사정에 유비해서 만들어진 용어이다.
14. *EP-II*, S. 26: "Wir stehen vor der großen Frage des Anfangs." 후설과 하이데거가 Anfang의 문제를 다루고 있는 대표적 출전으로는, Husserl, *Erste Philosophie(1923/24)*, 특히 Vorlesungen, Nos. 1, 2, 28-32 및 Heidegger,

든 철학이 반드시 물어야 할 문제이기에, 창시의 물음이 곧 창시의 철
학Philosophie des Anfangs과 동일시된다. "철학은 그 본질상 참된 창시,
근원, 일체 근본에 관한 학문이며,"[15] 또한 **"철학의 본질에는 고독한 창
시의, 참된 창시를 위한 고독한 분투의, 시도가** 자리하고 있기"[16]에 말
이다. 존재자 표상을 추구하는 사실학과는 달리, "어떤 철학이 소박하
게 단도직입적으로 창시할 수는 없는 일이다."[17] 철학의 창시는 그것의
시-종과 기-동을 자기목적론적으로 전개 · 실현하는 자기존재일 수밖

Heraklit, Der Anfang des abendländischen Denkens, Gesamtausgabe, Band 55;
Beiträge zur Philosophie(vom Ereignis), Gesamtausgabe, Band 65, 특히 Nos.
20-31, 87-100를 참조할 수 있다.

15. Husserl, "Philosophie als strenge Wissenschaft"(1911), *Aufsätze und Vorträge*
(1911-1921), *Husserliana*, Band XXV, Hrg. Thomas Nenon und Hans Rainer
Sepp (Dordrecht/Boston/Langcaster: Martinus Nijhoff, 1987), S. 61(*Logos*, I,
1911, S. 340): "Philosophie ist aber ihrem Wesen nach Wissenschaft von den
wahren Anfängen, von den Urspringen, von den ριζωματα παντων." 이 책은
앞으로 'P.s.W.'로 생략하여 인용하고, 출전은 이 논문이 원래 게재되었던 *Logos*,
I(1911)에 의거한다.

16. *EP-II*, S. 328: "Es liegt daher *im Wesen der Philosophie der Versuch des
einsamen Anfangens, des einsamen Ringens um den wahren Anfang.*" 강조는 원문
대로이다.

17. Husserl, *Ideen zu einer reinen Phänomenologie und phänomenologische
Philosophie*, Drittes Buch, *Die Phänomenologie und die Fundamente der
Wissenschaften*, Hrsg. Marly Biemel, *Husserliana*, Band V (Haag: Martinus
Nijhoff, 1971), "Nachwort", S. 160.
    이 발문은 원래 "Nachwort zu meinen, *Ideen zu einer reinen Phänomenologie
und phänomenologischen Philosophie*"의 표제하에 *Jahrbuch für Philosophie und
phänomenologische Forschung* (Halle: Max Niemeyer, 1930), SS. 549-570에
게재되었던 것이다. 이 책은 앞으로 '*Ideen III*'으로 생략하여 인용한다.

268

에 없으며, 이러한 창시를 공동창시의 방식으로 재창시再創始하는 철학은 결국 원창시原創始로서 자기존재 자체에로 되물어 가는 과업일 수밖에 없게 된다. 후설이 현상학적 탐구준칙Forschungsmaximen이나 방법원리로 제시하는 다양한 표현들, 예컨대 "사태 자체로!", "현상의 고고학(기원학)", "원리 중의 원리", "제일 방법원리", "무전제의 전제", "현상학적 환원", "철저성의 요구Forderung des Radikalismus" 등등은 하나같이 창시에의 복귀를 지시하기 위한 처방들이라 하겠다.

2) 철학창시의 현상학적 탐구격률

(1) 사태 자체로(*Zur Sache selbst*)!

'사태 자체로의 직접적 · 명증적 접근'은 후설 현상학의 일차적 탐구격률이다. 현상학적 탐구의 일차적 과제가 사태 자체를 확보하는 일이라는 말이다. 그렇다면 이 사태 자체가 무엇을 지칭하는지 안다는 것은 바로 현상학의 탐구주제를 안다는 것이며, 사태 자체에 이르는 접근방법을 안다는 것은 또한 현상학의 탐구방법을 아는 것에 다름 아니겠다. 이 문제를 논의하기에 앞서, 우선 후설 자신이 30년간에 걸쳐 이 '사태' 또는 '사태 자체'에 언급한 몇 구절을 고르게 인용해 보기로 하자.

우리는 '한갓된 말들bloßen Worten'로, 즉 한갓되게-상징적인 말뜻bloß symbolischen Wortverständnis으로 전혀 만족하려고 하지 않는다. 우리는

'사태 자체'로 되돌아가려고 한다.[18] 참된 방법은 선판단들이나 선표
상들Vorbildern을 따르는 것이 아니라, 탐구되어야 할 사태의 본성
Natur der zuerforschenden Sachen을 따르는 것이다(*P.s.W.*, 309).
탐구 동인動因**은 철학자들에서부터가 아니라, 사태들과 문제들에서**
부터 나와야 한다. (같은 책, 341)

그는 또한 자신의 본격적인 최초의 철학저서 『논리연구』, 제2권, 제Ⅱ
부에 대한 「서언Vorwort」(1920)에서도, 그의 현상학탐구가 얼마나 사태
자체에 충실한 것이었던가를 이렇게 회고하고 있다:

왜냐하면 거기에서는 [즉 『논리연구』에서는] 일체 · 각개가 실제로-사
태 자체에-접근하는, 순수하게-사태 자체의 · 직관적 · 자기소여성에 ·
따라서-방향잡혀진 탐구, 게다가 순수의식을 겨냥한 형상적-현상학적
인 태도에서 수행된 탐구에서부터 길어내어져 있다. 그러나 [이러한] 노
력들은 사태 자체의 본성을 통하여 요구된 것들이다. (*LU-II/2*, 535)

그는 '철학사와 현상학과의 관계'(1917)에서 이렇게 쓰고 있다:

---

18. Husserl, *Logische Untersuchungen*, Zweiter Band, Erster Teil, *Untersuchungen
   zur Phänomenologie und Theorie der Erkenntnis*, Hrsg. Ursula Panzer, *H-XIX/1*
   (The Hague/Boston/Lancaster: Martinus Nijhoff, 1984), S. 10, A 7, B 6-7.
   이 책은 앞으로 '*LU-II/1*'로 생략하여 인용하고, 'Band II/2'도 같은 방식으로 인
   용하며, 인용문 안에서는 '*LU-II/1, 10*'식으로 권수-쪽수를 표시하기로 한다.

르네상스 시대에 한편의 슬로건Kampfruf은: 스콜라철학을, 그 아류의 아리스토텔레스철학과 함께, 걷어치워라! 플라톤에게로, 고대의 대가들과 그들의 원전들에게로 돌아가라!는 것이었다. 그러나 또 다른 편의 구호는: 문헌들을 내던져버려라! 우리는 사물의 본성에 관해서 플라톤이나 아리스토텔레스에게 물을 것이 아니라, 자연의 원전을 상고詳考하고, 이 자연을 그 자체에서부터 연구해야 한다는 것이었다. 그러나 중요한 것은: 르네상스를 통한 학문이 **아니라** 사태 자체의 연구를 통한 학문이라는 원리였다.…… 올바른 구호는 역시: 자유로운 정신들로서 사태 자체들에 순수 이론적인 관심으로 [접근하라]는 것으로 들린다.[19]

그렇다면 이제 반대의 경우, 즉 '사태 자체'의 강조 부분인 '자체selbst'에 그 반대어인 '이체異體/fremd'를 대체한 경우를 인용해 보기로 하자:

인식은, 객관적 인식이—그리고 그 다음에는 인식일반이—구체적으로 파악되어야 할 인식수행의, 순수 주관성에 의한 인식수행의, 최고로-다양한 유형성Typik에 관계된, 인식의 거대한 구체적 분야로서, 중대한 분과를 위한 영역으로서 간주되고, 그에 따라서 학적으로 연구되지 않는 한, **그러한 한에서 인식은 언어개념적 사변을 위한, 사태이체적이거나 혹은 사태소원적인 설득을 위한, 언어영역이고 언어개념적인 영**

---

19. "Phänomenologie und Erkenntnis," *Husserliana*, Band XXV(op. cit), SS. 125-206, Beilage I (zu S. 141): 'Das Verhältnis des Phänomenologie zur Geschichte der Philosophie'(1917), S. 206. 그리고 강조는 원문 그대로이다.

역[일뿐]이다; 그러한 한에서 우리는 다만 **기술적 합리성**을 가질 뿐인 학문을 소유하게 된다.[20]

'사태 자체적'에 대비되는 '사태이체적' 또는 '사태소원적'이란, 후설이 자주 진정한 철학적 · 형이상학적 사유에 대비해서 사용하는 '사변적 구축Substruktion'(*EP-II*, S. 216)이나 '형이상학적 구성metaphysische Konstruktion'(*CM*, S. 177)에 해당되는 사고태도를 지칭하는 어법이다. 그러나 여기에서 각별히 주의해야 할 것은 사태 자체가 언어적 개념의 영역이 아니라고 해서 자연적 · 자연주의적인 의미의 실재Realität나 사물 Ding 혹은 사물 자체Ding an sich를 지칭하는 것은 결코 아니라는 점이다. 이들이야말로, 현상학적 환원에 앞서 거론되는 한, 전형적인 (나쁜 의미의) 형이상학적 · 사변적인 구성물이기에 말이다. 사태 자체는 소박한 의미의 관념이나 실재 모두를 넘어서 있는 선험적 실재 자체, 이를테면 창시 · 근원 · 근거로서 선험적 자아를 지칭한다.[21] 그러기에 "'사태 자체', 근거 자체 및 이들이 따라 나오게 하는 것으로 매번 소급할 때마다 그로부터 결과될 수 있는 것은 언제나 또다시 동일한 것일 뿐이다."[22]

---

20. *EP-II*: S. 249. '기술적 합리성' 이외의 강조는 우리가 첨가한 것이다. 첨가된 강조문의 원문은 다음과 같다: "Erkenntnis ist solange ein Wort und ein Wortbegrifflicher Bereich für wortbegriffliche Spekulationen, für *sachfremde oder sachferne* Beredungen, solange……" 원문 인용 중의 강조는 다시 첨가된 것이다.

21. *Logos*, 1(op. cit.), S. 341; *EP-I*, S. 294; *EP-II*, S. 249 참조.

22. *EP-I*, S. 294: "Jeder neue Rückgang auf die 'Sache selbst', die Gründe selbst und was sie folgen lassen kann nichts anderes ergeben, sondern nur immer wieder desselbe."

사태 자체에로 소급한다는 것은, 사태 자체에 도달하기 위해서, 우선적으로 일체의 전제 · 선견 · 입장 · 방향으로부터 벗어난다는 것을 의미한다. 사태 자체에로의 소급을 요청하는 현상학연구격률은 무전제성 · 무방향성 · 무입장성 등의 방법적 원리를 포괄한다는 말이다. 무방향성, 방향으로부터 자유로움이란 어떠한 방향에도 구애받지 않음을, 결국 방향이 전제되어 있지 않음 즉 방향의 무전제성 이외 별다른 것을 의미하지 않으며, 무입장성 · 입장독립성 역시 무전제성에 포섭되는 개념으로 이해될 수 있다. 그렇다면 이 포괄적 의미의 무전제성의 원리는 저 사태 자체성의 격률과 정확하게 어떤 관계에 있는 것으로 파악되어야 할 것인가? 물론 '전제'란

[추론적] 전제Prämisse를 의미하지는 않는다.

'전제Voraussetzung'(우리는 이 단어를 근거 없이 인용부호 안에 집어넣은 것이 아니거니와)는 물론 일종의 전의적轉義的인 표현이다; 왜냐하면 우리가 그렇게 표시한 것은, 자연적 생활 자체의 매행사에 구체적 특수성으로 존립하고 있는 상태에 대한 일반적인 표현양식이기 때문이다. 모든 경험행위의 의식작용에 놓여 있는 착상은: "이런 혹은 저런 실재가 저기 있다"라는 식이며; 그리고 동일자에 새로운 경험들이 결부되는 모든 경우, 거기에 놓여 있는 생각은: 이전에 경험되었던 것이 다만 지금 그 존재의 후기국면에서 파악되는 것일 뿐, "동일한 것이 거기 있다"라는 식이다; 그리고 막간에는, 내가 그 사이에 전혀 다르게 경험했음에도, 그것은 경험되지 않았다; 그리고 경험에 토대를 둔 의식작용에 대해서도 사정은 비슷하다. 그래서 우리는 '전제'라는 표제하에 자연적인 생활

의 일반적 의미를, 따라서 자연적 생활이 그 자체로서 언제나 자체 내에 —그때마다 그 의미가 명시적으로 드러나지 않는 채, 각종 확신의 형식으로서— 담지하고 있는 그러한 의미를, 기술했던 것이다. (*EP-I*, 246)

그리하여 전제는 결국 자연적인 사고태도를 지칭하는 것이며, 전제 없음은 자연적 사고태도의 폐기를 의미하는 것으로 이해된다.

그러나 모든 인식은 이른바 해석학적 상황 속에서 실현되는 만큼, 문자 그대로 무전제로부터 시작한다는 것은 어불성설이다. 전제를 우선은 단지 **전제**로서만 수용하고, 그 최종타당성은 비로소 확보되어야 할 **과제**로 인식하는 것이 '무전제의 원리'가 함축하고 있는 철학적인 의미이다. 그리고 이렇게 궁극적인 타당성을 추궁해 들어가는 것이 다름 아닌 사태 자체로 돌아가는 것에 다름 아니다. 그 배후로 더 이상 추궁해 들어갈 수 없는 전제가 궁극적 전제이자, 동시에 모든 추후적 전제의 전제가 되는 최초의 전제이기도 하다. 이와 같이 배진적-전진적인 종終-시始를 우리는 '단초端初/Anfang'로 명명하기도 하거니와, 이 단초는 단-초를 의미하며, 이미 '단' 자체 내에 '단'과 '초'의 의미가, 즉 '단-초'의 의미가 함축되어 있다는 뜻에서, '단초'는 엄밀하게 '단-초적인 초'를 의미하고, 우리는 이러한 의미의 단초를 '창시'로 파악했던 것이다.

창시, 사태 자체, 일체전제의 전제, 일체명증성의 명증성, 일체근거의 근거 등등은 이를테면 일대전제-大前提, 근본전제라 할 수 있는 것들이다. 인식하는 삶이 그때마다 명증적 직관으로 세계에 그 의미를 부여할 때, 세계를 구성하고 세계를 해석할 때, 우리는 이미 언제나 "나의 고유한 의미부여Sinngebung에 불가분적으로 속해 있는, 나 자신 안에 놓여 있는 전제들, 일체전제들에 의미를 부여하는 절대적인 전-제$_{Voraus-}$ $_{Setzung}$ 즉 나의 선험적 자아의 절대 전-제로부터 시작된, 전제들"[23]을 필연적으로 수반하고 있게 마련이기에 말이다. 이러한 전제들은 철학의 절대적인 창시, "절대적 지반으로서 … 절대적으로-통찰적이게-되어야 할 전제들, 일반적인-의미에서-'자명한$_{selbstverständlichen}$' 모든 전제들의 전제들"이다.[24]

(2) 직관 자체에서부터(*Aus der Evidenz*)!

사변적 표상이나 언어적$_{wörtlich}$ 개념으로부터가 아니라 사태 자체로 부터 창시한다는 것, 그것은 "모든 전제, 모든 문제와 대답에 앞서 이미 함축적으로 전제되어 있고, 이와 함께 필연적으로 항상 직접 자체로-일 차적인 것$_{an-sich-Erstes}$으로 이미 있는 것"[25]으로부터 창시함을 의미한 다. 그것은 자체적으로는, 즉 그것 자신에서부터는, 최초적인 것으로서 $_{als\ Erstes}$ 스스로 드러나는 절대적 자기부여$_{Selbstgebung}$이지만, 사태 자

---

23. Husserl, *Formale und transzendentale Logik: Versuch einer Kritik der logischen Vernunft*, Hrsg. Paul Jansen, *Husserliana*, Band XII (Den Haag: Martinus Nijhoff, 1974), S. 282. 앞으로 이 책은 '*FTL*'로 생략하여 인용하되, 쪽수 표시는 원판에 따른다.

24. *Ideen-III*, SS. 160-61. 여기에서 '통찰적(einsichtig)'이란 문자 그대로 '속을 훤히 들여다 보는'을 의미한다.

25. *Ideen-III*, S. 151, "Nachwort": "Das …, das allem Voraussetzen, Allem Fragen und Antworten schon implizite vorausgesetzt ist und hierbei notwendig immerfort und unmittelbar als An-sich-Erstes schon ist."

체에로 되물어가는 '우리'에서부터는 최종적인 것으로서 스스로 이미 언제나 드러나 있는 자기소여Selbstgegebenheit이기도 하다. 사태 자체의 자기부여, 자기현출Selbsterscheinung, 자기현시Selbstdarstellen는, 의식의 방식에서는bewußtseinsmäßig 사태 자체가 **"자체로 거기있음의 종국양태에서, 직접적 직관적으로, 원본적으로 주어져 있는"**[26] 자기소여에 다름 아니다. 그러나 직관하고 경험하는 의식은 이를테면 이미 의식의 방식으로 주어져 있는 사태 자체에 스스로 접근하여 사태 자체를 의식해 가짐으로써, 결과적으로 '스스로 주어진 것'과 '스스로 보여진 것' 또는 '스스로 파악된 것'이 동일한 것임이 드러나게 된다. 자기부여와 자기소여가 의식과 대상 모두에게 이중적으로-자기동일적인 것이 현상학적인 의미의 창시이며 사태 자체이고, 이러한 본원적 의식이 또한 현상학적 의미의 직관이자 명증성이다.

통상적으로 '직관(함)'이란 '직접관조'를 의미하며, 이러한 직관 가운데 사태 자체가 역연하게 드러나 있음이 명증성이다. 공허한 사전의향事前意向/Vormeinung이나 추정의향推定意向/Vermeinung 혹은 한갓-의향된 것일 뿐인 것das bloß Gemeinte이 아니라, 이를 실현하고 확증하여 통찰적-명증적으로-의식되게-만드는einsichtig-evident-bewußt-machend 자기파악·자기소유가 직관이며 명증성이다(*EP-I*, 34 참조). '명증성'으로 번역된 'Evidenz'는, 주지되어 있듯이, 라틴어 'evidens'에 어원을 가지며, 후자는 또 'ex-video'에 유래하는 것으로서 '가견可見'을 의미하기에, 결

---

26. *CM*, S. 92-93: "… im Endmodus des *Selbst da, unmittelbar anschaulich, originaliter gegeben.*" 강조는 원문 그대로이다.

국 'Evidenz'는 '눈으로 볼 수 있는 사태' 즉 '직관' 이외 다른 것을 의미하지 않는다. 이런 의미의 명증성은 "일반적으로 '명증성'(**자연적인 명증성, 실증성의 명증성**)이라 부르는 소박한 명료성"(*EP-II*, 30)으로부터 구별되는 "선험적인 근원적 명료성"(같은 곳)이며, "공리들의 명증성과도 혼동되어서는 안 될—왜냐하면 공리들은 이미 근원적인 의미형성의 결과이며, 후자 자체를 이미 자기 배후에 가지고 있기 때문에— 근원적인 명증성이다.[27] 즉 현상학적 명증성은 오로지 현상학적 환원 내에서만 거론되는 명증성이라는 말이다.

우리는 앞서 모든 전제에 언제나 이미 전제되어 있어야 하는 대전제 Voraus-Setzung로서 사태 자체에, 자체로-최초의 것에, 상응하는 명증성을 절대 명증성으로, 즉 "생각할 수 있는 모든 명증성에 선행하고, 이들을 함축적으로 담지하고 있는 명증성"(*Ideen-III*, 151)으로 확인한 바 있다. 그것은 다름 아닌 선험적 주관성의, 순수의식의 지향성 또는 지향적 수행intentionale Leistung 자체를 지칭하는 것이다. 몇 구절만 인용해 본다면:

> 가장 넓은 의미에서 명증성은 지향적 삶의 보편적인 원현상Urphänomen을 지시한다(*CM*, 92). …… 명증성은 …… **자기부여의 지향적 수행**을 지시한다. 더욱 정확하게 말한다면, 명증성은 '지향성'의, '그 무엇에 관한 의식'의, 보편적인 탁월한 형태로서, 그 안에서-의식된-대상적인 것이

---

27. Husserl, *Die Krisis der europäischen Wissenschaften und die transzendentale Phänomenologie: Eine Einleitung in die phänomenologische Philosophie*, Hrsg. Walter Biemel, 2. Auflage, *H-VI* (Haag: Martinus Nijhoff, 1962), S. 375. 이 책은 앞으로 '*Krisis*'로 생략하여 인용한다.

자체로-파악된 것의, 자체로-보여진 것의, 의식방식으로 대상적인 것-곁에-있음의, 방식으로 의식되어 있는 형태이다(*FTL*, 141). **지향성 일반**—어떤 그 무엇에 관한 의식의 체험—과 **명증성, 자기부여의 지향성은 본질양식으로 공속적인 개념들**이다(위의 책, 143). ··· 그래서 **명증성은 의식 삶 전체에 관계 지워진, 보편적인, 지향성의 방식**이다.[28]

의식의 지향적 수행이란 의식대상의 종합적 구성활동 이외 다른 것을 의미하지 않는 것이다. 따라서 **"대상성의 범주와 명증성의 범주는 상관적이다. 대상성들의 각개 근본양식에 ······ '경험'의, 명증성의, 한 개 근본양식이 소속된다"**[29]고 말할 수 있다.

이와 같은 명증성과 대상성의 상관성으로부터 우리는 명증성의 상대성을 쉽게 이해할 수 있게 된다. 대상성을 원본 그대로 온전하게 등본적等本的으로 구성할 때, 그에 상응하는 의식의 지향적 수행은 **등본적 명증성**을 가진다. 그러나 이러한 명증성은 다만 하나의 이념 혹은 이념적 요청일 뿐이기에(*CM*, 55 참조),

> 자기부여로서, 의향意向된 것을 '그것 자체로서' 파악하는 의식으로서, 일체의, 그리고 각각의, 명증성에는 다음과 같은 상대성이 자리하고 있다: 즉 우리가 제아무리 등본적 명증성을 거론하고, 이러한 명증성을 그

---

28. Ebenda. 강조는 모두 원문 그대로이다.
29. *FTL*, S. 144: "*Kategorie der Gegenständlichkeit und Kategorie der Evidenz sind Korrelate. Zu jeder Grundart von Gegenständlichkeiten ······ gehört eine Grundart der 'Erfahrung', der Evidenz* ···" 그리고 강조는 원문 그대로이다.

자체로서 확신한다 하더라도, 단지 유사한, 그래서 아마도 계속적이고 자유로이 연속될 수 있는, 상대적 명증성들의 고양高揚 과정만이 현존할 뿐이며, 그래서 의식양식으로 함께 포함되어 있는 목표, 그 자체로서 — 따라서 다만 이념으로서만— 명증적이 될 목표를 향한 부단하고 자유로운 근접의 의식이 있을 뿐이며, 반면에 그러한 의식은 접근의 명증성에도 불구하고 —그리고 명증적인 방식으로— 도달되지 않은 채 남아있게 마련이다. (EP-II, 34)

그러므로 "명증적인 것이 추후에 의심스럽게 될 수 있고, 존재는 가상으로서 판명될 수 있는 가능성"(CM, 56)이 배제될 수 없으며, 바로 이러한 가능성을 사전에 인식하여 배제하는 비판적 성찰이 등본적 명증성의 필증성Apodiktizität을 구성한다.

　이제 우리는 명증성의 등본성과 필증성의 개념 차이에 관한 후설의 견해를 분명하게 제시할 수 있는 위치에 서 있다. 그는 마치 우리가 이 두 개념들을 "등가적인 것으로서 사용할 수 있고, 우리가 때에 따라 등본화Adäquation에나 혹은 필증성에 특수한 가치를 둠에 따라, 양자 중 어느 하나를 선호할 수 있는"(EP-II, 35) 듯이 말하고 있다. 그러나 다른 곳에서는 이 양자를 구별하여, 필증성에 더 우선적인 가치를 부여하는 듯이, 말하기도 하여(CM, 55), 서로 상충되는 듯한 인상을 주고 있다. 그래도 역시 분명하게 말할 수 있는 것은: 등본성은 명증성의 이념적인 완전성을 의미하는 데 반하여, 필증성은 명증성의 현실적인 회의불가능성, "그 비존재의 절대적인 불가상성不可想性"을 지시한다. 비록 명증성이 현실적으로는 완전하게 실현되어 있지 못하다 하더라도, 즉 "명증성이 비등본적이어야 한다면, 적어도 어떤 인식가능적인 필증적 내용을, 필증성에 힘입어 단 한 번으로 혹은 절대적으로 확고하게 확보되는 내용을, 가져야 한다"(*CM*, 56). 따라서 등본적인 명증성은 필연적으로 필증적이지만, 전체적으로—등본적이 아닌 명증성도 부분적으로는 필증적일 수 있다.

(3) 철두철미하게(*Radikalismus*)!

 통상적으로 'Radikalismus'를 '급진주의', '극단주의', '과격론'으로 읽고, 철학적으로는 '철저주의'나 '근본주의'로 옮긴다. 그리고 'radikal'을 '근원적', '근본적', '근저적', '철저한', '기본적', '기초적'으로 읽는 것은 모두가 그 라틴어적 어원radix에 충실하게 '뿌리'라는 고유 의미를 공유하고 있고, 그것도 이중적 · 강조적으로 그러하다. 그리하여 우리의 표어 '철두철미하게!'는 '뿌리로 돌아가라!'의 격식적인 표현일 뿐이다. 예컨대 인식 · 이성 · 학문 · 철학 비판을 철두철미하게 수행하는 것은 필연적으로 그 뿌리로 돌아가게 마련이다. 후설은 "철학은 그 본질에 따라 참된 창시들, 근원들, 모든 것들의 뿌리에 관한 학문이라" 규정하고, 이러한 학문을 또한 "뿌리 같은 것에 관한 학문Wissenschaft vom Radikalen"으로 지칭하고 있을 정도이다.[30] 철학의 창시는 창시의 철학이며, 창시의 철학은 또한 뿌리의 철학, 뿌리깊은 철학이자 철학의 뿌리이기도 하다.
 철학의 단초 · 단서Anfang를 궁구窮究하는 일은 철학적으로만 가능할

---

30. *P.s.W.*, S. 340. 후설은 '모든 것들의 뿌리'라는 문구를 그리스어로 쓰고 있으며, 그리고 그리스어 'ριζωμα'에서 라틴어 'radix'가 유래함은 물론이다.

뿐만 아니라, 오히려 절대적인 단초를 궁구하는 일 자체가 철학의 주무 主務로, 아니 심지어는 철학 그 자체로 개념규정될 수 있을 정도다. 어떤 표상이나 이론도 아닌, 그러면서도 혹은 바로 그 때문에, 모든 표상과 이론의 근저가 되는, 아니 오히려 일체표상 일체이론을 생성하는 생동적 인식생認識生/lebendiges Erkenntnisleben으로 규정되어야 할 인식의 '뿌리'를 우리는 마땅히 '창시'로 이해해야 할 터이기 때문이다. 그것은 모든 전제의 대전제이기에, 창시철학은 무전제의 철학이며, 무전제의 사태 자체를 창시로 삼는 철학은, "만일 '실증주의'가 일체학문을 '실증적인 것das positive', 즉 원본적으로-파악되어야 할 것 위에 절대무전제적으로 정초함을 말한다면"(Ideen-I, 8), 순정한 실증주의철학으로 불러 무방하다.

사태 자체로서 절대무전제의 창시가 문제되어 있는 입장, 순정한 철학의 입장, 현상학적 환원의 입장에서는, 이미 실재-관념, 주관-객관, 사태-인식 등등의 이원론적 상대주의가 무의미·무효력적으로 폐기되어 있다. 사태 자체와 그것의 명증적 직관은 근원적으로 동일한 것, 원효적 표현을 빌어, 불일이불이不一而不二한 것이라 하겠다. 마치 원효가 '실상實相과 관조觀照'를 '실상반야=관조반야'의 형식에서 하나의 '반야般若'로 파악하듯이, '사태와 직관'도 '사태진리=직관진리'의 형식에서 하나의 '진리수행'으로 이해할 수 있겠다. 이제 우리가 절대 창시에로의 귀원歸源이나 그것의 인식에 대한 호소를 'Radikalismus'의 진의로 이해한다면, 그것은 '철저주의radicalism'나 '근본근성radicalness' 대신에 '궁리진성窮理盡性'의 준말인 '궁진窮盡'의 근성根性으로 읽혀질 수 있다. 우리가 일상적으로 사용하고 있는 '연구研究', '궁구窮究', '구명究明' 따위의 개념들이, 정확하게 후설적 의미의 'Radikalismus'를 대변한다고 하겠다.

'궁진'은 말하자면 존재-인식론적 개념이라 할 수 있다. 절대단초로 인도하는 실마리 곧 '단초의 단초'를, 아니 오히려 '단초의 말단未端'을 탐색해 내는 개명開明된 집요함이, 그리고 이 말단을 따라 이 말단의 단초에, 곧 절대단초에 이르기까지 초지일관하고 수미일관하게 추궁해 들어가는 것이 궁진성이라면, 단초의 철학은 '궁진의 철학' 이외 다른 것이 아니다. 그리고 사태 자체를 등본적 명증성의 이념하에 필증적으로-명증적이게 직관하는 것도 궁진성이라면, '일체원리의 원리'인 직관의 원리나 '제일의 방법원리'로 명명되는 명증성의 원리도 '궁진의 원리'로 지칭될 수 있다. 근저까지 관철하는 철저성, 종단終端까지 추궁하는 극단성極端性, 남김없이 '끝내주는' 극진성極盡性 등등의 근성根性/Gesinnung/mentality은 『중용』의 '지성至誠'이나, 『대학』의 '치지致知' 또는 '지지至知'의 궁진성에 비교될 수 있겠다.[31] '지성'이나 '지지'의 '지至'는 '지극', '극진' 또는 '궁진'을 의미함은 물론이요, '실상=관조'의 지평 곧 선험성의 영역을 지칭하는 개념이다.

후설은 이러한 "궁진성 없이는 철학이 존재할 수 없고, 심지어는 시

---

31. 『大學』의 「傳文」, 제5장은 「經文」의 '격물치지(格物致知)' 조문 해석에 해당하는 것으로 주희(朱熹)가 보망(補亡)한 것이지만, 우리가 지금 여기에서 논의하고 있는 존재론적 인식론 또는 인식론적 존재론 혹은 존재=인식론과 연관하여 결정적인 철학적 의미를 가진다. 특히 즉물궁리(卽物窮理)가 극진하면, 하루아침에 활연관통(豁然貫通)하여, "중물지(衆物之) 표리정조(表裏精粗) 무부도(無不到) 오심지(吾心之) 전체대용(全體大用) 무불명(無不明)"하게 된다는 것은, 후설적 의미의 '사태 자체의 명증적 직관'이라는 존재인식론적 궁진성(Radikalismus)을 완벽하게 대변해주고 있다.

작조차 할 수 없다"(*Ideen-III*, 161)고 주장하면서, 그의 이른바 '철학적 궁진성philosophischer Radikalismus'을 거듭 강조한다. 그것은 또한 최극단적인 궁진성, 절대보편적 궁진성(*EP-II*, 20), 현상학적 · 선험적 궁진성(*Krisis*, 185)으로도 불리고 있다. 그것은 속속들이 궁진적이어서, 이를테면 "생장 중인 철학자의 습득적인 생활형식으로 세워질"(같은 책, 10) 미덕에 속하는 것이다.[32] 철학자되어감에 철두철미함이 바로 철학을 직업Beruf으로 삼음이다. 후설은 일상적 의미의 직업과 '소명된 직업Beruf aus Berufung' 즉 '천직天職'이나 '사명使命'을 구별한다. 예컨대 부유 · 권세 · 영예 · 명성을 필생목표Lebenszweck, 종국목표Endzweck로 삼고 순간순간 최선을 다해ein für allemal 일로매진一路邁進하며 헌신적으로 살아갈 수도 있다. 그러나 이러한 세속적 · 자연적인 직업근성professionalism은, 그것이 제아무리 철저하다 하더라도, 궁진적인 자기인식 · 자기창조의 생활방식으로 자기실현하는 천직으로부터 엄연히 구별되어야 할 것이다.

통속적인 일반직업과는 다르게, 투철한 사명감에서 수행되는 천직의 경우에도, 역시 문화근성Kulturgesinnung의 산물인 철학 이외의 여타 학문이나 예술 · 성직 · 정치로부터 철학 특유의 궁진성을 어떻게 구별할 수 있을 것인가? 종국성, 필연성, 궁진성, 보편성, 절대성, 자기창조성,

---

32. 여기에서 '습득적(habituell)'이란 일상적 의미의 '습관적(gewohnheitsmäßig)'이란 것으로부터 엄격하게 구별되어야 할 개념이다. 전자는 철학적 · 선험적인 궁진적 태도의 지속성을 의미하는 것으로, 이를테면 창시적으로-체득된, 혹은 본래적으로-회복된 천성과 같은 것이다. Vgl. Husserl, *Die Krisis der europäischen Wissenschaften und die transzendentale Phänomenologie, Ergänzungsband, Text aus dem Nachlass, 1934-1937*, Hrsg. Reinhold N. Smid, *H-XXIX* (Dordrecht/ Boston/ London: Kluwer Academic Publishers, 1993), S. 365.

최선지향성, 직업과 자기존재의 불가분리성 등등의 근성들은 모든 천직에 공통적인 것이 아니던가? 그럼에도 불구하고,

> 철학은 이 모든 수준을 넘어서고, 자신의 도정을 일체 소박성으로부터 원리적으로 구별한다. 여기에 이미 함축되어 있는 것은: 철학의 궁진성이 여타의 모든 문화근성에 귀속되는 궁진성과는 본질적으로 다른 것이라는 점이다. 따라서 일반적인 궁진성이, 직관되고-애착된-순수한 가치를 지향하여 무제약적인 헌신 중에 추구한다고 하더라도, 역시 철학적인 궁진성은 아닌 것이다. 그러기에 철학자를 만드는 저 필생결단의 정초양식은 예술가나 학자에 속하는 정초양식과는 다른 것이라 해야겠다(*EP-II*, 18-19). …… 철학자의 경우에는 사태가 전혀 다른 상황에 있다. 그는 **필연적으로** 철학자-일반으로서-자신을-비로소-그리고-근원적으로-창출하는-고유한 **결심**을, 말하자면 근원적 자기창출인 원설립 Urstiftung을, 필요로 한다. (같은 책, 19)

달리 말하자면, 예술가나 학자는 '장엄한 결단eine feierliche Entscheidung'이나 필증적인 소명의식 없이도, 그리고 자각적으로 눈치챔이 없이도, 서서히 예술과 학문에의 애착을 키워가서, 언젠가 때가 되면 "그렇지 않아도 이미 자연적으로 성장된 습득적 생활-행위 의지를 한갓되게-확증하고 명시적으로-형식화할 뿐인 [방식으로] 분명하게 천직을 선택하게 되는 결과에 이르게 되지만"(같은 곳), 철학의 경우에는 그 시작이 필증적 명증성 중에 수행되는 철학적 창시의 근원적인 자기설립이 반드시 수반된다는 것이다.

철학적 천직의 이와 같은 특성기술에도 불구하고, 여전히 예술·학문에 대한 그 결정적인 차별화가 확연하게 부각되어 있지 못한 것 같다. "창시에 대한 의지Wille zum Anfang"(*EP-II*, 20)인 동시에 "종단終端에 대한 의지Wille zum Letzten"(같은 책, 17)인 철학적 궁진성이, "무상無上의 궁진성, 완전한 선험적 환원의 궁진성을 통해서 획득되는 절대적 무전제성"(*Krisis*, 267)을 전제하는 한에서, 철학적 천직은 이를테면 선험적 경험의 방식으로 수행되는 것이라 한다면, 이제 철학과 여타 천직 간의 구별이 분명하게 이해되는 셈인가. 이 양자 간의 구별은 오히려 후설이 일반적 의미의 직업과 '소명에 순명循命하는 사명'이라는 의미의 직업을 구별하는 데서 일층 더 분명하게 드러난다:

> 하지만 일상적 의미의 직업과 부름받은 직업은 천양지차이다. 정말로 천양지차이다: 왜냐하면 후자의 이 순정한 직업의 본향本鄕/Heimstätte이 **절대이념**의, 절대적인 혹은 순수한 가치의, 천국天國/τοποσ οὐρανός인데 반해서, 단지 추정의향된 가치dem bloß vermeinten Wert는 무언가 순정성을 내포하고 있다손 치더라도 여전히 완성의 순수성은 자기 내에 간직하고 있지 않기 때문이다. 또 한편으로 소명의 본향은 **자아 자신**이며, 이 자아는 순수·순정한 가치들 자체를 도대체 가치 있게 여길 뿐만 아니라, 그것들이 아무리 일면적으로 한계 지워지고 혼탁해진다 하더라도, 줄곧 이 가치 자체를 예감하고 예견하면서 지향하고, 사랑하면서 이에 헌신하고, 창조적으로 실현하는 가운데 이와 하나가 된다. (*EP-II*, 13)

다시 말하자면, 철학적 천직은 그 원천이 절대 이념, 순수 가치의 세계이자 동시에 선험적 자아라는 점에서, 여타의 여하한 직업과도 단연코 구별된다는 것이다. 뿐만 아니라, 우리가 지금까지 궁구해온 철학의 절대 단초도, 사태 자체 곧 절대 사태도, 일체전제의 전제 즉 절대 전제도, 필증적 명증성의 원본도, 최초·최종의 뿌리das Radikale도, 종당에는 오직 하나의 선험적 자아임이 판명되기에 이르렀다. 바로 이와 같은 아르키메데스의 기점에로 일체를 수렴하려는 데서, 우리는 후설이 자신의 래디컬리즘을 절대적·보편적인 창시철학적 래디컬리즘으로, 그리고 철학자로서 자기자신을 '본격적인 철학자로서라기보다 오히려 "현실적인 창시자einen wirklichen Anfänger"(Ideen-III, 161)'로 자처하고, "오늘날 말만으로 그처럼 래디컬한 체 처신하는 자들보다 일층 더 래디컬하고 훨씬 더 혁명적이라"(Krisis, 337)고 변호하는 참뜻을 십분 이해할 수 있을 것이다.

(4) 너 자신을 알라(Universale Selbsterkenntnis)!

후설은 일찍이 그 유명한 파리강연을 이렇게 끝맺고 있다:

환언하면, 최고의미에서-최종정초된 인식에의, 혹은 한 가지로, 철학적 인식에의, 도정은 **보편적인 자기인식**의 도정이다. …… 델피 신전의 아폴로 신탁의 말: **너 자신을 알라**γνῶθι σεαυτόν는 새로운 의미를 확보했다. 실증학문은 세계상실에서 [수행되는] 학문이다. 보편적인 자기성찰Selbstbesinnung에서 세계를 재확보하기 위하여, 우리는 우선 에포케를 통하여 세계를 상실하지 않으면 안 된다. 아우구스티누스는 말하기를: **밖으로 나가려 하지 말고, 너 자신 안으로 돌아가라! 내면적인 인간**

안에 진리는 거하리로다 Noli foras ire, in te redi, in interiore homine habitat
veritas. (CM, 39)

같은 맥락에서 그의 '프라하 강연'[33]도 '인간이 만물의 척도ἄνθρωπος
μέτρον πάντων'라는 프로타고라스의 선언을 자신 있게 재천명하는 것으
로 끝맺고 있다. 왜냐하면 "세계전체가 … 인간의 삶 가운데서, 즉 인간
의 선험적 삶의 심연 가운데서, [실현되는] 의미수행Sinnesleistung, 타당
성형성체Geltungsgebilde 이외 다른 아무것도 아니기에 말이다." 그런데
바로 이러한 선험적 삶의 심연에 대해서 철두철미하게, 절대보편적으로,
그리고 필증적인 직관을 통하여 최종적으로 근거 지어지게 인식함이 철
학적 인식이며 동시에 철학의 창시이다. 그런데 바로 이러한 절대단초의
인식, 절대단초인 인식, 절대단초로서의 인식에 이르는 길이 다름 아닌
보편적 자기인식에 이르는 길이라면, '나 자신을 아는 것' 즉 '자기인식'이
야말로 철학의, 따라서 만학의, 근원 · 근거 · 창시 · 목표 · 이념 · 과제가
아닐 수 없게 된다. 그렇다면 이러한 나 자신, 선험적 자아는 누구이며,
그러한 자신의 진면목眞面目은 어떻게 정체확인될 수 있는 것인가?

저 유명한 데카르트의 방법적 회의가 절대적으로 전제하고 있는 것은
우리가 회의한다는, 또는 회의할 수 있다는, 사실이다. 그리고 회의는
알려는 욕구를 필연적으로 전제하며, "인식욕구는 모든 여타욕구에 전
제되어 있다(EP-II, 201)." 그런데 이 인식욕구는 그 본성상 점진적으로 더

---

33. '프라하 강연Die Prager Vorträge'은 후설이 1935년 11월 14, 15일 양일간 체코
슬로바키아의 수도 프라하에서 「유럽 학문의 위기에 있어서 심리학」이라는 표제하
에 수행한 강연으로서, 그 내용은 H-XXIX (1993), SS. 103-139에 게재되어 있다.

욱 분명한 인식에의 욕구이며, 그리하여 마침내 완전명료한 인식에의 욕구로 이어지게 마련이다. 이와 같은 인간욕구의 인식론적 성격과 인식의 목적론적 경향성을 후설은 의식의 지향성志向性/Intentionalität으로 부르고 있다. 앞서 살펴본 바와 같이, '의식인 지향성' 혹은 '의식의 지향성'은 의미창출 또는 대상성의 구성·종합의 방식으로 존재하며(이것이 곧 의식생意識生이거니와), 후자는 곧 사태 자체를 명증적으로 직관하는 지향적 수행 이외 별다른 것이 아니다. 그러기에 우리는 명증성의 문제를 거론할 때, 지향성과 명증성이 본질적으로 상관적인 개념이며, 대상성의 범주와 명증성의 범주가 상관자라는 사실을 확인한 바 있다. 그것은 곧 의식·이성·인식이 본성상 자기비판·자기성찰·자기해석의 방식으로 목적론적이라는 해석이 된다.

목적론적이란 구체적으로 무엇을 의미하는 것인가? 그것은 단적으로 '단초와 종단이 상호 공속적이고 시-종 여일하게 우리 의식의 기機-동動적 수행Motivationsleistung이 되어 있다'는 사실을 의미한다. 그것은 우리의 의식·인식이 하나의 조화롭고 체계적인, 칸트의 이른바 건축술적architecktonisch인 세계와 우주를 구성하는 저 "근원적인 목적론적-성향적인 구조ursprüngliche teleologischtendenziöse Struktur"[34]를 가지고 있다는 뜻이기도 하다. 세계구성적-절대보편적인 의식을 주체성Subjektivität이라 부르며, 세계내적 객관성weltliche Objektivität으로서의 주체 즉 세계

---

34. Husserl, *Phänomenologische Psychologie, Vorlesungen Sommersemester 1925*, Hrsg. Walter Biemel, *H-IX* (Den Haag: Martinus Nijhoff, 1968), S. 299 (앞으로 이 책은 'PP'로 생략하여 인용함) 및 *EP-II*, S. 283 참조.

내적 존재자로서의 주체객체로부터 구별하여, 선험적 주체성 또는 순수 자아로 부르기도 한다. 즉 현상학적 환원의 입장에서 본 주체가 순수·선험적 주체라는 말이다.[35] 자연적으로-세계적인 혹은 "객관적으로-논리적인objektiv-logischen"(EP-II, 40) 경험으로부터 독립적이라는 의미에서 순수한 것이며, 자연적인 세계 내에 하나의 객체로 정립되는 존재자가 아니라, 오히려 이 세계를 의미와 타당성의 세계로 구성하는 활동이라는 의미에서 선험적이라는 말이다.

세계에 대하여 그 존재의미와 존재타당성을 부여한다는 점에서 자아는 선험적이며, 오직 그점에 국한하여 본다면, 이 선험적 자아는 절대적·보편적·자족적·자기완결적으로 존재한다고 할 수 있다. 이에 반하여 세계는 다만 선험적 자아에 대한 한갓된 현상에로 강등되고, 바로 그 점에서 세계는 자아에 상대적일 뿐인 것으로 된다. 선험적 자아가 절대적이라는 것은 또한 그것이 자기자신에 대해서만 상대적인 존재 즉 자기관계의 방식으로만 존재하는 자유·창조의 존재라는 뜻이요, 이러한 자유로운 창조활동이 다름 아닌 일체대상성의 종합, 일체 세계성의

---

35. Vgl., CM, §11, S. 65: "'선험적인 것(das Transzendentale)'의 개념과 그 상관개념 '초월적인 것(das Transzendente)'의 개념은 오로지 우리의 철학적으로-성찰하는 상황에서부터만 길어내어져야 한다. 여기서 주의해야 할 것은 환원된 자아가 세계의 어떠한 부분도 아니듯이, 역으로 세계와 세계적인 어떤 객체도 나의 자아의 부분이 아니고, 나의 의식생意識生 내에 그 내실적인 부분으로서 … 발견되지 않는 것이다. 모든 세계적인 것의 고유한 의미에 이 **초월**(Transzendenz)이 속한다. … 비내실적非內實的으로 내포되어 있음인 이 **초월**이 세계의 고유한 의미에 속한다면, 세계를 타당하는 의미로서 자기 안에 담지하고 있는, 그리고 이 의미로부터 그 편에서 필연적으로 전제되어 있는, [그러한] 자아 자체는 현상학적 의미에서 **선험적**이다."

구성으로서 의식수행이며, 의식생Bewußseinsleben, 인식생Erkenntnisleben, 지향생intentionales Leben, 이성생Vernunftsleben으로서 순수한 삶das reine Leben이며 창조적인 삶이다. 실로 "세계는 나의 순수한 삶으로부터 그 의미와 효력타당성sich bewärende Geltung을 획득하는 한에서만 나에 대해서 존재하고, 나에 대해서 존재하는 [바로 그것으로] 존재한다"(Ideen-III, 149). 그러기에 "나의 선험적 자아는 나의 현실적·가능적인 의식과 함께 그 지향성 내에 일체를, 내가 언제라도 의미 있게 언변할 수 있는 모든 것을, 포괄하며; 나에게 의식되지 않는 것, 그리고 언제고 의식될 수 없는 것은 나에 대해서는 의미 없는 어떤 것, 곧 무에 다름 아닌 것이다"(EP-II, 242).

절대 자재自在인 선험적 자아가 일체 존재·의미·인식의 근원·원-천·본지本地·본향本鄉(Ursprung/Urquelle/Ursttäte/Heimatsttäte)이라는 점에서, 그것은 주자의 이른바 '소천지小天地·소우주小宇宙'나 맹자의 '만물개비우아萬物皆備于我'에, 또는 마명馬鳴/Asvaghosa의 '일법계대총상一法界大總相'이나 원효의 절대화두라 할 '일즉일체一卽一切 일체즉일一切卽一'로서 '일심一心'에 정확하게 대응하는 개념으로 이해될 수 있는 것이다. 이러한 사정을 비유적으로 간결하게 언표한다면, 주자의 철학시 「관서유감觀書有感」이 적격이리라:

半畝方塘一鑑開 반무방당일감개
天光雲影共徘徊 천광운영공배회
問渠那得淸如虛 문거나득청여허
爲有源頭活水來 위유원두활수래 ■

290

여기서 '半畝方塘'은 '방촌지간方寸之間'으로도 표현되는, 일심一心의 물리적 상징일 것이고, '一鑑開'는 일심의 우주반조宇宙返照(세계구성)에 대한 광학적 비유일 것이며, '天光雲影共徘徊'는 존재도 가상도 다 같이 현상할 수 있음에 대한 은유적 표현일 것이다. 셋째 소절의 의인적 물음이 '일심의 세계구성능력'의 근거·유래에 관계한다면, 마지막 소절의 의인적 응대는 일심근원의 자기창출적 활동성을 지시하는 것으로 이해될 수 있을 것이다. 특히 우주구성적 의식수행의 생동성을 원두源頭에 비유한 것은, 철학적·궁진적인 창시의 근원적·원천적 본질성격을 가히 절묘하게 시사하고 있다고 하겠다.

3) 제일철학과 선험현상학

자연적·객체적 자아가 단지 자기존재-망각적인 방식으로만 인식주체로 상정되어 있는 데 반하여, 바꾸어 말해서 인식주체가 그 주체성이 물어지지 않는 채 그저 인식기능으로만 전제되어 있는 데 반하여, 철두철미 능산적 인식활동으로 절대명증적이게 자기인식된 선험적 자아는

■ 편집자 주 : 풀이하면 이런 뜻이다.

조그만 네모 연못이 거울처럼 펼쳐지니
하늘빛과 구름 그림자 함께 배회하네.
묻노니 저 물이 어찌 이리도 맑은가
근원에서 솟은 물이 흘러들기 때문이지.

이미 그 자체가 원천적으로 인식론적·학리론적學理論的이며,[36] 궁진적으로 철학적이다. 따라서 선험적 자아의 필증적인 자기성찰일 터인 '선험적 자아의 학문'은 너무 당연하게 일체학의 정초학인 철학이자, '철학의 창시학=창시의 철학'인 '제일철학'으로 판명되기에 이른다:

> 모든 정당화는 그 최종적 원천과 통일성을 인식하는 주관성, 선험적 순수성에서 파악되어야 할 주관성 내에 가진다. 따라서 원-천학, 제일철학, 선험적 주관성에 관한 학이 필요했다. 거기에서부터 모든 순정한 학문들이 그 근본개념과 근본원칙Grundsätze 및 기타 일체의 방법원리를 도출해야했다. 이와 같이 그 최종적인 원천분야를 공유한다는 바로 이 사실로부터, 이 학문들 자체가 유일한 철학의 분과들로 신분확인되어야 했다. (*EP-II*, 4)

---

36. 'Wissenschftslehre'는 통상 '학문론'으로 읽지만, 후설식의 표현 'Wissenschafts-Lehre'에 유념하는 뜻에서 우리는 '*學理-論*'으로 읽고자 한다. 후설은 "자연적으로 무비판적이고, 객관적으로-논리적인 인식비판에 반대해서 …… 전적으로-다르게 정초된 선험적 인식비판을 보편적으로 관철할 과제"(*EP-II*, 40)에 착안하고 있는 만큼, 인식·학문은 물론 인식비판·학문이론도 전래의 인식론과는 판이하게 이해하고 있다. 'Wissen'은 직역해서 '앎'으로 읽어야 하지만, '앎'이 '배움'과 크게 다른 것을 의미하지 않는다는 점에서, 일반의 관례에 따라 '*學*'으로 읽고, 동일한 근거에서 'Wissenschaft'도 '학문'으로 읽지만, 학문의 근원·근거·목표이념 제시를 그 일차적 목적으로 삼는 'Wissenschafts-Lehre'는 후설적 의미에 충실하게 '학리-론'으로 읽는 바이다. 이것은 철학적으로 상당히 깊이 성찰되어야 할 아주 중요한 문제라 하겠다. 후설은 학리-론의 이념을 바로 제일철학의 이념에 연관하여 이해하고 있기 때문이다(*EP-1*, 7 및 *EP-II*, 280 참조).

모든 의식·이성·인식의 철저한 비판 곧 최종적인 자기비판이 확보한 절대적 단초가 선험적 자아라면, 그것은 너무나 당연하게 "일체 이성과 이성형태Vernunftgestalten, 따라서 일체 학문의 원천분야"(*EP-II*, 28)이며, 그러기에 또한 "일체 인식의, 특히 일체 학문의, 통일성근거"(같은 책, 29)이다. 그리고 선험적인 인식은 그 자체가 선험적인 삶 곧 선험적 자아의 삶이자 동시에 선험적 자아 그 자체이기에, 결국 선험적 자아는 삶의 양식으로 수행되는 일체활동의 원천분야이며 통일성 근거인 셈이다. 모든 것이 거기서부터 유래하고 유출되는 이 절대 창시, 절대 원두源頭는 또한 모든 순정한 철학의 창시요 원두이기도 하다. 아니 오히려 자기인식이자 자기인식비판인 이 원초적 삶은 "자기의 '참된' 존재를 그 자체 내에서 구성하는 자기 창조이며 …… 자신을 즉자태卽自態로부터 대자태對自態로 전개해가는 …… 자기개조이고 참으로-참된 존재를 구성적인 주관성에서 실현함이다"(같은 책, 283). 이러한 삶이 창시적으로-철학하는 삶이며, "궁진적으로-철학하는 주체 …… 철학의 이념을 자기 삶의 주도적 목표이념으로 선택하고, 따라서 이 이념을 자신의 인식생認識生을 통하여 자발적으로 실현하는 주체"(*EP-I*, 63)가 바로 그 순정한 철학자, 창시하는 철학자가 된다.

인식의 근원적 출처Urquelle에로 인도하는 길이 곧 인식의 길이며, 필증적인 직관 중에서 이 '길 따라감' 즉 'μετα-ήοδοσ'가 'Methode'(방법)이다.[37] 그래서 '인식이 곧 인식비판'인 존재론적 인식비판은 본질적으

---

37. 후설은, '방법'을 이러한 근원적·존재론적, 선험적·현상학적 의미에서 사용하고 있다는 것을 주의하기 위하여, 격자체隔字體(gesperrt) "M e t h o d e"로 쓰거나

로 방법론적 · 목적론적이며, 이러한 도정 · 목표의 종착지가 되는 선험적 주관성 또는 선험적 자아가 "모든 방법의 근원분야"(*EP-II*, 285)로 확인될 수 있는 것이다. 실로 "일체 의미부여와 진리성취Wahrheitsleistungen의, 따라서 모든 참된 대상성과 참된 세계의, 본지本地/Ursttäte이자 원-천인 선험적 주관성"(*EP-I*, 235)은 모든 철학의 제일주제이고 "선험철학의 구체적인 주제지평"(같은 책, 237)이며; 선험적 주관성에 관한 학문은 일체학문의 근본적인 방법학으로서 제일철학임이 분명하다. "그 '자체로', 즉 내적 본질근거로부터, 제일인 것"(*EP-I*, 4)은 사태 자체로서 창시이고, 창시의 철학이 바로 제일철학이기에 말이다.

철학의 단초, 사태 자체, 선험적 주관성이 인식의 단초 · 종단終端이라는 점에서, 전자에 관한 학문이 제일철학이라 한다면, 그것은 또 어떤 의미에서 현상학, 더욱 정확하게는, 형상적 · 선험적 현상학으로 정체확인될 수 있는 것인가? 우리는 지금까지 '현상학', '현상학적 환원', '선험현상학'과 같은 개념들을 별다른 해명 없이 사용해 왔다. 그렇다면 현상학이란 도대체 어떤 학문이란 말인가? "그것은 현상에 관한 학문으로 명명된다"(*Ideen-I*, 3)는 식으로 거의 동의어 반복적이게 정의할 수 있다면, 우리는 우선 저 '현상'이라는 개념부터 해명하지 않을 수 없는 입장에 서게 된다. 순전히 우리의 한정된 목적에 부합하게 몇 구절 인용해 본다면:

따라서 현상이란 여하한 '실체적substanziell' 통일성도, 하등의 '실재

인용부호로 묶어 쓰고 있다. Vgl. *I.d.Ph*, SS. 3, 23; *FTL*, SS. 187-88, 208, 254; *Krisis*, S. 180.

적 속성'도 지니고 있지 않으며, 여하한 부분, 하등의 실재적 변화와 인과성도 알지 못한다(H-XXV, 29). 현상이란 말은 현상작용Erscheinen과 현상대상Erscheinendes 간의 본질적인 상관성 때문에 모호한 개념이다. φαινόμενον(파이노메논—편집자)은 원래 현상대상das Erscheinende을 의미하지만, 그럼에도 현상작용 자체, 주관적 현상(만일 이 조잡하게—심리학적으로—오해될 수 있는 표현이 허용된다면)을 의미하는 것으로도 각별하게 사용되기도 한다(I.d.Ph., 14). … 각각의 '현상'(각각의 '소여성', 각각의 직접적으로–발견된 것), 즉 주목하는 의식선意識線, Bewußtseinsblick 내에 등장할지 모르는 모든 것과 각각의 것 … (EP-I, 231)

이미 이것으로 분명한 것은 현상은 자연적으로–소박한 의미의 실체나 실재가 아니라, 현상·경험작용에 드러난(또는 주어진) 의미라는 점이다. 전자가 예컨대 불에 타는 나무, 생성변화하는 나무, 실재적 속성·구조·관계를 가지고 있는 실재로서의 나무라면, 현상으로서의 나무는, 그러한 나무가 바로 그러한 나무로서 경험되어 있는 의식·경험내용인 한에서, 의미로서의 나무이다. 후자는 불에 타는 일도, 목재로 쓰이는 수도 결단코 없는 이를테면 '영원의 형상하에서 보인' 나무인 것이다. 그러나 자연적 의미의 실재가 아니라고 해서, 역시 자연적 의미의 관념인 것은 결코 아니다. 그것은 관념론과 실재론의 변견邊見을 넘어서 있는 새로운 의미의, 이를테면 현상학적 의미의, 실재라고 할 수 있는 것이다. 우리의 경험 자체는 색채도 분량도 중량도 용도도 가지고 있지 않지만, 그럼에도 불구하고 엄연한 실재성을 가지고 있을 뿐만 아니라, 오히려 바로 그때문에 가장 투명하고 확실한 내용을 가지고 있는 것이 아니던가.

우리의 경험 자체에 주목할 때, 우리는 이미 현상학적 의미의 현상에로 시선지향되어 있는 셈이며, 경험을 자연적 실재의 반영이나 모사로 간주하는 자연적 태도에서부터 경험 자체를 순수하게 의식·인식하는 수행이자 그 성취물로 확인하는 태도에로 이행해 있는 셈이다. 이러한 태도전환 Umstellung을 우선 현상학적 환원으로 치부할 수 있고, 현상학적 태도에서 수행되는 일체의 인식비판을 '현상학적 인식이론' 또는 '선험적 인식이론'으로 지칭할 수 있다. 그리고 이러한 "인식과 인식대상성의 현상학이 현상학 일반의 제일차적·토대적인 부분이다"(*I.d.Ph.*, 23). 뿐만 아니라,

> 전면적인 태도변경은, 현실적·가능적인 세계경험의 무한성이 현실적·가능적인 '선험적 경험'에로 변환되는 데에, 그리고 이 경험을 통해서 최초적인 것으로서 세계와 그것에 관한 자연적인 경험이 '현상'으로서 경험되는 데에, 존립해야 한다(*Krisis*, 156). 우리가 … 선험적 태도로, 에포케로 되돌아간다면, 우리의 선험철학적 연관 중의 생활세계는 한갓 된 선험적 '현상'으로 변환된다(같은 책, 177). 그러나 에포케에서는, 그리고 기능하는 자아극自我極에로의, 거기서부터 삶과 그 지향적 도중-종국형성체의 구체적 전체에로의, 순수시선지향指向에서는, 당연하게도 인간적인 어떤 것, 심령Seele과 영생靈生/Seelenleben, 실재적 심물적心物的인 인간들은 제시되지 않는다—이 모든 것은 '현상'에, 구성된 극極으로서의 세계에, 귀속되는 것이다. (같은 책, 187)

현상학이란 현상을 그것이 현상하는 데로 직시·관조하는 태도·방법·이론이다. 현상 자체가 그것이 현상하는 대로 직시하면, 자연스럽

296

게eo ipso 현상함 자체가 이미 현상학적임이 드러나게 마련되어 있다. 현상함은 상관적으로 경험함이며, 경험한다는 것은 경험에 주어지는 것을 그것이 주어지는 대로 온전하게 관조·파악한다는 것을 의미하기 때문이다. 바로 여기에 현상학적 방법·절차 그 자체가, 사태 자체에 근거하고 사태 자체의 명증적 직관에만 의존해야 한다는 현상학적 원리에 충실하게, 현상학적일 수 있는 절대확실한 근거가 놓여 있다고 하겠다. 의식의 지향적 구성과 대상의 명증적 직관이 시원적으로 상호 공속·공생하는 곳, 바로 그곳이 일체 존재, 일체 인식의 근원·근거·본지·원천·본향이다. 이것이 궁극적 실재의 종국적 인식을 그 목표이념으로 하는 철학적 학문, 궁진적 탐구의 알파(단초/Anfang)요 오메가(종단/Ende/τελοσ)이다. 이 절대단초의 철학, 창시의 철학이 제일철학이며, '근원분석의 방법Methode für Ursprungsanalysen'(EP-I, 230)으로서, 현상학 일반의 일차적·토대적 부분으로서, 이를테면 제일현상학이 곧 제일철학이다. 후설 자신의 말을 몇 구절만 인용해 본다면:

⋯ 현상학은 그 본질에 따라 '제일의' 철학이라는, 그리고 수행되어야 할 모든 이성비판에 그 수단을 제공한다는, 권리를 주장해야 한다(Ideen I, 136). 새로운 선험현상학의 출현에서 이미 진정하고 순정한 제일철학의 출현이 실현되었음을 나는 확신한다(EP-I, 6). 형상적으로-기술적인 현상학을 그 자체로 제일인 철학으로 규정함이, 그럼으로써 보편적인 철학의, 즉 절대적으로 종국적인 원천에서 정초된 보편적인 학문의, 창시-토대 부분으로 규정함이 (비단 표제상으로만이 아니라) 예시豫示되어 있다. (같은 책, 234)

3. 철학의 방법: 방법의 철학

  지금까지 우리는 철학의 단초를 해명하는 데에 우리가 사용할 수 있는 거의 모든 지면을 할애해 버렸다. 실제로 우리의 주제에 관한 대체적 · 핵심적인 해명은 개략적으로 거의 끝난 것이나 다름없는 것으로 보아도 무방하다. 철학의 주제설정으로서 그 단초해명은 동시에 그 해명방법과 해명목표도 함께 수반하지 않을 수 없겠기 때문이다. 따라서 우리가 지금부터 각론으로 별도 논의하고자 하는 철학방법론과 철학목표론은 철학의 창시론에 함의되어 있는 것을 다만 명시적으로 해석解析하고 해석解釋하는 작업에 다름 아니겠다. 다시 말해서, 철학의 단초에 함께 내속되어 있는 종단終端을 풀어헤쳐서 '단초 즉 종단'으로서의 '창시'의 진면眞面 · 전모全貌를 현시하고자 할 뿐이다. 그것은 어떤 의미에서 해석학적 순환의 형식으로 수행되는 '반복Wiederholung'에 다름 아닌 것이다.

1) 철학적 방법의 철학적 성격

  철학의 이념, 따라서 선험철학의 이념이 최종적으로-정초된 절대적 · 보편적인 학문을 건립하는 데 있다는 사실이 반복적으로 강조되어 왔다. 그리고 이러한 학문의 단-초 · 전-제가 선험적 주관성이며, 선험

적 주관성에 관한 학문이 창시학·토대학으로서 제일철학이자 선험현
상학임이 마침내 드러나게 되었다. 그렇다면 철학의 방법이란 오로지
이 절대적인 존재로서 선험적 주관성에 이르는 '정도正道=방법' 이외 다
른 것일 수 없다는 결론이 된다. "오직 하나의 방법이 존재할 수 있을 뿐
인 것"(*EP-I*, 248)은 일체 인식의 최종원천이 오직 하나의 선험적 주관성
이기 때문이다. 아니 더욱 강하게 표현하면, "자체 내에 그리고 자체에
대해서in sich und für sich" 존재하는 절대적 존재는 오직 하나 선험적 주
관성뿐이고, 이러한 절대존재의 인식은 오직 자기인식으로만 가능하겠
기 때문이다. 선험적 주관성은 '존재와 그것의 인식'이 자기동일적인 '의
식의 자기관계'로서 인식 삶이기에, 그것은 너무도 당연하게 절대지絶對
知를 추구하는 제일철학의 유일한 주제분야이자 방법분야이다.

　우리가 창시철학의 탐구격률로, ① 철두철미하게 ② 사태 자체로 접근
하여 ③ 이를 등본적으로나–적어도–필증적으로–명증적이게 직관할 것
을 제시한 바 있거니와, 이 세 가지 탐구격률은 '일체원리의 원리' 내에
함의되어 있는 것임은 물론이다. 그것은 또한 '직관의 원리'나 '제일의 방
법원리'로도 지칭되는 것으로, 결국 절대 확실한 인식을 확보하는 방법원
리 이외 다른 것이 아니다. 사태 자체, 절대 전–제, 절대 존재는 '존재하
는 대로 인식되어 있음'을 의미하는 것으로, 그것은 곧 자기인식 방식으
로 존재하는 선험적 주관성 이외 다른 어떤 것일 수도 없다. 따라서 존재
와 인식의 일치는 어떤 경우에도 주제와 방법의 상호공속성을 함의하지
않을 수 없다. 역으로 말하면 존재와 인식이 일치하는 것만이 철학의 주
제일 수 있으며, 주제와 방법이 일치하는 곳에 철학방법의 고유성이 성
립된다고 할 수 있다. 하이데거의 표현을 빌어 말한다면, "방법은 단지

철학의 사안事案/Sache에 지향해 있는 것이 아니며, 열쇠가 자물쇠에 속하듯이 방법이 사안에 속하는 데 불과한 것이 아니라, 오히려 방법이 사안에 내속內屬하는데, 이것은 방법이 곧 사안 자체이기 때문이다."[38]

선험적 주관성, 지향적 의식 삶 자체가 그 본성상 이미 언제나 비주제적인 방식 · 차원에서도 말하자면 인식론적 · 목적론적 · 방법론적이라 할 수 있다 하더라도, 그 주제정립과 방법타당성에 관해서 철저하게 자기해명하고 투명하게 자기정초해야 하는 제일철학은 그 방법론Methodik을 주제론Thematik과 동일한 수준에서 철학 자체의 핵심과제로 수용하지 않을 수 없다.

따라서 이러한 방법론적 숙고는 근본적으로 또한 이미 철학 자체의 구축에 속한다. 철학 자체의 구축은 필연적으로 방법의, 철학들 중 '하나의' 철학에로가 아니라 철학 자체die Philosophie에로 인도할 수 있을 터인 그러한 방법의, 구축과 함께 시작한다. 우리가 이해할 줄 알아야 할 것은: 철학의 길에는, [우선은 일단] 소박하게 이 길을 걸어가고 보면 [그 결과] 종국終局타당적인endgültig 철학 자체임이 추후에 증명할 수 있는 [그러한] 결과를 가져올 수 있을, 어떠한 길도 원리적으로 존재하지 않는다는 사실이다.

철학은 그 가장 고유한 의미에 따라 오직 최종적으로-소명된letzt-verantwortete 방법을 통해서만, 바꾸어 말하면, 학적으로-소명하는 사유

---

38. Martin Heidegger, *Zur Sache des Denkens* (Tübingen: Max Niemeyer, 1976), S. 70.

에서 기획되고 정초된 방법을 통해서만, 가능할 뿐이다. 이와 연관되어 있는 사실은: 방법의 기획과 정초가 이미 철학 자체의 본질부분이라는 것이다. (*Krisis*, 445)

후설은 자연적으로-소박하고 논리적으로-주제화되지 않은 방법을 "감추어진-내재적 방법학verborgen-innere Methodik"(*Krisis*, 180), "구성적 '내면적' 방법"(같은 책, 193), "감추어진 소박한 방법verborgene naive Methode"(*FTL*, 160) 또는 "주관적인 감추어진 '방법학'"(위의 책, 169) 등으로 부르고 있다. 하이데거식으로 표현하여, 이를테면 '존재적 방법'으로도 불리어질 수 있을 이러한 방법은 "그 유래에 아랑곳없이 습득될 수 있을 기술이나 혹은 언젠가 그 취급법을 익혀야 할 기성도구"(*Krisis*, 445)가 아님은 물론이요, 주제적으로 이론화된 논리적·존재론적 방법도 아직은 아닌 셈이다. 자기명증성을 "본능적·경향적으로" 지향하는 의식의 지향성, 이성의 목적성 내에 함축·비장되어 있는 '길찾음·길따름'을 일컬음일 뿐이다. 바로 삶의 차원에서 의식·이성이 자생적으로 이미 방법적인 한에서만, 이성·인식비판으로서의 철학방법이 주제적으로 이론화될 수 있고, 또 학문적 방법론으로서 철학이 가능하게 되는 터이다. "진정한 논리적 방법은 오직 소박하게-시행된 방법 자체를 주제적으로-탐구해 내고 목적활동적으로-형성해냄으로써만 가능할 뿐이기 때문이다."[39]

---

39. *FTL*, S. 161. 후설은 지향성의 구성작용뿐만 아니라, 너무 당연하지만, 명증성도 "우선은 모종의 소박하게-작동되는 '감추어진 방법'이라"고 쓰고 있다. 같은 책, 177 ; 또한 같은 책, 166도 참조.

2) 현상학적 환원의 현상학

원초적 · 자생적 · 내재적 · 암묵적인 방법을 주제화 · 이론화하는 방법이 현상학적 철학방법상 '현상학적 환원'으로 지칭되어 있다. 내재적 방법으로서 의식의 구성활동이 우선적인 사태 자체로 명증적이게 직관되기 위해서는, 우리의 관심을 오로지 이 사태 자체에만 정일精—(유정유일惟精惟—)하게 집중해야 한다. 문제되고 있는 사태 자체가 세계의 중심으로서 선험적 주관성이라면, 그리고 『중용中庸』의 '중'이 '천하의 중심'을 의미한다면,[40] 문제되고 있는 '집중集中'은 오히려 '집중執中'으로 읽어야 옳을 것이다.[41] 그것은 문제의 『서경書經』 글귀 그대로 자연적 의식(人心)은 성글기만 하고(惟危), 순수의식(天心)은 미묘하기만 해서(惟微), 정신일도精神—到하여 명증적으로 파악하지 않으면 안 될 것이기 때문이다. 이 맥락에서 각별하게 주목해야 할 것은: 『중용』이 '중'을 우주의 한-큰 뿌리(大本)로 이해하고, 우리의 후설 역시 선험적 주관성을 세계의 전일적全—的인 뿌리로 파악하고 있다는 점이다.

후설은 사태 자체의 명증적 직관을 위한 방법적 장치를 자주 '에포케'로 명명하고 있거니와, 이 '에포케'가 다름 아닌 『중용』적인 의미의 '집중執中'을 의미하는 것으로 해석될 수 있다. 그리스어 '에포케'는 적어도 세

---

40. 『中庸章句』, 제일장: "中也者 天下之大本"
41. 『書經』, 「大禹謨篇」의 "人心惟危 道心惟微 惟精惟— 允執厥中"에서 '윤집궐중'의 줄임말로 '집중'의 개념을 사용하고 있는 것이다. 그것은 이 구절이 후설의 현상학 이념과 현상학적 환원 개념의 참뜻을 제대로 나타내고 있는 것으로 믿어지기 때문이다.

가지 다른 뜻을 함의하고 있는바, 보류, 자제 및 유예가 그것이다. '보류' 는 기존의 것, 지나간 것을 선뜻 용인하지 않고 '머뭇거림'이며; '유예'는 미래의 것, 오고 있는 것을 대뜸 수용하지 않고 '머뭇거림'이요; '자제' 역 시 기존과 미래, 보류와 유예 사이에서 '머뭇거림'이다.[42] 시간성에 관계 하는 이 세 가지 의미의 공통성은 '머뭇거림'이며, 이것이 결국 에포케 의 근본의미이기도 하다. 현상학자 또는 철학적 이성은 사태 자체를 명 증적으로 직관하기 위하여 머뭇거리고, 삼가고 조심하며 사태 자체 가 현상하기를 기다리는 것이다. 자연적인 태도에서 벗어나, 일체 존재 신념과 존재승인Seinsgeltung 및 모든 경험적 · 선천적 실재학문을 효력 정지처분하여 괄호 안에 집어넣고, 이른바 전제-입장-방향으로부터 자 유로운 상태에 진입하는einstellen 태도변경Umstellung, 그리고 이렇게 변 경된 태도에서 수행되는 현상론적 현상학적 환원과 직관[43]을 총칭하여 에포케로 대변될 수 있는 것도 에포케의 저 원초적 의미에 근거하는 것 이다. 후자의 공식적 기술記述은 전자의 존재론적 사태에 대한 인식론적 표현으로 보아도 무방할 것이다.

후설은 선험현상학적 환원이 인간실존에 대해서 함축하고 있는 혁명적 의미를 거듭 강조한다. 선험적 환원이 "순정한 자기-세계 인식으로 통하

---

42. 우리의 이러한 해석과 어법은 하이데거의 에포케 해석에 기대고 있거니와, 우리 의 '보류'는 그의 'Verweigerung'에, '유예'는 'Vorenthaltung'에, 그리고 '자제'는 'Ansichhalten'에 유비될 수 있는 것이다(위에 인용한 책, 8, 23 참조).

43. '현상론적 환원'이란 '현상학적 환원'에 대비하기 위하여 우리가 차용한 명칭으로 '실체 · 존재를 지각 · 현상에로 환원하는 것'을 이름이다. 현상학적 환원이 형상 적 환원과 선험적 환원을 포괄하는 개념임은 물론이다. 그리고 직관에는 본질직 관과 선험적 경험이 함께 포함된다.

는 입문Eingangstor in die echte Selbst-und Welterkenntnis"(Krisis, 266)이며, 에 포케의 입문을 통과하면 "순수 주관성의 신세계가 발견될 수 있기에"(같 은 책, 260), 이것은 결국 "현상학의 현관玄關/Eingangspforte"(Ideen-I, 52)이 자 "제일철학 자체의 창시이며, … 철학 일반의 창시일 수 있다"(EP-I, 5). 그러나 그와 함께 강조되는 것은: 선험적 환원이나 에포케를 통해서 현상 학자는 겨우 이 현관 앞에 서 있을 뿐이라는 점이다. 현관은 형이상학적으 로 이해하면 현묘玄妙한 도道나 비장秘藏으로 들어가는 문을 의미하기도 한다. 선험적 주관성으로 통하는 문, "전인미답前人未踏의 '인식모태認識 母胎/Mütter der Erkenntnis' 영역에 이르는 문"[44] 앞에 당도해 있는 것만으 로는 아직 실질적 구체적으로 성취된 것이 없다: 그것은 이를테면 '공허한 일반성'(Krisis, 260)의 수준에 머물러 있는 것이나 다름없다. 그것은 마치, 날 때부터 눈먼 사람이 내장內障 제거수술을 성공적으로 받았다 하더라 도, 그것으로 아직은 아무것도 제대로 볼 수 없는 처지에 있는 것과 같다 (EP-II, 122 참조). 이 환자가 당분간 보는 법을 배워야 하듯이, 현상학적 환 원도 "다방면으로 확증되고 실습되어야 하는 것"(같은 곳)이다.

현상학은 궁진적인 '인식비판'이며 인식의 '궁진적 비판'이자 '궁진적 인 식'의 비판이기도 하다. 궁진적 인식은 '존재로서의 인식'의 자기인식이며 일체인식·일체진리의 원형·원천이다. 이러한 궁극적 인식을 비판한다 는 것은 너무도 당연하게 궁진적인 인식비판일 수밖에 없다. 인식의 최종 원천인 선험적 주관성과 그것의 현실적·가능적인 선험적 경험까지 남

---

44. *Krisis*, §42, S. 156. Vgl. Goethe, *Faust*, Part II, Line 6216. 여기서 'Mütter'는 'Urphänomen'을 지시한다.

김없이 비판한다는 점에서 현상학적 인식비판 · 인식이론을, 아니 현상
학 그 자체를, "선험적 인식이론"(CM, 115)으로 정체확인하기도 한다. 그
만큼 인식의 절대적인 해명Rechtfertigung/Rechenschaftsabgabe/Begründung/
Verantwortung을 목표하는 현상학은 자체성 · 명증성 · 궁진성을 삼위일체
적으로 강조하지 않을 수 없는 것이다. 바로 이러한 현상학 목표이념 속에
현상학의, 또는 현상학적 인식의, 자기비판 곧 '현상학의 현상학' 또는 '현상
학적 환원의 현상학'이라는 현상학적 방법 개념도 함의되어 있는 것이다.

> **선험적 경험의 필증적인 비판**이 필요하고, 또한 이러한 선험적 경험
> 지반 위에서 '현상학'으로 확립될 수 있는 '**논리적인**' 인식의 비판도 필요
> 하다. 이와 함께 표명되는 것은: 현상학적 인식의 필증적 비판은 자기자
> 신에게로 반복해서 소급관계 지워진다는 사실이다. 따라서 이것이 순정
> 한 **제일철학**(즉 우선은 '소박한' 현상학을, 그리고는 이에 관계되는 '최
> 궁진적最窮盡的 인식비판으로서의 필증적 비판'을) 형성한다(EP-II, 252).
> 선험적 에포케를 받지 않은 자연적인 인식만이 아니라 **선험적 주관성의
> 지반 위에 [세워진] 인식도**, 그것이 하등의 **필증적 비판도** 치르지 않고,
> 선험적 인식에서 절대적 해명에 관한 각종 물음이 물어지지 않는 한, …
> '**소박한**' 것이다. (같은 책, 171)

이러한 필증적 인식비판이 이른바 '필증적 환원'이다. 후설은

> 이러한 **선험적 환원** 혹은 현상학적 환원을 이것과 결부되어 있는 **필
> 증적 환원**으로부터 구별한다. 후자는 현상학적 환원을 통하여 비로소

가능해진 하나의 과제를 가리킨다. 내가 필증적 비판을 행사하기 이전에, 나는 어떤 비판분야, 여기서는 어떤 경험영역을 가져야 하는데, 이것을, 선험적 자기경험의 영역을, 나는 현상학적 환원의 방법에 힘입어서야 비로소 가지게 된다. (*EP-II*, 80)

선험적 환원을 통해서 확보된 경험을 그 필증성에 따라서 부단히 비판함으로써 등본적 명증성을 가진 구경적究竟的 인식을 지향하는 것이 의식의 지향성이며, 이러한 의식지향성의 완전한 실현이 현상학적 철학의 목표이념이다. 엄밀한 현상학적 환원 안에서, 선험현상학적 태도를 견지한 채, 사태 자체에로 반복해서 되돌아가 묻고, 자신의 경험행정經驗行程/Verfahren der Erfahrung을 면밀하게 검토하면서, 저 최종인식목표에 접근해 가는 것이 인식삶이자 곧 인식비판의 본질이며, 유별나게-철학적인 방법, 현상학적 방법의 본질이다. "'명료성과 명석성'에서, 명증성, 일견성-見性/Einsicht에서 아무리 사소한 결함도 용납하지 않는, 확실성을 추호라도 흐리게 하는 어떠한 것도, 인식결과를 추후에라도 문제되게 하거나 의심스럽게 만들 어떠한 것도, 용납하지 않는 절대적으로-완전한 석명제시釋明提示"(*EP-II*, 31)가 문제이기에 말이다.

3) 철학적 자기성찰: 목적론적으로-역사적인 방법

"모든 다른 인식비판이 그 속에 뿌리내리고 있는 바 **그-자체로-제일인 인식비판은 현상학적 인식 자체의** 선험적 자기비판이라"(*FTL*, 255)든가, "**인식비판**으로서 모든 선험철학적 인식이론은 결국에는 선험현상학적 인식의 비판에로 나아간다"(*CM*, 178)라고 하는 것은 창시철학의 방법적인 창시성에 대한 극적인 표현이다. 절대적으로–석명된 인식수행은 그 수행방법에서도 절대적인 석명을 필요로 한다. "어떠한 이성수행Vernunftleistungen의 '비판'도 감당할 수 있어야 할 어떠한 철학도, 특히 모든 철학 중에 '**제일인**' 철학은, 방법적인 자기숙고에서 끝까지 가야 하기"(*EP-I*, 237) 때문이다. 철학의 창시는 창시의 철학이며, 창시철학의 방법은 방법창시의 철학이기에 말이다. 창시철학으로서 제일철학·선험현상학의 방법논의에 등장하는 모든 개념은 철두철미 창시철학적으로 이해되어야 하는 것도 이 때문이다. 예컨대, '그 자체로an sich', '자신selbst', '절대적', '보편적', '필증적' 등등의 개념들은 선험적 환원 이후에야 비로소 의미를 가지게 되는, 선험적 경험에만 적용되는 언어라는 말이다. 그것은 다만 선험적 주관성의 영역이 최초의 자기명증성[45]의 영역이어서, "그 배후로 소급해서 물으려 함이 일종의 배리背理/Unsinn임"(*Krisis*, 192)을 의미하는 데 지나지 않는다. 그러기에 필증성 요구의 선험적 상황을 자연적인 태도에 적용하여, "더 이상의 소급질문Rückfrage을 차단할 목적으로 명증성에 호소하는 통상적 발상은, 이론상으로 보면, 신을 계시하는 신탁에의 호소보다 나을 것이 없다"(같은 곳)라고 할 수 있는 것이다.

---

45. 현상학적 명증성Evidenz은 자연적인 객체학문적인 명증성으로부터 엄격하게 구별되어야 하며, 전자의 명증성은 억지로 말하여 후자의 자명성(self-evidence)에 비유될 수 있다고 할 수 있으나, 그 경우에도 인식삶의 지평에서 보아진 자명성, 이를테면 존재론적 혹은 존재=인식론적 자명성이라 할 수 있겠다.

후설은 '절대성'이라는 말을 '통일성'과 '완전성'을 의미하는 이중의미적 개념으로 사용하는가 하면(*EP-II*, 31), '보편성Universalität'을 '통일성'의 의미로 사용하고 있다. 그리고 물자체, 세계 자체의 개념과 연관하여서는:

> 그러나 이 '자체an sich'가 의미하는 바는: 끝없이 변경할 수 있는 [경험의] 교정가능성에im offenen möglichen Wandel der Korrekturen 하나의 근사치 이상Approximationsideal이 포함되어 있는 바, 이것은 자발적으로-경험하는 주체인 인간이 계속할수록-점진적으로-완전한 교정에서 이것에 접근하지만, 매번 실제로 도달된 교정은 그 이상의 교정 가능성을 원리적으로 열어놓기 때문에 결코 도달할 수 없는, 그러한 이상이라 (*EP-II*, 52)

정의하고 있다. 그는 절대적 진리나 그것의 기체로서 상정된 절대적 존재로서 물자체나 세계자체의 개념을 매우 소박한 형이상학적 사변적인 구성물로 비판·배격한다. 그에게 절대적인 존재는 오직 하나 자기의식의 방식으로 존재하는 선험적 주관성뿐이다. 절대, 자체, 완전, 보편, 이상 따위는 오로지 절대적 자기의식의 구성적 수행범주로서만, 즉 절대적 태도에서 수행된 선험현상학적 환원 내에서만, 의미 있게 적용될 수 있는 범주인 셈이다.

창시에 그 종단이 기동機動/Motivation의 원동력이나 지향의 목표이념으로 이미 내포되어 있을 경우에만, 선험적 주관성은 절대적 보편적 존재일 수 있고, 절대적·보편적 학문의 주체·주제일 수 있다. "본질적으로 일체의 원초설립Urstiftung에 역사과정에-부과된 종국설립Endstiftung이 귀속되어 있다"(*Krisis*, 73)는 것은 무엇을 의미하는 것으로 이해되어야 할 것인가? 그것은 단적으로 의식이 목적지향적, 목적론적, 역사적이라는 것을 의미한다. 의식의 지향성은 의식의 대상성 또는 그것의 대상구성적 성격을 의미하는 것이다. 의식이 언제나 대상의 의식으로서만 존재한다는 것은 의식의 존재가 대상의 존재와 상관적이라는 것 이외 다른 아무것도 의미하지 않는다. 의식은 대상을 구성함으로써, 대상에 존재 의미와 타당성을 부여함으로써, 동시에 자신의 존재를, 지향의 미를 실현하고 충족시키는 셈이다. 의식은 의미를 부여함으로써 대상을 구성하고, 대상을 구성하면서 절대적 존재를 상대적 · 상관적으로 현상하는 이중적인 존재이다. 그것은 선험적 자아로서는 절대적인 자기관계로 존재하지만, 동시에 경험적 · 현상적 자아로서는 자연 · 사회와의 상대적인 관계로 존재하는 역사적 존재이다.

의식의 구성적 활동이 한편으로는 자기자신을 형성하면서 상관적으로는 세계를 형성한다. 자기형성과 세계형성은 우선은 신체 · 자연형성으로, 그리고는 문화 · 역사창조로 실체화 · 객관화 · 구체화된다. 그리고 이제 이것을 의식공동체, 선험적 상호주관성에로 확장하여 본다면,

모든 자아는 자기 **역사**Geschichte를 가지며, 자기 역사의 주체로서만 존재한다. 그리고 절대적 자아의, 절대적 주관성의, 의사소통적 공동체는 모두가 ―세계구성을 포함하는 완전한 구체성에서― 그 '**수동적**'이고 '**능동적인**' 역사를 가지며, 이 역사 내에서만 **존재한다. 역사는 절대적 존재의 대대적**大大的 **사실**이며; 그리고 최후의 물음은, 최후의 형이상학적 · 목적론적 물음은, 역사의 절대적 의미에 대한 물음과 함께하는 것이다. (*EP-II*, 506)

선험적인 관점, 의미의 관점에서 볼 때—결국에는 의미의 관점 이외 어떠한 다른 관점도 거론할 수 없거니와— 선험적 자아는 자기의 인식·창조와 동시에 세계의 인식·창조를 실현하는 절대적 존재이며, 모든 역사의 절대적 의미라는 것이다.

일체 존재자가 의식에 상대적인 데 비하여, 절대존재인 의식은 오직 자신에게만 상대적이라는 것은 곧 모든 의식이 언제나 동시에 그 자신의 의식이라는 말이 된다. 즉 의식존재에게는 존재와 반성이 동시·동연적同延的이라는 말이며, 이것은 또한 의미부여 또는 의미창출 Sinngebung이 동시에 의미해석Sinnauslegung임을 함의한다. 하이데거와 함께 후설도 이 '의미해석'이라는 개념에 유별나게–철학적인, 이를테면 존재론적으로–형이상학적인 의미를 부여하고 있다. 그들에게 있어서는 '의미Sinn'나 '의미해석Besinnung' 또는 '해석Auslegung'은 '사태 자체'나 '존재' 또는 '사유'만큼이나 현상학적 철학, 존재론적 형이상학의 근간개념 Grund-Begriffe을 형성하고 있다고 하겠다. 후설에 의하면,

의미해석Besinnung은 한갓 의향意向/Meinung 중에 의향되고 전제된 의미 '자체'를 현실적으로 복원하려는 시도; 혹은 '지향하는 의미'를 … 불명한 목표 중에 '모호하게 부유浮游하는' 의미를 충족된 의미에로, 명료한 의미에로 전환시키려는, 따라서 그 의미에 명료한 가능성의 명증성을 제공해 주려는, 시도 이외 아무것도 아니다. 바로 이러한 가능성이 의미의 순정성이며, 따라서 의미해석적인 모색과 발견의 목표이다. 달리 말하라면: 의미해석은, 궁진적으로 이해하여, 불명한 의향 양태의 의미를 명료성충실 양태 혹은 본질가능성 양태의 의미로 전환시키

되 우선은 전환시키려고 노력하는, **근원적인 의미해석**ursprüngliche Sinnauslegung이다. *(FTL*, 8)

지향적 삶으로서의 의식이 동시에 자기의식인 한에서, 지향적 구성의 산물인 의미부여자체가 의미해석일 수밖에 없고, 의미해석은 언제나 동시근원적으로 자기의미해석Selbstauslegung / Selbstbesinnung일 수밖에 없다. 일체 의미가 의식의 지향적 구성의 산물이라면, 선험적 주관성이 모든 의미 모든 존재의 근거·원천이라면, 이 원천으로부터 발원되지 않고 이 원천에로 소급되지 않은 어떠한 의미해석 또는 지향적 분석이 가능할 수 있겠는가. 의식의 본질에 자기의식, 의식의 자기반성이 내속해 있다면, "'**자기의미해석**Selbstbesinnung'의 가능성, 개현開現을 통하여 모호한 의향으로부터 원래적 자신에로 되돌아가는 자기의미해석의 가능성이 그것의 본질에 속해 있다"*(FTL*, 241). 인식·의미의 절대원천에로 소급질문하는 것이, 즉 지향적 분석이 현상학적 철학의 근본과제라면, 실로 선험적 주관성이 수행하는 의미부여와 의미해석의 순환성이 다름 아닌 해석학적 순환성이며, 이러한 논리는 철학의 역사창출과 그 해석에도 적용될 뿐만 아니라, 가장 전형적으로 적용되는데, 이러한 해석학적 방법이 후설의 이른바 '역사적 방법'임은 물론이다.[46]

---

46. 후설은 'Historische Methode'*(Krisis*, S. 445), 'Geschichtsbetrachtung und Geschichtskritik' (ibid., S. 59), 'Historische Betrachtung' (ibid., § 15), 'Historisch-kritische Meditationen'*(EP-II*, S. 38) 또는 'Historischer Rückblick'*(EP-I*, S. 7) 등등으로 다양하게 지칭하고 있다.

전체 현상학은 **선험적 주관성의 학적인 자기의미해석**, 즉 우선은-무반성적으로geradehin-진행하는, 따라서 모종의-소박성에서-진행하지만, 그 다음에는 그-자신의-로고스에-향해서-비판적으로-숙고된 학적인 자기의미해석, 사실Faktum에서부터 본질필연성에로, '로고스적인 것' 일체alles 'Logische'의 원천인 **원리 Urlogos**에로 진행하는 자기의미해석 이외 그 이상 아무것도 아닌 것이고, … 모든 종류의 학문에 있어서 인식비판은 현상학적 수행Leistung으로서 **자신의-선험적-기능에-대해서-스스로-의미해석하는 선험적 주관성의 자기 해석 Selbstauslegung**이다. 일체의 객관적인 존재, 일체의 진리는 그 존재-인식근거를 선험적 주관성 내에서 가지며, 이 선험적 주관성 자체에 관한 진리라면 그것은 바로 이 선험적 주관성 내에 그 근거를 가지는 것이다. (같은 책, 241-42)

4. 철학의 목표: 학문의 통일과 이성의 완성

일체 존재-의미의 근거가 선험적 주관성이라면, 너무도 당연하게 일체 인식-학문의 근거도 선험적 주관성이다. 선험적 주관성에 관한 최종적-필증적으로-명증적인 인식이, 절대-보편적이고-궁극적이게 정초되고 석명된 학문이, **우선적으로는** '철학의 창시'로서 '창시철학'이고 '철학의 제일'로서 '제일철학'이며, 현상학적으로는 '선험현상학'으로 정체확인된 바 있다. 선험적 주관성의 토대 위에서 바로 이 주관성의 경험을 의미해석하는 학문이 **그 다음으로는** '철학의 전체', '철학의 우주'로서 '보편학문'으로 정체확인된다. 근원적-궁극적으로는 오직 하나의 인식-철학-학문이 존재할 수 있을 뿐이라는 말이다. 절대존재 곧 자기존재인, 절대인식 곧 자기인식인, 따라서 절대존재 곧 절대인식인 선험적 주관성, 하나이자 전체인 이 선험적 자아로부터 유래하고 유출되는 각개 인식과 학문은 다만 동일한 인식과 학문의 지체·지류일 수 있을 뿐이다. 학문 간의 차이는 결국 그 궁극 원천에 대한 자기성찰Selbstbesinnung의 명증성-궁진성 정도에 따라서 규정될 수 있을 뿐이다. 그것은, 앎과 삶을 동근원적同根源的이게 의식·이성·정신의 자기의미해석으로 이해할 경우, 너무나 자명한 진리, 이를테면 분석적 진리라 할 수 있는 것이다.

후설은 아리스토텔레스의 학문론적 명명법에 따라 전체적ganze/gesamte/totale 학문을 '제일철학'과 '제이철학'으로 잠정구분하고, 데카르트의 학문이념에 상응하게 제일철학을 '철학의 뿌리', '뿌리의 학문', '창시의 철학'으로 파악하였다. 그의 제일철학 이념은 늦어도 『이념들 I』(1911)에 명시적으로 제창되어, 런던강연(1922)과[47] 『제일철학강의』(1923/24)를 거치면서 상론되고, 저 『이념들 I』에 부치는 「발문Nachwort」(1930)과 『형식 · 선험 논리』에 의하여 완성된다. 그러나 문제의 제일-제이철학 구분은 런던강의에서 시작하여 제일철학 강의를 거쳐 대영백과사전의 항목해설 「현상학」(1929)에 이르기까지 일관되게 견지됐다. 간략하게 몇 구절 인용해 보기로 하자:

> 따라서 '제일철학'의 필연적인 이념이 선험현상학에서 실현되어 있다. 이로써 사실학문들sciences of fact이 '철학들'('제이철학들')로서, 즉 방법적 작업수행에서 절대적으로 명석하고 종국적인 원리들로부터 도출된 것으로 완전하고도 '절대적으로' 정당화된 학문들로서, 가능하게 된 것이다. … '제일철학'으로서 그리고 모든 '제이철학들'의 방법론으로서 현상학. (LL-1 8, 23)

---

47. 문제의 「런던강연Londoner Vorlesungen」은 1922년 6월 6, 8, 9, 12일에 University College, London에서 강설된 것으로, 그 원고는 Husserl-Archiv에 "F II 3과 M II 3/F II 3"의 기호 아래 보관되어 있으나 그 사본마저 입수할 수 없었다. 우리는 다만 강연 요약문을 참조하면서 그 대강 개요를 추정할 수 있을 뿐이다. "Syllabus of a Course of Four Lectures on 'Phenomenological Method and Phenomenological Philosophy'" in the *Journal of the British Society for Phenomenology*, Vol. 1, No. 1(1970), pp. 18-24. 우리는 앞으로 이 실러버스를 'LL-page number'의 형식으로 생략 인용하겠다.

철학을 두 단계로, 이를테면 '제일철학'과 '제이철학'으로 필연적이게 정초하고 분절하려는 이념. 제일철학으로서 자기-자신을-절대적으로-정초하는 보편적 방법론이; 혹은 이론적으로 파악하면, 모든 가능적인 인식의 순수(선천적인) 원리들의 통체성Totalität과 이 원리들 안에 포함되어 있는, 따라서 순수하게 이 원리들에서부터 연역될 수 있는 진리들의 총체성Gesamtheit에 관한 학문이 선행하고, … 제이단계에서 '순정한' 즉 이성적 방법으로 '설명하는' 사실학문들Tatsachenwissenschaften의 총체성이 생겨난다. … 이 '제이철학'의 상관자와 영역이 사실적 현실성 faktische Wirklichkeit의 통일성이다. *(EP-I, 13-14)*

엄밀하게 체계적으로 관철된 현상학은 **제일철학**으로서 형상 현상학 (혹은 보편 존재론)과 **제이철학**, 사실우주학Wissenschaft vom Universum der Fakta으로 나누어진다. … 제일철학은 제이철학을 위한 방법의 우주이며, 자신의 방법적 정초에서 자기 자신에게로 소급관계 지워진다. *(H-IX, 298-99)*

이로부터 분명해지는 것은 하나의 학문, 하나의 철학이 있을 뿐이며, 방법학 · 토대학 · 근저학 · 창시학이 제일철학으로, 그리고 이 뿌리에서 파생된 분지分枝들Zweige이 제이철학 즉 사실학으로 정체확인된다는 점이다. 마치 한 그루의 나무가 그 뿌리의 생장이듯이, 한통속의 학문도 그 뿌리학 즉 제일철학 · 선험철학의 확장 이외 아무것도 아닌 것이기에 말이다. 따라서 선험현상학이 형상현상학에로 확장되면서 일체 형상학 (선천학)을 정초하며, 형상현상학이 다시 일체사실학을 정초하면서 경험현상학에로 확장된다고 말할 수 있게 된다. 단적으로 말하면, 선험적 주관성의 자기명증적인 자기인식에 의해서 최종적·궁진적으로 정초되어 있는 모든 학문은, 이전의 소박성과 실증성이 극복되어, 선험철학에 접맥되고 합류되는 셈이라 하겠다. 이로써 형상성·선천성과 경험성·후천성의 구별과 함께, 선험성과 실증성의 구별도 하나의 학문성에로 회통되고, 처음에는 어불성설처럼 들렸을 '경험적' 현상학이나 '경험적' 선험학의 이념이 이제야 무리 없이 이해될 수 있게 되는 셈이다:

> 이리하여 형상적인 현상학에 뒤따르는 **경험적인 현상학의 이념**이 이
> 해되고 정당화된다. 이 경험 현상학은, 실증학들이 다만 먼저 형상 현
> 상학을 통해서 방법적으로 절대적이게 정초된 것으로 우리가 생각하는
> 한, 이 실증학들의 전체적 체계적 우주와 동일한 것이다(*H-IX*, 298). 따라
> 서 보편적 선험적인 탐구는 그 주제에 있어서 세계 자체도 그것의 모든
> 참된 존재에 따라서 포괄하며, 따라서 전체적 세계학들도 포괄하고, 물
> 론 형상적 선험학으로서는 세계에 관한 일체의 선천적 존재론을 포괄하
> 며, '경험적' 선험학으로서는 사실세계faktische Welt에 관한 일체의 사실
> 학들Tatsachenwissenschaften을 포괄한다. (*EP-II*, 432)

제일철학·선험현상학은 선험적 인식론으로서 일체 인식의 최종적인 정초학이자 창시적인 토대학으로 정체확인되었다. 그러나 "인식이성은 실천이성의 기능이고, 지성은 의지의 하인이며"(*EP-II*, 201), "모든 순정한 학문적 인식은 동시에 실천적으로 규범적"(같은 곳)이라는 점에서, 결국 "이론적인 삶은 실천적인 삶의 한 분지分枝"(같은 책, 203)일 수밖에 없

는 것이다. 우리는 줄곧 의식·인식·이성을 존재론적 차원에서, 아니 더욱 정확하게는 인식=존재론적 지평에서, 삶 그 자체와 동일시해 왔다. 의식·인식·이성을 곧 삶으로 이해할 뿐만 아니라, 의식·인식·이성이 자신의 삶을 가지는 것으로도 이해할 수 있는 것은, 결국 의식·인식·이성이 바로 주관성·인간성·자아성으로서 우리들 자신이기 때문이다. 의식·인식·이성은 모두가 주관성·인간성·자아성의 자기개명開明능력 이외 다른 아무것도 지시하지 않으며, 이러한 개명작용의 지향성指向性이 이른바 지향적志向的 목적론을 함축하고 있는 것이다. 마치 우리가 무엇을 어떻게 보면서(知) 느끼고(情) 행동할(意) 경우, 우리의 지·정·의 모두가 하나같이 지향적 목적론적이지만, 그럼에도 불구하고 우리의 지성 작용이 전형적으로 지향적 목적론적인 것으로 간주하듯이, 적어도 학문·이론이 문제가 되고 있는 한에서는, 필연적으로 인식이론적-인식비판적인 측면이 부각되지 않을 수 없는 것이다. 그러나 현실적으로는 통일적인 하나의 이성이 있을 뿐이며, "이성은 '이론적', '실천적' 및 '심미적' 기타 등등의 이성으로 구분될 수 없다."[48] 이리하여 우리는 이제 의식이나 인식의 개념을 이성개념으로 통칭할 수 있게 되었다.

후설은 "이성이 인간의 특성임"(*Krisis*, 272)을 인정하면서도, 이성계발의 단계성과 상대성에도 주목한다. "인간은 이성적 생물이라는 훌륭한 옛날 정의에 따르자면, 그리고 이러한 넓은 뜻에서는, 파푸아 인도 인간

---

48. *Krisis*, S. 275. 그러나 후설은 도처에서 이성·의식을 인식·사유·지성의 이론적·신념적doxologisch 측면과 심정Gemüt·감정Gefühl의 가치론적axiologisch·심미적ästhetisch 측면 및 의지의 실천적praktisch·윤리적 측면으로 나누어서 설명하는 전통적 삼분법(지·정·의와 진·선·미)에 언급하고 있다.

이지 짐승은 아니다."(같은 책, 337). 그러나 인간이 짐승에 비해서 한 차원 높은 동물성을 계발했다는 점에서 이성적 동물이라고 부를 수 있다면, 존재자를 그 전체성에서 하나의 통일적인 세계와 우주로 파악하는 동시에 자기 자신을 이 우주의 중심이자 세계의 주관으로 자각하는 이성은 또 한 차원 높아진 인간, 인류적 인간, 인류성의 인간Mensch in der Menscheit/Menschtum der höheren Menschlichkeit으로 불러 무방하리라. 이러한 인간성은 철학의 도래와 학문의 도야를 통해서 비로소 가능하게 되었으며, 이제부터 인성·이성·정신·철학은 거의 동의어적인 개념으로 파악되기에 이른다. 후설은 이러한 인성·이성·정신·철학을 유럽의 인성·이성·정신·학문으로 이해하며, 그 위대한 여명을 그리스 철학창시에서 발견한다. 진정한 철학의 창시 이래 인간의 현존은 "영원의 형상 아래sub specie aeterni" 관조되고 '절대 보편성'의 이념에 따라 창도되는 것으로 파악되어 있다.

인식의 이념과 인성의 이념이 이제 이성의 이념에로 통합되고, 이성의 이념은 곧 철학의 이념을 대변하게 된다. 철학적 자아는 "자기 자신에게로 오고 있는 절대이성의 담지자"이며, 절대적 자아공동체·인식공동체·인성공동체·정신공동체의 담지자로서 이성·인식·인성의 무한이념을 역사 속에서 부단하게 실현하는 방식으로 자기존재와 세계존재를 스스로 창조하고 계속 재창조하는 무한하지만 필증적인 과제를 인수하게 된다. 철학적 이성 또는 선험적 정신성의 이러한 과제야말로 "현상학적 문제로서 '최고·최종적' 과제"(PP, 299)이기도 하다. 이리하여

철학은 철두철미 '합리주의Rationalismus' 이외 다른 아무것도 아니다. 그

러나 여기서 말하는 합리주의는 지향志向과 [지향]충실Erfüllung 운동의
여러 단계에 따라서 자기 내에 구별된 합리주의이며, **이성은 자기개명**
Selbsterhellung의 항상적인 운동 중에 있는 이성이다. …… 철학과 각종
형태의 학문이 합리적이라는 것은 동어반복Tautologie이다. 그러나 이러
한 철학, 이러한 학문은 모두 보다 더 고차적인 합리성에로 나아가는 도
상에 있으며, 그 불충분한 상대성을 항상 다시 발견하면서 참되고 온전
한 합리성에 도달하려는 수고를 마다하지 않는 합리성이다. 그러나 이러
한 합리성이 무한 중에-놓여 있는 이념이며, 사실에서는 필연적으로 도
상에 있을 수밖에 없는 것임을; 그러면서도 여기에 하나의 종국형태, 동
시에 신종新種의 무한성과 상대성의 창시형태이기도 한 종국형태가 존
재한다는 것을 철학과 학문은 결국에 발견하게 된다. (*Krisis*, 273-74)

　여기서 '합리주의'라는 것은 문자 그대로 '이성이론Theorie der Vernunft'
을 의미하는 것이고, 앞서 우리가 밝힌 대로 철학이 우선적으로 선험적
인 인식이론이고 결국에는 선험적인 이성이론이라면, "철학과 합리주의
가 동어반복이다"는 것은 너무나 자명한 분석명제가 된다.
　후설은 이성의 절대성을 복원함으로써 동시에 철학의 절대성을 궁진
적으로 정초하려 한다: 그에게는 철학이 곧 이성이론이기 때문이다(*EP-
II*, 327 참조). 이성의 복원은 철학의 복원일 뿐만 아니라, 절대보편학인
철학에 의해서 최종적으로 정초된 학문일반의 복원도 동시적으로 수반
한다. 철학이 절대 보편학으로 정초되자마자, 이 보편학에 의해서 정초
되는 일체 학문이 철학에로 통합되어, 제일철학과 제이철학이 하나의
보편적인 철학 또는 총체학totale, sämtliche, gesamte, und ganze Wissenschaft

을 구성하기 때문이다. 게다가 이성의 복원은 학문의 복원과 함께 인성의 복원도 실현하게 마련이다. 여기서 문제되고 있는 이성이란 "정신이 보편적 석명적釋明的인 학문의 형식에서 [수행하는] 현실적으로-보편적이며 현실적으로-궁진적인 자기이해Selbstverständigung 이외 다른 아무 것도 아닌 것이다"(Krisis, 346). 사태 자체로서, 절대적으로 정초된 창시로서 자기확인된 선험적 자아의 존재는 자기 이외 일체존재에 대해서는 절대성을, 그리고 자기자신에 대해서는 상대성을 가진다는 점에서, 전래의 독단적인 실증주의 · 상대주의 · 합리주의 모두를 극복하는 가장 보편적인 실증주의 · 상대주의 · 합리주의로 자리매김된다.

바로 여기에서 유럽 학문과 유럽 인성의 절박한 위기가 극복될 수 있는 결정적인 가능성을 찾아볼 수 있다. 이성이념과 이성목표는 결단코 폐기될 수 없으며, 따라서 합리주의 자체가 좌절된 것이 아니라 기술합리주의, 자연주의 · 객관주의에 매몰된 사이비 합리주의가 응분의 위기를 자초했을 뿐이다. 후설이 이성과 합리주의에 대해서 얼마나 확고한 신념을 품고 있었던가는 그의 유명한 '비엔나 강연'의[49] 마지막 문단에서 역연하게 표출되어 있다. 이 결구를 인용함으로써 우리도 후설의 철학이념에 관한 우리의 해명과제로부터 완전히 벗어나고자 한다.

유럽적인 현존의 위기는 오직 두 가지 출구를 가지고 있을 뿐이다: 유

---

49. 1935년 5월 7일과 10일 양일간 비엔나에서 "유럽인성의 위기에서 철학"이라는 제목하에 설강된 것으로, 그 대본은 "유럽인성의 위기와 철학"의 표제하에 『위기』에 부록되어 있다(Krisis, SS. 314-348 참조).

럽이 그 고유한 합리적 생활의미에 대한 소외Entfremdung에 몰락하여 정신적대Geistfeindschaft와 야만Barbarei에로 전락하거나, 아니면 자연주의를-종국적으로-극복하는 이성의 영웅주의를 통하여 철학의 정신에서부터 갱생하거나 하는 [오직 두 가지 출구를 가지고 있을 뿐이다]. 유럽의 최대 위험은 권태이다. 만일 우리가 '선량한 유럽인'으로서 끝없는 투쟁도 겁내지 않는 저 용기로 이 위험 중의 위험에 맞서 싸운다면, 불신의 멸화滅火에서부터, 서양의 인성적 사명에 대한 절망의 연화烟火에서부터, 권태의 잿더미에서부터, 새로운 생활내면성과 정신복원의 불사조가 위대하고 요원한 인류미래의 담보로 소생할 것이다: 왜냐하면 정신만이 불멸적이기 때문이다.

참고문헌

1. 후설 전집(*Husserliana*) (괄호 안은 인용 생략기호임)

I. Hrsg. S. Strasser. *Cartesianische Meditationen und Pariser Vorträge.* Haag: Martinus Nijhoff. 1973 (*CM*).

II. Hrsg. W. Biemel. *Die Idee der Phänomenologie.* Haag: Martinus Nijhoff. 1973 (*I.d.Ph.*).

III/1. Hrsg. K. Schumann. *Ideen zu einer reinen Phänomenologie und phänomenologische Philosophie.* Erstes Buch, *Allgemeine Einführung in die reine Phänomenologie.* Den Haag: Martinus Nijhoff. 1976 (*Ideen-I*).

V. Hrsg. M. Biemel. *Ideen zu einer reinen Phänomenologie und phänomenologische Philosophie.* Drittes Buch, *Die Phänomenologie und die Fundamente der Wissenschaften.* Haag: Martinus Nijhoff. 1971 (*Ideen-III*).

VI. Hrsg. W. Biemel. *Die Krisis der europäischen Wissenschaften und die transzendentale Phänomenologie: Eine Einleitung in die phänomenologische Philosophie.* Haag: Martinus Nijhoff. 1962 (*Krisis*).

VII. Hrsg. R. Boehm. *Erste Philosophie(1923/24).* Erster Teil, *Kritische Ideengeschichte.* Haag: Martinus Nijhoff. 1956 (*EP-I*).

VIII. Hrsg. R. Boehm. *Erste Philosophie(1923/24).* Zwiter Teil, *Theorie der phänomenologischen Reduktion.* Haag: Martinus Nijhoff. 1959 (*EP-II*).

IX. Hrsg. W. Biemel. *Phänomenologische Psychologie : Vorlesungen Sommersemester 1925.* Den Haag: Martinus Nijhoff. 1968 (*PP*).

XVII. Hrsg. P. Janssen. *Formale und transzendentale Logik: Versuch einer Kritik der logischen Vernunft.* Den Haag: Martinus Nijhoff. 1974 (*FTL*).

XIX/1. Hrsg. U. Panzer. *Logische Untersuchungen.* Zweiter Band, Erster Teil, *Untersuchungen zur Phänomenologie und Theorie der Erkenntnis.* The Hague / Boston/Lancaster: Martinus Nijhoff. 1984 (*LU-II/1*).

XIX/2. Hrsg. U. Panzer. *Logische Untersuchungen*. Zweiter Band, Zweiter Teil. The Hague / Boston / Lancaster: Martinus Nijhoff. 1984 (*LU-II/2*).

XXV. Hrsg. T. Nennon und H. R. Sepp. *Aufsätze und Vorträge (1911- 1921)*. Dordrecht / Boston / Lancaster: Martinus Nijhoff. 1987 (*H-XXV*).

XXIX. Hrsg. R. N. Smid. *Die Krisis der europäischen Wissenschaften und die transzendentale Phänomenologie. Ergänzungsband: Texte aus dem Nachlass, 1934-1937*. Dordrecht / Boston / London: Kluwer Academic Publishers. 1993 (*H-XXIX*).

2. 기타 문헌

『大學章句』.
『書經』.
元曉.『大慧度經宗要』.
朱子.「觀書有感」.
『中庸章句』.
Martin Heidegger. *Zur Sache des Denkens*. Tübingen: Max Niemeyer. 1976.
Edmund Husserl. "Syllabus of a Course of Four Lectures on 'Phenomenological Method and Phenomenological Philosophy'." *Journal of the British Society for Phenomenology*, vol. 1, no.1(1970), pp. 18-24.

07

일곱 번째 논문

하이데거에 있어서 '행行'의 개념

1. '근원적인 행'의 문제

하이데거는 인간을, 더 적절하게 표현하면, 우리 자신인 존재자를 현존재現存在/Dasein로, 그리고 현존재를 "그의 존재에 있어서 바로 이 존재 자체가 문제되는 유일의 존재자"로 규정하고 있거니와 이러한 현존재의 존재규정을 '행行'의 면에서 보면 "현존재는 바로 그의 '행'에 있어서 이 '행' 자체가 문제되는 유일하고 특수한 존재자"로 바꾸어 놓을 수 있다. 실로 인간에게 문제되고 있는 것은 언제나 '행'이며 오직 인간만이 그의 '행'에 있어서 바로 '행' 자체를 문제로 한다. 이처럼 인간의 존재규정과 동일하고 존재 자체에 대한 인간의 본질적 관계, 즉 인간의 본질humanitas homines humani을 형성하는 '행'이란 'res cogitans(사고하는 실체)'나 'animal rationale(이성적 동물)'의 전통적 형이상학의 인간 규정으로써는 전혀 그 깊이를 알 수 없는 근원적인 '행'이며, 더구나 이론적 활동으로서의 사유나 실천적 활동으로서의 행동을 구분하는 입장을 훨씬 넘어서 있는 시원적인 '행'이다.

하이데거의 사유가 문제삼은 것은 바로 이러한 의미의 '행'이며, 또 어느 의미로는 오직 이것뿐이다. 존재와 존재자의 존재론적 차이를 시종일관 견지하면서 '존재사유Denken des Seins'나 '전통적인 형이상학의 극복'을 표방하는 그의 철학적 노력은 그 문제의 깊이나 포괄성 때문에 일반인에게는 물론 철학과 신학의 분야에서도 가지가지의 오해와 억측을 자아냈다. 뿌리 깊은 사색과 줄기찬 학적 노력에서 성장한 하이데거 철학의 무성한 숲속에는 사람들의 눈에는 잘 뜨이지 않으나 완숙의 경지에 도달한 소담스러운 열매가 오직 하나 비장秘藏되어 있다. 그것은 얼핏 듣기에는 이상한 느낌이 들겠지만 'ism(이즘)'이 없는 'Humanism(휴머니즘)'이다. 'animal rationale(이성적 동물)'로서의 인간, 즉 동물적 인간이 아니라 'homo humanus(인간다운 인간)'로서의 인간적 인간의 'humanitas(인간성)'를 사유하는 것이야말로 존재의 진리를 사유하는 하이데거 존재사유의 '처음'과 '마지막'이다.[1]

그런데 존재의 진리를 사유함이 'homo humanus(인간다운 인간)'의 'humanitas(인간성)'를 사유함이요, 그리고 후자는 인간의 본질에 관해서 사유함을 의미한다면, 인간의 본질과 동일시되는 '본질적 의미의 행', 즉 '행의 본질'은 바로 '존재사유'로 규정된다.[2]

1946년 장 보프레Jean Beaufret의 '휴머니즘의 새로운 의미 부여'에 관한 질문에 답한 공개장에서 비로소 하이데거의 사유는 구체적 현실의 문제, 인간의 행동의 문제로 구체화된 듯이 간주되기도 한다. 그리고 여기에서 저 말썽 많은 'Kehre(전회)'가 역연하게 노정되어 있는 듯이, 그리하여 초기 『존재와 시간Sein und Zeit』의 입장은 전향되어버린 듯이 논란되고 있지만, 이 문제에 관해서는 하이데거 자신이 변해辨解하고 있거니와[3] 이는 결코 기초적 존재론의 입각점의 변경을 뜻하지는 않는다.

---

1. 『휴머니즘 서간(Über den Humanismus)』(이하 ÜH로 약기함), S. 37 참조.
2. ÜH, S. 5 참조.
3. ÜH, S. 17 및 『언어로의 도상에서(Unterwegs zur Sprache)』(이하 US로 약기함), S. 98 참조.

도대체 철학은 'Fortschritt(발전)'가 아니라 '항상恒常/das Selbe'을 사유하며,[4] 따라서 오히려 'Zurückschritt(회귀)'이다. 그에게 문제되는 것은 언제나 존재사유이고 또 존재 자체의 본질에 의해서 항상 존재사유의 도상unterwegs에 있을 뿐이다.

그는 이 근원적인 의미의 '행Handeln'의 개념을 후기에 와서야 비로소 언급한 것은 결코 아니다. 이는 이미 『존재와 시간』에서도 여기저기[5]서 발견되거니와 더구나 후기에 규정한 '행'의 본질은 『존재와 시간』에서도 암시적이긴 하지만 선명하게 윤곽 지워져 있다. 다만 그는 형이상학이 규정한 행의 개념과 혼동한 나머지 오해를 받을 우려가 있음을 고려하여 "고의적으로 Handeln(행)이란 술어를 기피했을"[6] 뿐이다. 여기에서 이미 '행'은 능동성과 수동성을, 그리고 이론적 활동과 실천적 활동Verhalten을 다 포괄하는 근원적인, 즉 인간의 존재규정과 동일한 의미로 규정되어 있다. 이는 1944~45년에 있었던 "Gelassenheit(부동성不動性)"에 관한 대어체對語體의 설명에서 나타난 '행'의 개념과 추호의 차이도 없다. 'Gelassenheit(부동성)'야 말로 『존재와 시간』의 'Vorlaufende Entschlossenheit(각오/선취적 자각/선취적 개방성)'와 함께 주객도식에서 인식론적으로 사물을 파악하는 서양 사고의 한계성을 극복하고 주객분리 이전의 시원적인 사유로 접근해가는 실로 조심스럽고 끈기 있는, 어떤 의미로는 '동양적'이라고도 볼 수 있는 존재사유의 핵심을 이루고 있다.

4. Vgl. *ÜH*, S. 23.
5. 『존재와 시간(*Sein und Zeit*)』(이하 *SuZ*로 약기함), S. 69, 300, 310, 326.
6. *SuZ*, S. 300.

이와 같이 하이데거 사유의 전 도정을 일관하고 있고, 그리고 인간의 전 존재를 관통하고 있는 '행'의 개념을 문제 삼는 것은 하이데거의 '행'에 관한 발언을 같은 모양으로 반복하려는 것이 아니며, 그렇다고 인간의 본질로 규정되어야 할 '행' 일반의 개념을 독자적·독창적으로 체계화하려는 것은 더욱 아니다. 그것은 다만 하이데거와의 대화를 통하여 언제나 그것이 문제되고 있는 바로 그 동일한 것das Selbe을 'Wiederholen(반복함/자각함/재귀함/복원함)'의 의미에서 사유함이요, 또 그것이 바로 하이데거와의 대화에서 시도되는 한 그와 함께 동일한 것을 동일한 방식으로 말하지 않으면 안 된다.[7]

---

7. 『동일성과 차이(*Identität und Differenz*)』, S. 37, 41 참조.

2. 현실과 현실파악

　어떠한 경우에도 인간의 본질은 '행'을 떠나서 생각될 수 없고, 또 '행'
의 본질은 '현실'을 떠나서 생각될 수 없다. 그러기에 하이데거는 존재
일반의 의미를 현존재의 실존론적 분석에서 그 실마리를 찾고[8] 또 현존
재의 실존론적 분석은 바로 인간 일반의 '일상성'의 분석에서 그 출발점
을 삼는다.[9] 그런데 인간의 '현실'이란 용기容器가 그 안에 물을 포용하듯
이 그 자체는 일정 불변한 채로 인간을 자체 내에 싸안고 있는 것은 아
니다. 환언하면 인간이 현실과 관계하는 방식은 용기와 물의 관계와는
본질적으로 다르다. 인간과 현실의 관계는 부등자不等者의 관계, 즉 존재
자의 관계가 아니며 동일성의 존재 관계이다. 현존재가 존재자가 아니
듯이 현존재의 존재 관계인 현실도 존재자가 아니며, 현실의 존재방식
은 존재자의 성격을 갖는 것이 아니라 존재의 성격을 갖는다. 즉 현실은
'vorhanden ist(눈앞에 객체적 대상으로 있다)'가 아니라 'existiert(실존한다)'이
다. 현실의 이와 같은 '탈자적脫自的/ekstatisch' 성격은 바로 현존재의 존
재가 '실존實存'인 데 근거한다.
　이러한 의미의 현실은 주체 밖에 현전해 있는 정적 상태가 아니라, 그 자

---

8. *SuZ*, S. 7.
9. Vgl. *SuZ*, S. 17, 43.

신 동적이며 따라서 현실은 곧 '현실파악'이다. 즉 현실이 주관의 인식이나 노작勞作의 대상으로서 그것 자체로 먼저 존재한 연후에 주체로서의 인간이 객체로서의 현실을 대상적으로 파악하는 것이 아니라, 현실 그 자체가 '가능성'이며 '운동'이기 때문에 현실은 오직 자기 자신과 관계할 뿐이며 현실의 이러한 자기관계가 다름 아닌 현실파악이다. 따라서 '현실을 떠난다'든가 '현실을 무시한다'든가 혹은 '현실을 직시한다'든가, 아니 도대체 '현실을 파악한다'라는 표상 자체가 잘못되어 있다. 이러한 표상은 모두가 현실을 존재자로, 하나의 대상으로 취급하는 주체주의主體主義 형이상학의 산물이다. 현실은 곧 인간의 '행' 자체이며, 따라서 인간은 '현실존재'이다. 하이데거가 인간의 '본질Wesen/Substanz/Essenz'을 '실존'으로 규정함은 바로 이러한 의미에서다.[10] 물론 현실은 '행'의 가능성의 '지평'으로 생각될 수 있지만, 이 지평은 인간의 '행' 밖에 인간과는 별개로 현전해 있는 물리적 공간이 아니라 '행' 자체로서의 탈자적 '시-공-간Zeit-Spiel-Raum'[11]이다.

이러한 의미의 현실과 현실파악의 구조를 밝힘은 바로 '행'의 가능성의 구조를 해명하는 것이 된다. 그리고 하이데거에서 이를 위해 채택할 수 있는 술어는 'Erschlossenheit(개시성/현실/일상적 현실)'와 'Entschlossenheit(은폐에서 벗어남/자각된 현실/각성)'이다. 이 두 개념은 그 개념으로 파악되는 'Sache(사태)' 자체의 본성상 너무도 모호하여 마치 구름을 잡는 것과도 같이 허황한 듯하다. 그러나 실로 이 개념이 의미하는 '사태'야말로 우리에게 가장 친근하고 가장 절실하며 가장 본질적이

---

10. Vgl. *SuZ*, S. 42, 117, 212, 233, 314 및 *ÜH*, S. 15, 18.
11. Vgl. *US*, S. 214.

고 가장 근원적인 것이다. 우선은 'Erschlossenheit'를 '일상적 현실'로,
그리고 'Entschlossenheit'를 '구체적으로 자각된 현실'로 해석하여 그
구조를 해명함으로써 '행'의 가능성의 지평도 동시에 개시된다.

1) 현실(Erschlossenheit)

인간에 관한 여하한 규정에도 앞서 인간은 우선 단순하게 '존재한다'고
볼 수 있다. 인간은 세계 내에 현전해 있는 모든 존재자(인간도 포함)와 관
계하면서 있다. 'Daß es ist(그가 존재한다는 사실)', 이것이 인간에 관한, 그
리고 인간의 '존재'에 관한 일차적 규정이다. 즉 자신의 존재에 관한 일체
의 질문에 앞서서 (어느 의미로는 동시근원적으로) 이미 존재하고 있다.
더욱 구체적으로 언표하면 현존재는 존재질문을 체계적 · 이론적으로 문
제 삼기 이전에 존재 자체가 그의 '존재'에 있어서 자기 자신을 개시開示
하고 있고, 또 이미 개시되어 있다. 존재이해의 관계에 있어서 '선후 계
기'라는 형이상학적 시간표상時間表象을 배제하면 현존재는 그의 '존재'
에 있어서 존재가 이미 개시되어 있고 일차적으로 존재이해가 전제되어
있다. 즉 존재와 존재이해는 동시근원적이며 '동일자das Selbe'의 자기관
계이다. 'Aufschließen(훤히 열어보임/개현開顯함)'으로서의 'Erschließen(열
어밝힘/개시함)'은 동시에 'Aufgeschlossenheit(훤하게 열려있음/개현되어있음)'
로서 'Erschlossenheit(개시성/현실)'이다.[12]

---

12. Vgl. *SuZ*, S. 75.

그런데 '있다'함은 적어도 인간의 존재규정에 관한 한, 그리고 인간과의 관계에 관한 한 'vorhanden ist(눈앞에 객체적 대상으로 있다)'나 'zuhanden ist(수중에 있다)'가 아니라 단적으로 'existiert(실존한다)'이다. 따라서 존재에 관한 일차적 규정인 'Daß es ist(그가 존재한다는 사실)'는 동시에 'Daß es ist und zu sein hat(그는 존재하고 있고 또한 존재해야 한다는 사실)'[13]이다.

여기서 'und'의 전반부는 'Geworfenheit(어떤 환경 속에 처해있음/던져져있음/현실)'의 성격을, 그리고 후반부는 'Entwurf(현실창조/자신의 존재가능성을 모색하면서 처신함/기투機投 ⇒ '기투企投'가 아님에 주의할 것—편집자)'의 성격을 갖는 것으로서, 일견 상호 모순되는 듯한 개념이 'und'로 관계되는 곳에 현존재의 존재의미가 구체적으로 드러나 있다. 하이데거가 인간의 존재규정을 'Dasein(현존재)'이나 'In-der-Welt-sein(현실존재/세계-내-존재)'으로, 그리고 이 'Dasein'의 존재의미를 'Sorge(심려/마음씀)', 'Geworfenes Entwurf(주어진 기투機投/주어진 가능성)',[14] 'Geworfenes In-der-Welt-sein(던져진 세계-내-존재)',[15] 'Geworfenes In-der-Welt-sein-können(던져진 세계-내-존재-가능성)',[16] 'Geworfenes Seinkönnen(주어진 존재가능성)',[17] 'Geworfenes Möglichkeit(주어진 가능성)',[18] 'faktisches Existieren(사실적으로 실존함)'[19] 및 'Faktisch existent gewesene Möglichkeit(사실적으로 실

---

13. Vgl. *SuZ*, S. 134, 284.
14. *SuZ*, S. 223, 285 und passim.
15. Ibid., S. 167, 191.
16. Ibid., S. 192, 252.
17. Ibid., S. 188.
18. Ibid., S. 144.
19. Ibid., S. 192.

존하면서 재래在來하는 가능성)'[20] 등등으로 표현하고 있음은 바로 인간존재
의 이러한 현실을 지시하고 있는 것이다.

그는 'Dasein(현존재)'의 'Da(현)'나 'In-der-Welt-sein(세계-내-존재)'의
'Welt(세계)'의 의미를 갖는 'Erschlossenheit(일상적 현실)'의 구조 계기
를 'Befindlichkeit(처지/모종의 감을 잡고 있음)', 'Verstehen(처신/존재이해)'
및 'Verfallen(처세)'으로 규정하고 있는바, 이들 구조 계기의 해명에서
'Erschlossenheit(일상적 현실)'도 일층 분명해진다.

(1) Befindlichkeit (처지)

인간은 이미 항상 어떤 '처지'에 놓여 있다(befinden sich). 'Daß es ist(그
가 존재한다는 사실)'를 구체적으로 파악하기 이전에 이미 적나라한 어떤 처
지에 놓여 있다. 현실과 함께 모종의 '기분'에 젖어 있다. 이것은 여하한
심리적·생물적 현상보다도 더 근원적이며, 모든 인과관계를 넘어서 있
는 단적인 존재방식이다. 왜냐하면 그것은 인간의 외부에서 오는 것도
아니고 내부적 원인에서 생겨난 결과도 아니며, 'In-der-Welt-sein(세계-
내-존재)'으로서 'Dasein(현존재)'의 'Da(현)'이며, 존재 자체에서 드러나는
자기관계이기 때문이다.[21] 그것은 사물과의 관계로서의 'Besorgen(염려)'
이나 다른 'Dasein'과의 관계로서의 'Fürsorge(배려)'의 근거가 되는 존
재 자체에 대한 'Sorge(심려)'의 한 모습이다.

---

20. Ibid., S. 395.
21. Vgl. ibid., S. 136.

이와 같이 현존재가 현실Welt과 관계하는 일차적 방식이 'Stimmung (기분)'에 의한 'Be-stimmen(결정함)'이라고 해서 그것이 곧 철학을 감정 Gefühl에 맡기는 비합리주의의 기분철학이라 비난해서는 안 된다.[22] 오히려 'Befindlichkeit(처지)'는 'Befinden sich(어떤 처지에 놓여 있음)'로서 'Dasein'의 'Da(현)'를 개시하는 실존론적 근본 양식이며,[23] '현실존재In-der-Welt-sein'의 '현실Welt od. Geworfenheit'이 '행'과 함께 동시근원적으로 개시되어 있음을 '현실적으로ontisch' 알려 주는 존재론적 개념이다. 그리고 존재가능성 자체에 관한 'Sorge(심려)'로서의 이 'Befindlichkeit(처지/감感 잡음)'는 바로 존재이해 이외 다른 아무것도 아니다.

(2) Verstehen(처신)

인간의 존재방식이 'Dasein(현존재)'으로 규정되고,[24] 'Dasein'의 'Da(현)'가 'Befindlichkeit(처지)'나 'Geworfenheit(어떤 환경에 처해있음)' 혹은 'Weltlichkeit(세계성)'를 의미하는 것이라면, 그리고 'Dasein'의 'Sein(존재)'이 'Vorhandenheit(눈앞에 객체적 대상으로 있음)'가 아니라 'Existenz(실존)'나 'Sorge(심려)' 또는 'Zeitlichkeit(시간성)'로 규정되어야 한다면 'Dasein'은 세계내적 존재자가 아니라 'In-der-Welt-sein(세계-내-존재/현실존재)'이며 'Sein in etwas(어떤 것 안에 있는 존재/무언가에 속하는 것)'가 아니라 'In-

---

22. Vgl. ibid., S. 138.
23. Vgl. ibid., S. 139.
24. Vgl. ibid., S. 11, 25.

sein(내-존재)'이다.[25] 그러므로 'Dasein'은 'Daß es ist(그가 존재한다는 사실)'일 뿐만 아니라 'Daß es zu sein hat(그가 존재해야 한다는 사실)'이다.

언제나 어떤 처지에 '처'해 있는 인간은 어떠한 방식으로든 '처신'하지 않으면 안 된다. 그리고 '처신'이 가능하기 위해서는 어떠한 형태로든 처지를 알고 있지 않으면 안 된다. 그런데 여기서 'Verstehen(이해함)'이라 함은 일정한 대상에 관한 지식을 갖는다는 뜻이 아니라, 단적으로 존재 이해Verstehen von Sein이며, 존재이해는 존재가 존재자가 아닌 한 언제나 존재가능성의 이해이며, 따라서 존재가능성을 이해한다 함은 바로 이를 'Enfwerfen(기투機投)'하는 '행' 이외 아무것도 아니다. 존재이해가 존재가 능성의 이해라면 존재가능성에 대한 'Verhalten(실천적 활동/존재에 귀 기울이기)'으로서의 '행'은 본질적으로 미래적이다. 실로 'Verstehen(처신)'이야 말로 인간 인식능력의 일종이나 그 변종이 아니라 현존재의 존재의미로서의 '행'의 본질을 이루고 있는 근원적이고 실존론적인 존재방식이다.[26]

(3) Verfallen(처세)

어떤 처지에 있는 인간은 어떠한 방식으로든 처신해야 하고, 게다가 처지와 처신이 동시 근원적이기 때문에, 그리고 'Dasein(현존재)'은 언제나 'In-der-Welt-sein(세계-내-존재)'으로서 'Mitsein mit Anderem(타인과 공

---

25. Vgl. ibid., S. 28.
26. Vgl. ibid., S. 142~148.

존)'[27]이기 때문에, '우선 그리고 대개zunächst und zumeist' 일상적이고 평준화된 세인의 처신을 따르게 마련이며, 따라서 처신은 우선 그리고 대체로 '처세'로 전락한다. 뿐만 아니라 존재는 언제나 존재가능성으로서 '존재'가 아니라 오히려 '무無'이기 때문에, 그리고 무 앞에 선다는 것은 불안하고 불편unheimlich하며 부정적nichtig이기 때문에 일차적으로 이를 회피하려는 경향이 일상적이다. 그리하여 자신의 독자적이고 각자적 jemeinig이며 일회적인 미래의 존재가능성을 망각하고 '인간 일반'의 '망자忘自/Niemand'로 되고 만다.

평준화된 일상성, 즉 처세의 주인은 '나'도 아니고 '너'도 아니며 그렇다고 '우리'도 아닌 '세인世人/das Man'이다. 그러나 이 세인은 소위 통속적인 대중을 의미하는 것은 아니다. 그것은 존재자의 범주Kategorien가 아니라 현존재의 실존주實存疇/Existenzialien이기 때문에[28] 윤리적 가치평가와는 하등의 관계도 없을 뿐만 아니라 도대체 'das Man(세인/중생)'은 인칭이 아니고, 따라서 단수 복수와도 무관하기 때문에 다수 개인의 양적 집합으로서의 보편적 주체나 일상적 현존재의 유類개념이 아니다.[29] 단적으로 말하면 'das Man'은 존재자의 'Washeit(무엇임)'가 아니라 'Seinsweise(존재방식)'이다. 그것은 마치 'Mitsein(공동존재)'이 다수 주체의 집합이 아니라 'Dasein'의 존재구조 자체가 탈자적 관계임을 의미하는 존재론적 개념이듯이, 'das Man'은 자기 자신의 각자적 존

---

27. Vgl. ibid., S. 118, 384.
28. Vgl. ibid., S. 44.
29. Vgl. ibid., S. 128.

재가능성을 망각한, 존재에 주인Wer이 없는 존재자, 즉 몰자성沒自性/ Unselbständigkeit 내지 망자성亡自性/Uneigentlichkeit의 방식으로 존재하는 현존의 존재 방식을 지칭하는 실존론적 개념이다. 'Das Man'은 하나의 'Existenzial(실존주/실존범주)'이며 근원적인 현상으로서 현존재의 적극적인 체질Verfassung을 형성한다.[30]

하이데거는 현존재의 일상성을 언급함에 있어서 'zunächst und zumeist(우선 그리고 대개)'를 선택했고 이 용어는 『존재와 시간』에만도 무려 57번이나 발견된다. 'Zunächst(우선)'는 현존재가 타자와 공재共在/ Miteinandersein하면서 공공公共/Öffentlichkeit에 대하여 개방적offenbar으로 존재하는 방식을 말하며, 'Zumeist(대개)'는 '항상'은 아니지만 '대체로 In der Regel' 누구에게나Jedermann 자신을 나타내는 존재방식을 말한다.[31] 따라서 "우선zunächst 현존재는 세인이고 또 대체로zumeist 그것으로 머물러 있다."[32] 현존재의 일상성은 결코 가치 결여를 의미하는 소극적 · 부정적 개념이 아니라 오히려 'Dasein'의 근본적인(일상적이기 때문에) 존재방식을 의미하므로 망자적uneigentlich이긴 하지만 실존적이고, 그러한 한, 구조상으로는 각자적覺自的/eigentlich 실존과 하등 구별도 없다. 따라서 현실파악은 각자적 실존에서가 아니라 무차별적 일상성zunächst und zumeist에서 시작되어야 하며,[33] 구체적 현실(각자적 자기존재)은 세상das Man과 단절된 주체의 예외적 상태에서가 아니라 이미 본질적으로

---

30. Ibid., S. 129.
31. Ibid., S. 370.
32. Ibid., S. 129.
33. Vgl. ibid., S. 43.

'Existenzial(실존주)'인 일상적 현실을 실존적으로 'Modifikation(수정)'하는 데서 파악되며,[34] 가자적 실존은 처세적 일상성 위에 초연히 고립해 있는 고독한 예외자가 아니라 일상성의 자각일 뿐이다.[35]

하이데거는 'Verfallen(처세/전락)'의 구조 계기로서 'Gerede(잡담)', 'Neugier(호기심)' 및 'Zweideutigkeit(애매성)'를 들고 있거니와 이들은 각각 'Rede(말)', 'Sicht(봄)' 및 'Deuten(설명)'의 일상적 방식이다. 그리고 'Verfallen(처세)'의 성격으로는 'Versuchung(유혹)', 'Beruhigung(안정)', 'Entfremdung(소외)' 및 'Sichverfangen(자기 자신에게 사로잡힘)'을 들었지만 처세의 의미를 가장 잘 나타내고 있는 것이 'Neugier'와 'Entfremdung' 이다.

'Neugier(호기심)'는 'Neu(새로운 것)-gier(욕망)'로서 부단히 '새것'을 추구하는 나머지 '옛것'은 망각되고 '눈에 보이지 않는 것'에 대해서는 맹목이 되기 때문에 과거와 미래에서 단절된 채 오직 현재(이는 Uneigentliche Gegenwart이다)에 집착할 뿐이다. 그리하여 안주安住를 모르는 채 unverweilend 정처 없이aufenthaltlos 방황하며zerstreuend 마침내 자기소외 Entfremdung의 공허에 직면하고 만다.[36] 즉 자신의 존재가능성을 피하여 존재에 안주하려는 당초의 욕망Wollen과는 반대로 결국은 자기안정이 아니라 불안과 소외와 대면한다. 이리하여 'Neugier(호기심)'는 'Angst(불안)'로 변하고 불안은 'das Man(세인)'에서 자기 자신의 존재가능성으로

---

34. Vgl. ibid., S. 130.
35. Vgl. ibid., S. 179.
36. Vgl. ibid., S. 172, 178.

재귀再歸/Zurückholen시킨다. 즉 세상적 현실에서 구체적인 '나'의 현실로 복귀하게 한다.

2) 현실파악(Entschlossenheit)

현존재의 존재는 존재자가 아니라 무無이며 따라서 그 'Grund(근거)'는 무근거, 즉 'Grund-sein einer Nichtigkeit(아무 내용이 없는 근거존재)' 곧 'Ab-grund(무-근거)'이다.[37] 이렇듯 현존재의 존재가 철두철미 'nichtig(내용이 없는/비어 있는)'하고 'schuldig(책임이 있는)'함을 피할 수 없는 현실로, 즉 자기 자신의 존재가능성으로 자각하는 것이 진정한 의미에서 구체적 자기현실의 파악이다. 인간이 존재하는 한 그는 현실적으로 있으며 동시근원적으로 현실 속에 있다. 현실을 망각할 수도 초탈할 수도 없는 인간에게는 오직 현실을 자기 현실로 '선택'하는 '행'이 있을 뿐이다. 현실파악은 자기현실의 선택이요, 이는 현실을 현실로 사는 것, 즉 현실을 분명하고도 자각적으로 자기현실로 만드는 것이다. 'Entschlossenheit(현실파악)'는 'Eigentliche Erschlossenheit(자각적으로 현실을 받아들임)'이다.[38] 그러므로 그것은 "어떤 'Subjekt(주체)'의 결정 행위가 아니라 현존재가 존재자에의 집착에서 존재의 개시성開示性/Offenheit

---

37. Vgl. ibid., S. 285.
38. Vgl. ibid., S. 335.

에로 개시하는 것"이다.[39] 즉 인간의 주관적·자의적 행위가 아니라 존재 자체에 의해서 비로소 존재가능성을 선택함을 의미한다.

현실파악은 인간이 현실 밖에서 냉철하고 성실하게 현실을 관망함으로써 비로소 가능한 것이 아니라 이미 개시되어 있는 현실Erschlossenheit을, 즉 자기가 그 속에 그와 함께 살고 있는 현실을 하나의 전체성에 있어서 자기현실로 '자각'함을 의미한다. 따라서 현실Erschlossenheit은 현실파악Ent-schlossenheit이며 현실파악은 곧 현실개조 내지는 현실창조Entwerfen이다. 그러면 이러한 구체적 현실은 어떻게 가능한가?

(1) 자각(Wiederholen)

일상적으로 우리는 세인으로 처세한다. 존재가능성으로서의 무를 기피하여 존재자에로 몰입한다. 그러나 이러한 기피는 일상적으로 여러 사태에 대한 여러 가지 공포로 나타나지만, 실은 바로 '무無 앞에서의 불안Angst'이 여러 모습으로 변한 것에 지나지 않는다. 그러므로 공포에 의한 존재자에의 집착은 급기야 존재자가 그것이 존재자인 한 인간의 안식처Wohnung/Aufenthalt가 못됨을 드러내고야 만다.

불안은 존재자가 'nichts(그 자체로 존재하는 것이 아님)'임을 알게 하고 인간을 'Nichts(무)' 앞으로 데려간다. "불안이 무를 개시한다."[40] 불안은 인간

---

39. 『숲길(*Holzwege*)』(이하 *HW*로 약기함), S. 55 및 Vgl. 『부동성(*Gelassenheit*)』, S. 61.
40. 『형이상학이란 무엇인가?(*Was ist Metaphysik?*)』(이하 *WM*로 약기함), S. 32.

의 처지가 확고부동한 '지반地盤'이 아니라 '무근거無根據'임을, 그리고 그
것이 바로 존재 자체임을 알게 하는 근본적인 'Befindlichkeit(감感 잡음)'
이다. 불안은 존재가 존재가능성이기 때문에 불안하고 존재의 가능성에
관해서 불안해한다. 불안의 대상과 불안의 이유가 동일하다는 데 불안의
고유한 특성이 있으며, 또한 그러므로 불안은 망자적 세인의 처세적 일
상성에서 자기의 존재를 존재가능성으로 인수하게 하는 '자각'의 원동력
이 될 수 있다.

자각이 가능하기 위해서는 불안 이외 또 하나의 적극적 계기가 필요
하다. 그것은 바로 '양심Gewissen'이다. 여기서 양심이라 함은 주체의 심
리적인 한 기능이나 현상으로서의 양심이 아니라 "Erschlossenheit des
Daseins(현존재의 개시성)"[41]으로서 'Dasein(현존재)'의 실존론적인 존재방
식을 지칭함이다. 그것은 존재이해와 함께 존재하는 현존재의 근원적
인 존재방식이다. 'Gewissen(양심)'은 현존재가 존재의 개시성 가운데 있
다는 뜻이며, 따라서 'Gewissen'은 언제나 'Gewissen-sein(양심 있음)'이
며 'Gewissen-sein'은 'Zueignung des Erschlossenen(개시된 것을 자기 것으
로 함)'[42]이다. 현실이 개시하는 것이 양심이요, 동시에 현실의 요구에 응
하는 것이 양심이다. 그러므로 양심은 현실의 소리 없는 부름에 조용히,
그리고 결연히 응답하는 것이며, 그렇게 함으로써 세인 속에 처세하는
망자忘自는 자기의 존재가능성으로 돌아온다.

---

41. *SuZ*, S. 269.
42. Vgl. ibid., S. 307.

(2) 각오(Vorlaufende Entschlossenheit)

그런데 자각을 통해서 처세의 망자에서 자기 자신의 존재가능성으로 '재귀再歸/wiederholen'한 현존재는 자신의 존재가능성의 철두철미한 '무성無性/Nichtigkeit'에 현기증을 느낀다. 'Dasein(현존재)'의 'Da(현)'는 언제나 존재자가 아니라 오히려 무이기 때문에 'Dasein'은 'Da-sein(현-존재)'이고 'Da-sein'은 'Hineingehaltenheit in das Nichts(무 안에 들어가 있음)'[43]이기도 하다. 'Nichts(무)'는 그 본성이 'Nichtung(무화無化)'이며 따라서 부단히 자기 자신을 'Nichten(무화시킴)'한다. 즉 'Dasein'은 본질적으로 'nichtig(비어 있음)'하며, 바로 그 점에서 'schuldig(자신의 존재가능성에 대해 책임져야 함)'하다. 따라서 'Dasein'은 그가 실존하는 한 언제나 존재가능적이며 그 자신의 'Noch-Nicht(아직 아님)'이다.[44] 그는 부단히 탈자적 자기 초출超出 도상에 있기 때문에 'Unganzheit(비전체성)', 'Unzusammen(함께 있지 않음)', 'Noch-nicht(아직 아님)', 'Ausstehen(미완/함께 있어야 할 것이 아직 오지 않음)' 및 'Unabgeschlossenheit(불완전함)'가 그 본성을 이룬다. 즉 'Dasein'은 'Werden(되어감/생성)'이요, 따라서 'Sein(존재)'이어야 한다.[45]

그런데 'Dasein(현존재)'의 'Noch-nicht(아직 아님)'는 초생달이 보름달로 충만해 가듯이, 그리고 미숙한 과실이 완숙해 가듯이 일정한 시간 후에 충전될 수 있는 성질의 것이 아니다. 현존재의 존재구조 자체를 이루고

---

43. *WM*, S. 35.
44. Vgl. *SuZ*, S. 233.
45. Vgl. ibid., S. 243.

있는 이러한 부정성을 존재론적으로 '죽음Tod'이라고 부른다. 현존재는 일정한 물리적 시간이 경과한 다음에 불시에 죽음에 의해서 엄습당하는 것이 아니라 본질적으로 죽으면서 있다. "죽음은 가장 넓은 의미에서 생의 한 'Phänomen(현상)'이고 생은 세계내존재의 한 존재방식이다."[46] "죽음에서 현존재가 완성되는 것도 아니고 소멸되는 것도 아니며……오히려 현존재가 현존재인 한 항상 'Noch-nicht(아직 아님)'인 것과 같이 이미 언제나 그의 'Ende(종말)'이다. 죽음은 현존재가 존재하자마자 스스로 인수해야 하는 하나의 존재방식이다."[47]

이와 같이 '종말Ende'을 현존재 외부에서 미래 어느 시간에 돌발적으로 현존재 안으로 진입해 오는 것이 아니라 이미 항상 종말적인 것으로 볼 때,[48] 그리고 '출생'을 '이미 지나가 버린 것', '사망'을 '아직 오지 않는 것'으로, 그리하여 인간의 생을 이 양단의 물리적 시간 안에 한정되어 있는 것으로 보지 않고 현존재가 실존하는 한 이미 항상 출생하면서 죽어가는, 즉 양적 시간의 선후 계기가 없는 동시성으로서의 'Zwischen(사이)'으로 볼 때, 비로소 현존재는 자기의 존재를 그 가능성에 있어서 전체적으로, 즉 전체적인 가능성Ganzseinkönnen[49]으로 온전히 인수하게 된다. 이와 같이 'Schuldigsein(책임지고 있음)'으로서의 'Seinkönnen(존재

---

46. Ibid., S. 246.

46. Ibid., S. 246.
47. Ibid., S. 245.
48. 종말의 이러한 해석은 현대신학의 종말론의 공통적 경향이며 특히 Jürgen Moltmann의 'Theologie der Hoffnung(희망의 신학)'에서는 희망의 개념으로까지 발전되어 있다.
49. Ibid., S. 301.

가능성)'을 'Entwerfen(기투)'하는 것을 'Vorlaufen in die Möglichkeit(가
능성에로의 선취)'[50] 혹은 'Vorlaufende Entschlossenheit(선취적 자각)'[51]라
고 한다. 여기에 이르러 실존은 비로소 '각자성覺自性/Eigentlichkeit'[52]과
'각자성各自性/Jemeinigkeit' 및 항자성恒自性/Selbständigkeit[53]을 회복한
다. 이러한 'Entschlossenheit'는 각자적覺自的 'Erschlossenheit(개시성)'
이며[54] 근원적이고 고유한 실존이며,[55] 그와 함께 현존재의 가장 근원
적인 '진리'가 확보된다.[56] 우리는 이와 같은 'Erschlossenheit(개시성)'
와 'Entschlossenheit(자각)'의 관계에서 현존재는 본질적으로 '실존'이
며 다만 실존에도 각자성覺自性(자각)과 각자성各自性의 유무에 따라서
'Eigentliches Existieren(각자적 실존)'과 'Uneigentliches Existieren(망자
적/세속적 실존)'이 구별됨을 알 수 있다.[57] 'Entschlossenheit'는 자신의 존
재가능성이 단적으로 'Vorlaufen in die Möglichkeit(선취적 가능성)'로서
'Sein zum Tod(죽음을 향한 존재)'이며, 이는 가장 독자적이고eigenst 타자가
대신할 수 없으며unbeziglich 도저히 앞지를 수 없고unüberholbar 확실하면
서도gewiss 부정적不定的/unbestimmt인 가능성[58]임을 선명하게 자각하고,

---

50. Ibid., S. 262, 383.
51. Ibid., S. 302, 304, 382 und passim.
52. Ibid., S. 323.
53. Ibid., S. 322.
54. Ibid., S. 345.
55. Ibid., S. 336, 424.
56. Ibid., S. 297.
57. Vgl. ibid., S. 323, 336, 382, 390, 436.
58. Vgl, *SuZ*, §13.

그러면서도 'nichtig(비어 있는)'하고 'schuldig(책임지는)'한 'Noch-nicht(아직 아님)'를 기다리면서 견디는 "자신selbst에 대한 실존의 성실성"[59]을 '각오覺悟'함이다.

(3) 입-장(Situation)

현존재가 그의 존재를 그 존재가능성에 있어서 전체적으로 인수하는 '각오'에서 비로소 일정한 사실적 가능성들을 'Entwerfen(기투)'할 수 있는 가장 고유한 구체적 존재가능성이 문제될 수 있다. 따라서 'Vorlaufende Entschlossenheit(선취적 자각)'는 소위 현실Wirklichkeit을 회피하려는 것이 아니라 비로소 현실을 'Das faktische Mögliche(사실적으로 가능한 것)'로 발견하며[60] 'Dasein'의 'Da'를 환상에 사로잡히지 않고 냉철하게 살려 가질 수 있으며[61] 여기에서 '행'의 '입장Situation'이 구체화된다. 현실존재인 인간은 일상성에서는 막연한 생활영역이지만 구체적이고 자각된 현실에서는 '입장'이 된다.[62] 즉 'Erschlossenheit(일상적 현실)'에서는 'Da'가 'Räumlichkeit(공간성)'이지만 'Entschlossenheit(자각된 현실)'에서는 'Situation(입장)'이 된다. 입장은 '입-장in-der-Lage-sein'이며[63] 각오와 함께 비로소 개시erschließen되기 때문에 하나의 'Vorhandenes(눈

---

59. Ibid., S. 391.
60. Ibid., S. 299.
61. Vgl. ibid., S. 391.
62. Ibid., S. 299.
63. Ibid., S. 299.

앞의 객체적 대상'처럼 예료豫料되거나 계획될 수 없다.[64] 즉 'Situation' 은 각자적 실존에게만 바로 그 '실존'에서 개시되기 때문에 'das Man(세인)'에게는 본질적으로 'verschlossen(은폐)'되어 있다.[65] 따라서 'Entschließen(은폐에서-벗어남)'을 통하여 'Da-sein(현-존재/거기에-있음)'의 'Da(현/거기)'가 그때그때의 사실적 'Situation(입장)'을 개시하는 것이다.[66] 그러므로 자신의 사실적 'Da'를 명백히 인수함이 바로 입장을 결정함이다.[67] 실로 이 'Situation'이야 말로 실존이 사실적으로 실존하면서[68] 행하는 존재가능성의 가장 구체적인 최후의 계기이다.

---

64. Vgl. ibid., S. 317.
65. Ibid., S. 300.
66. Vgl. ibid., S. 307, 326.
67. Vgl. ibid., S. 338, 382.
68. Ibid., 179, 181, 276, 328, 380, 391.

3. 현실과 역사

　'행'의 가능적 지평으로 규정된 현실은 물리적 공간의 성격을 갖는 것이 아니라 그 자체 이미 탈자적인 실존의 성격을 갖는다면, 그리고 현실이 곧 현실개조나 현실창조의 의미에서 현실파악이라면 이러한 현실의 구조는 본질적으로 '시간적'이요 '역사적'이다. 더구나 'Dasein(현존재)'의 'Sein(존재)'이 그 자체 이미 'Mitsein(공동존재)'이며, Dasein의 'Da'가 그 각자성覺自性에 있어서는 'Situation(입장)'으로 된다면 현존재의 역사적 성격은 명백해진다.

　하이데거는 결코 존재를 자명성으로 전제하지 않았고, 존재질문을 공허한 개념분석에서 시작하지 않았다. "현존재는 그의 '존재'에 있어서 바로 이 '존재' 자체가 문제"[69]이기 때문에 그의 존재의미는 'Sorge(심려/마음씀)'로 규정되며, 바로 이 'Sorge'의 존재론적 구조를 해명하는 현존재의 실존론적 분석에서 존재 일반의 의미를 찾고, 이 현존재의 분석은 바로 그의 비근한 일상성에서 시작되어야 하며[70] 또 궁극적으로 일상성의 재가를 받아야 한다고 명백히 선언하였다.[71] 그리하여 그는 일상성의 분

---

69. Vgl. ibid., S. 12 und passim ― 약 23회나 등장한다.
70. Vgl. ibid., S. 43.
71. Vgl. ibid., 266, 312.

석을 통하여 현존재의 존재의미가 '시간성'임을 밝혀냈고 시간성의 구체적인 '사실성'을 근원적인 '역사성'의 분석에서 확인하였다.[72]

　따라서 하이데거의 존재사유를 '실존주의'와 동일시되는 '실존철학'으로 취급하고, 이를 개인의 내면적 성실만을 강조한 나머지 사회와 역사의 현실성을 무시한 사변철학이라 비난한다면, 이는 그 출발점부터가 하이데거와는 하등의 관계도 없는 동문서답이다. 오히려 하이데거의 존재사유야말로 언제나 그것이 문제인 'Sache(사태)' 그 자체를 가장 현실적으로 분석하려 하였다. 그러기에 그는 인간의 사유 한계를 넘어서 있는 'Dasein(현존재)'의 'Washeit(무엇임)'에 관해서는 일언반구도 언급하지 않았고 언제나 그 'Seinsweise(존재방식)'와 'Seinsart(존재양식)'를, 그것도 이론적 증명Beweis에 의해서가 아니라 현상적 정시現象的 呈示/phänomenaler Aufweis를 통해서 해명하고 있을 뿐이며, 따라서 그에게는 언제나 '현실성Wirklichkeit'이 아니라 '가능성Möglichkeit'이 문제였다.[73]

1) 현존재와 시간성

　'Dasein'은 단적으로 'Da-sein(현-존재)'이기 때문에 그의 'Sein(있음)'은 시간성Zeitlichkeit으로 밖에 달리 규정될 수 없다. 즉 "Dasein ist(현존재가 있다)"는 "Dasein ist etwas(현존재는 어떤 것이다)" 또는 "Dasein ist als

---

72. Vgl. *SuZ*, S. 382.
73. Vgl. ibid., S. 38.

etwas(현존재는 어떤 것과 같다)"가 아니라 "Dasein ist Nichts(현존재는 무無이다)" 또는 "Dasein ist in der Weise des Nichtens(현존재는 무의 방식으로 있다)" 곧 "Dasein ist zeitlich(현존재는 시간적이다)"이다. 더 극단적으로 말하면 "Dasein ist in der Weise der Zeitigung(현존재는 시숙時熟[스스로 익어감/때가 찰 때까지 기다림]의 방식으로 있다)"이며, 현존재의 탈자적 성격에 따라서 "Die Zeit ist(시간이 있다)"가 아니라 "Die Zeit existiert(시간이 실존한다)" 또는 단적으로 "Die Zeit zeitigt(시간이 시숙한다)"로 언표할 수 있다. 즉 시간성은 존재자의 성격을 갖는 것이 아니라 존재 방식이며 "시간성은 도대체 존재자가 아니다."[74]

현존재의 이러한 실존론적 시간성에 반하여 존재자와 관계하는 일상적 시간표상이 대립해 있다. 그리하여 현존재의 시간적 성격을 'Zeitlichkeit(시간성)'로 언표하는 데 반해서 존재자의 시간적 성격을 'Innerzeitigkeit(시간 내부성/세계내부적 존재자의 시간성)'[75]로 언표한다. 따라서 존재의 존재의미로서의 시간성은 우선 이러한 일상적 시간표상과 예의銳意 구별하여 해명되어야 한다.

일상적인 시간표상은 시간을 과거, 현재 및 미래로 구분하고 과거는 '이미 존재하지 않는 것', 미래는 '아직 오지 않은 것'으로 보기 때문에 오직 현재만이 실재성을 갖는다. 따라서 현재에서 볼 때 시간은 부단한 '흐름'이며, 역행 불능의 일방적 전진으로서의 '계기繼起'로 규정된다. 그러나 현존재의 시간성은 "근원적인 탈자 그 자체Das ursprüngliche Außersich

---

74. Ibid., S. 328.
75. Ibid., S. 333.

an und für sich"[76] 이며 'Zeitigung(시숙)'의 탈자적ekstatisch 통일성이다. 그
것은 도대체 계기Nacheinander가 아니며, 따라서 "미래는 과거 이후später
가 아니고 과거는 현재 이전früher이 아니다. 시간성은 'Gewesende-
gegenwärtigende Zukunft(재래在來하면서 현재화하는 도래)'로서 스스로 시
숙時熟/zeitigen하는"[77] 탈자적 통일성이다. 그리고 이러한 시간성의 탈자
적 시숙은 바로 'vorlaufende Entschlossenheit(선취적 자각)'에서 이루어
지며[78] 바로 이 점에서 시간성이 'Sorge(심려/마음씀)'로서의 현존재의 존재
의미를 이룬다.[79]

일상적인 시간표상은 과거Vergangenheit를 '이미 존재하지 않는 것'으
로 간주하기 때문에 'Vergessenheit(망각)'가 그 특징을 이룬다. 그것은
기껏해야 기억의 대상이 될 뿐이며 기억 자체가 망각을 전제하고 있
다. 그러나 현존재는 그가 실존하는 한 결코 'vergangen sein(지나가버림)'
일 수 없고[80] 'gewesen sein(존재해옴)'이다. "Ich bin(나는 존재한다)"은 언제
나 동시에 "Ich bin gewesen(나는 존재해왔다)"[81]이며, 따라서 현존재의 과
거는 'Vergangenheit(과거)'가 아니라 'Gewesenheit(존재해옴/재래在來)'이
다.[82] 'Gewesenheit(재래)'는 망각의 대상이 아니라 'Wiederholung(재

---

76. Ibid., S. 329.
77. Ibid., S. 350.
78. Vgl. ibid., S. 331.
79. Vgl. ibid., S. 326.
80. Vgl. ibid., S. 328, 380.
81. Ibid., S. 328.
82. 하이데거는 *SuZ*, S. 20 에서는 'Gewesenheit'의 의미로 'Vergangenheit'를 사용
하고 있으나 ibid., S. 381에서는 이 양자를 명백히 구분해서 사용하고 있다.

귀再歸)'의 가능성이다. 따라서 현존재의 'Geworfenheit(처해있음/현실)'는 'faktum brutum(적나라한 사실)'으로서 존재자적 'Tatsächlichkeit(실재성)'가 아니라 'Existenzialität(실존성)'와 관계하는 'Faktizität(사실성)'이다. 현존재는, 그리고 그 존재의미로서의 '행'은 'Geworfenes Entwurf(주어진 기투/주어진 처지에 대처하여 자신의 존재가능성을 모색함)'[83]인 동시에 'Entwerfende Geworfenheit(기투하는 현실/가능적으로 주어진 처지)'이기도 하다. 왜냐하면 'Geworfenheit(처해있음/현실)'와 'Entwurf(기투)' 사이에는 시간적 선후가 없고, 따라서 이는 언제나 동시근원적인 동일성Identität의 자기관계이기 때문이다.

그리고 일상적인 시간표상은 현재를 과거와는 단절된 '지금'으로 생각한다. 이러한 현재는 부단히 그리고 오직 'Passieren(통과)'하고 'Gegenwärtigen(현재화/눈앞의 것에 집착함)'할 뿐이다. 이러한 현재와 관계하는 현존재는 언제나 '오늘'과 '지금' 그리고 '이 순간'을 추구하여 마지않으며 이것이 바로 현재의 'Verfallen(처세함/전락)'을 가능케 하는 것이다. 그러나 각자적覺自的 현재[84]는 'wiederholen(반복)'되는 과거와 'vorlaufen(선취)'되는 미래가 만나는 'Horizont(지평)'로서의 'Augenblick(순간/돈오頓悟)'이다. 이러한 '순간'은 'Zeit-Spiel-Raum(시-공-간)'으로서 'Zeitigung(시숙時熟)' 자체이다. 여기에서 비로소 'Vorlaufende Entschlossenheit(선취적 자각)'가 구체적이고 사실적인

---

83. Ibid., S. 223, 285. 'Geworfene Möglichkeit'(144), 'Geworfenes In-der-Welt-sein'(167, 191) 및 'Geworfenes In-der-Welt-sein-können'(191~2)도 같은 의미다.
84. *SuZ*, S. 338.

'Situation(상황)'을 개시한다. 그리고 바로 이러한 'Gegen-wart(대대對待: 과거와 미래 양쪽에 대해서 기다림)'에서 현존재는 각자적各自的이고 개별적이 며 일회적인 운명Schicksal과 만난다.

　일상적인 시간표상은 미래를 '아직 와 있지 않은 것', 즉 아직 실현 돼 있지 않으나 언젠가는 실현될 소위 단순한 가능성potentia으로 취급 한다. 그리하여 미래는 시간이 경과하면 자연히 도래할 운명(망자적 운 명—물론 하이데거는 이런 표현을 쓰지 않았다)으로 기다린다. 즉 일상 적 표상에 있어서 미래는 'Gewärtigen(기대함)'을 그 특징으로 삼는다. 이 에 반해서 현존재의 각자적 시간성[85]은 미래가 '아직 와 있지 않은 것' 이 아니라 '이미 항상 와 있는' 것으로 선취先取/Vorlaufen한다. 각자적 미 래Eigentliche Zukunft[86]는 'Vergessend-gegenwärtigende Gewärtigen(망 각된 현재화 속에서 기대함)'[87]이 아니라 'Gewesende-gegenwärtigende Zukunft(재래[존재해옴]하면서 현재화하는 도래)'[88]로서의 'Augenblick(순간/돈 오)'이며 여기에 현존재의 존재의미로서의 시간성의 본질이 드러나 있 다. 시간은 본질적으로 미래적이기에 현존재의 존재의미가 가능성일 수 있으며 미래가 "Entschluß(각성)'에서 시숙되는 'Augenblick(돈오)' 의 성격"[89]을 갖기 때문에 '행'의 'Situation(상황)'을 개시할 수 있다. 실

---

85. Ibid., S. 329.
86. Ibid., S. 329.
87. Ibid., S. 396.
88. Ibid., S. 350. 그러나 더 정확하게는 Gewesende-augenblickliche Zukunft라 고 해야 할 것이다.
89. Ibid., S. 344.

로 "근원적이고 각자적인 시간성의 일차적 현상은 미래이고"[90] "미래는 근원적이고 각자적인 시간성의 탈자적 통일성에서 모종의 우위를 갖는 다."[91]

하이데거는 현존재의 존재의미를 'Sorge(심려/마음씀)'로 규정하였거니와 그 시간적 구조는 다음 도표(다음 페이지)에서 보는 바와 같다.

그리고 'Sorge(심려)'의 이런 구조는 바로 'Gewesende-augenblickliche Zukunft(재래하는-순간적 도래)'로서의 시간성의 탈자적 시숙에 있어서 통일성을 이룬다. 그리고 시간성의 탈자적 성격은 현존재가 그 시간적 성격에서 이미 역사적임을 지시하고 있다.

2) 현존재와 역사성

현존재는 본질적으로 시간적이고 따라서 역사적이다. 일상적인 표상은 현존재가 '역사 안에 있기 때문에' 역사적이고 시간적이며 유한하다고 보지만, 현존재의 실존론적 분석은 반대로 현존재가 그 존재근저에서 시간적이기 때문에 역사적이고 그러한 한에 있어서 역사를 가질 수 있으며 "역사적으로 실존하고 또 실존할 수 있다"[92]고 본다. 물론 여기서 '역사적'이라고 함은 인간이 소위 '역사의 제약하에 있음'을 뜻하는 것이 아니고 현존재의 존재구조 자체가 시간성임을 의미한다.

---

90. Ibid., S. 329.
91. Ibid.
92. Ibid., S. 376.

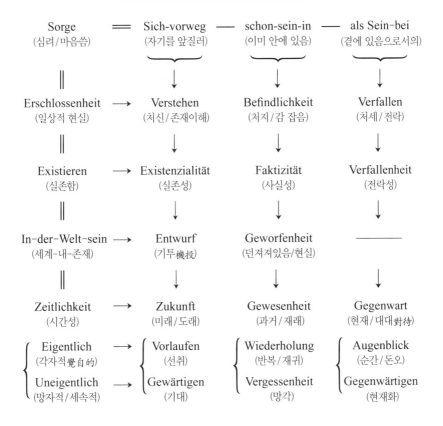

Dasein(현존재)의 구조

Sorge (심려/마음씀)	==	Sich-vorweg (자기를 앞질러)	—	schon-sein-in (이미 안에 있음)	—	als Sein-bei (곁에 있음으로서의)
‖		↓		↓		↓
Erschlossenheit (일상적 현실)	→	Verstehen (처신/존재이해)		Befindlichkeit (처지/감 잡음)		Verfallen (처세/전락)
‖		↓		↓		↓
Existieren (실존함)	→	Existenzialität (실존성)		Faktizität (사실성)		Verfallenheit (전락성)
‖		↓		↓		↓
In-der-Welt-sein (세계-내-존재)	→	Entwurf (기투機投)		Geworfenheit (던져져있음/현실)		———
‖		↓		↓		↓
Zeitlichkeit (시간성)	→	Zukunft (미래/도래)		Gewesenheit (과거/재래)		Gegenwart (현재/대대對待)
Eigentlich (각자적覺自的) Uneigentlich (망자적/세속적)	→ →	Vorlaufen (선취) Gewärtigen (기대)		Wiederholung (반복/재귀) Vergessenheit (망각)		Augenblick (순간/돈오) Gegenwärtigen (현재화)

일반적으로 역사라고 하면 '역사적 현실Geschichtliche Wirklichkeit'을 의미하거나 그에 관한 학, 즉 역사학Geschichtswissenschaft=Historie을 의미하지만 여기서 문제되고 있는 것은 전자의 의미에 국한된다. 그런데 이러한 의미의 역사도 다의적이어서 ① '지나가버린 것', ② ①과의 관계를 갖는 '역사적 사건', ③ '시간 안에서 움직이는 존재자 전체' 또는 '전승된

것'을 의미하지만 이 4가지 의미의 공통성은 한결같이 인간을 역사의 주체로 본다는 점이다.

그러나 이러한 역사는 인간이 갖는 역사일 수는 있겠지만 현존재의 존재근거에서 파악된 존재의미로서의 역사성은 아니다. 역사의 역사성은 오직 현존재의 시간성으로 파악되어야 하고 이러한 역사성의 근거에서 비로소 역사가 가능한 것이다.[93] 그런데 이러한 역사성은 현존재의 근원적인 '행'으로 파악된 'Vorlaufende Entschlossenheit(선취적 자각)'의 시간성, 즉 'Zeitigung(시숙)'으로서의 'Geschehen(일어남)' 이외 아무것도 아니다. 따라서 현존재의 존재의미로서의 '행'은 본질적으로 역사적geschichtlich이며, 역사성은 시간성에 근거하고 있기 때문에 현존재의 존재방식(시간성)의 각자성 유무에 따라서 역사성도 각자적 역사성Eigentliche Geschichtlichkeit[94]과 망자적 역사성Uneigentliche Geschichtlichkeit[95]으로 구분해서 생각될 수 있다.

각자적 역사성은 'Vorlaufende Entschlossenheit(선취적 자각)'의 'Geschehen(일어남)'을 의미한다.[96] 과거를 '이미 지나가 버린 것'으로 현실파악에서 배제하는 것이 아니라 전승된 유산Erbe으로 간주하며, 바로 여기에서 자기자신의 존재가능성을 'wiederholen(되풀이)'하면서 게다가 가능성으로서의 미래에로 'vorlaufen(선취)'하면서 선택하는 것, 그리하여 'Geworfenes Seinkönnen(주어진 존재가능성)'을 그 전체성에 있어서 인

---

93. Vgl. 『형이상학 입문(*Einführung in die Metaphysik*)』, S. 34 및 *SuZ*, S. 20.
94. *SuZ*, S. 386, 390.
95. Ibid., S. 391.
96. Vgl. ibid., S. 390.

수하는 결정적 순간에 인간의 진정한 '행', 창조적·역사적 '행'의 지평으로서의 'Situation(입장)'과 만나고, 이러한 각자적 현실파악에서 비롯되는 현존재의 근원적인 'Geschehen(일어남)'이 다름 아닌 '운명Schicksal'이다. 그러므로 현실파악이 각자적이고 근원적일수록 그가 만나는 '입장'은 더욱 구체적이고 현실적이 되며, 따라서 그의 운명은 일층 선명하고 각자적이며 필연적이 된다.[97] 여기에서 인간은 비로소 자기의 항자성恒自性을 회복하고 참으로 실존할 수 있다. 이러한 지평에서 모든 산만하고 우연적이며 모호하고 잡다한 가능성들이 비로소 그 구체적인 모습을 드러내고 '세인'으로서의 처세가 아니라 운명적인 자신의 존재가능성으로 선택될 수 있다.

이에 반해서 망자적 역사성에 있어서는 운명도 입장도 망각되고 은폐되어 있다. 현존재는 'Man-selbst(세인-자신)'로서 '오늘Heute'과 '지금Jetzt'을 찾기에 급급하며 눈앞의 '새것'을 기다리기에 '옛것'은 이미 망각해 버린다. 그는 선택을 회피하며 과거를 'wiederholen(자각적으로 다시 이해)'할 가능성에 맹목적이다. 그리하여 그는 무상無常/Unständigkeit과 불안Unheimlichkeit에 전전긍긍unverweilen/aufenthaltlos한다. 그에게는 가능성으로서의 미래에의 'vorlaufen(선취)'도, '전승된 가능성'으로서의 과거로부터의 'wiederholen(복명復命)'이 없기 때문에 'Entschluß(각성)'도 'Situation(입장)'도 'Wahl(선택)'도 없이 과거는 망각하고 미래는 앉아 기다리는 '유수 같은 세월에 무상한 인생'인 현재가 있을 뿐이다. 이와 같이 'Gewärtigend-gegenwärtigendes Vergessen(기대하고-현재화하는 망

---

97. Vgl. ibid., S. 384.

07 _ 하이데거에 있어서 '행'의 개념　357

각)'[98]으로서의 망자적 시간성이야 말로 망자적 역사성의 본질을 이룬다.[99]

현존재의 존재의미로서의 '행'의 가능 근거를 해명함에 있어서 먼저 일상적 현실 분석에서 출발하여 그 시간적 성격을 밝혀내고 바로 이 시간성이 역사성으로 구체화된다는 것을 정시$_{呈示}$함은 '행'의 현실성과 필연성뿐만 아니라 그 객관성과 보편성까지 확보하기 위함이었다. 그런데 이러한 결과로 나타난 'Vorlaufende Entschlossenheit(선취적 자각)'나 그것이 'erschliessen(개시)'하는 'Situation(입장)' 및 그 시간성으로서의 'Gewesende-gegenwärtigende Zukunft(재래하면서-현재화하는 도래)'만으로는 하등의 보편성이나 객관성도 확보해 주지 못하는 것 같다. 더구나 "역사학에서만큼 그 척도의 보편타당성과 보편성에 대한 일반의 요구가 그 진리성의 가능적인 기준이 되는 학문이 없다"[100]면 역사의 'Grundverfassung(근거구성)'으로서의 역사성에 보편성과 보편타당성이 결여될 수 없음은 너무나 당연하다.

그러나 "'Vergangenheit(과거)'를 운명적 자각$_{Schicksalhafte Wiederholung}$에 근거하여 역사적으로 해명함은 결코 주관적이 아니며 오히려 이것만이 역사$_{Historie}$의 객관성을 확보해 준다."[101] 왜냐하면 "현존재는 항상 사실적으로 실존하기 때문에 결코 자의적으로 부동$_{浮動}$하는 'Sichentwerfen(자기 기투)'이 아니라 'Geworfenheit(던져져 있음)'를 통하여 존재하는 존재

---

98. Ibid., 342.
99. Vgl. ibid., S. 391.
100. Ibid., S. 395.
101. Ibid.

자의 'Faktum(사실)'이기"[102] 때문이다. 'Entschlossenheit(자각된 현실)'는 다만 'Erschlossenheit(일상적 현실)'를 각자적으로 수정하고 개별적으로 구체화한 것이요 "'Ausdrückliche Überlieferung(명확한 전승)'으로서 'Wiederholung(복귀)'"[103]일 뿐이며, 더구나 항상 'Vorlaufende Entschlossenheit(선취적 개방성)'이기 때문에, 그리고 미래는 언제나 과거적 미래이고 과거는 항상 미래적 과거이기 때문에, 또한 현존재는 '세계내존재'이면서 동시에 '세계내 존재가능성'이며, 더구나 각자성各自性에 의해서 제약되는 것이기 때문에, 즉 일상적 현실에서 자기 자신의 운명적 입장으로 구체화한 것이기 때문에 이는 이미 보편성과 객관성을 그 극한에까지 확보하고 있다. 그리고 오직 이러한 방식에 있어서만 현존재는 진정한 현실을 확보할 수 있다. 뿐만 아니라 'Dasein(현존재)'의 'Mitsein(공동존재)'적 성격에 의해서 'Schicksal(운명)'은 이미 자체 본질적으로 'Geschick'(공운共運)와 관계하고 있는 것이며, 바로 이 'Geschick(공운/천명天命/섭리)'에서 'Geschickte(순응)'가 가능한 것이다.[104]

---

102. Ibid., S. 276. Vgl. 179, 181, 191, 328, 380.
103. *SuZ*, S. 385.
104. Vgl. *SuZ*, S. 384 및 『강연과 논문(*Vorträge und Aufsätze*)』, S. 32.

4. '행'의 본질과 의미

현존재의 'Wassein(무엇임/본질)'(essentia/Wesen)이 'Zu-sein(존재해야 함)' 즉 'existentia(존재)'에 있다면, 그리고 'Sein(존재)'은 언제나 'Ich bin(나는 존재한다)', 더구나 'Ich bin-gewesen(나는 존재해왔다)'으로 규정되어야 한다면[105] 'Dasein(현존재)'의 'Sein(존재)', 즉 'Handeln(행)'의 본질이나 의미가 그의 존재 밖에서 찾아질 수 없음은 물론이다. 일상적으로 우리는 현존재의 존재를 자명성으로, 즉 존재자로 전제하기 때문에 'Subjekt(주체)'로서의 인간이 그의 존재의미를 객관적·대상적으로 표상하려 하는 것이며, 이것이 다름 아닌 철학의 이름으로 불리는 저 오만불손한 형이상학의 임무였다. 그러나 현존재는 세계내적 존재자가 아니라 바로 우리 자신인 특수한 존재자의 존재방식이기 때문에 여기서 그 'essentia(본질)'와 'existentia(존재)'는 일치한다. 따라서 현존재의 존재는 그대로 존재의미이고 현존재에게는 언제나 존재 자체가 문제이기 때문에 바로 이 문제로서의 'Sorge(심려)'가 존재의미였다. 그런데 이 'Sorge'의 구조는 시간성이었기 때문에 결국 현존재의 존재의미는, 그리고 그의 존재방식은 시간성이다.

하이데거는 현존재의 존재의미를 존재 자체를 문제로 하는 'Sorge(심

---

105. Vgl. *SuZ*, S. 42.

려)'로 규정하면서 현존재의 존재는 곧 존재를 묻는 존재사유이고 이것을 '행'의 본질로 보았다. 그리고 존재사유Denken des Seins는 'des'의 이중적 성격에 따라서 존재를 사유함인 동시에 존재 자체가 사유함이다. 즉 존재의 사유는 그 사유가 존재 자체에서부터 생기한다는 점에서 존재에 속하는 것이요 또 존재를 경청하는 의미에서 존재를 사유함이다.[106] 여기서 '사유'라 함은 주객의 도식에서 'Subjekt(주체)'로서의 인간이 'Objekt(객체)'로서의 'Sein(존재)'을 대상화하는 그러한 사유가 아니라, 즉 인간의 여러 활동 중의 하나, 특히 실천적 행동과 구별되는 소위 사유작용이나 인식작용이 아님은 물론이다.[107] 오히려 실천적 · 이론적 모든 활동의 근거가 되는 근원적인 '행'이다. "그리하여 사유는 일종의 행Tun이며 더구나 모든 'Praxis(행위)'를 능가하는 행이다."[108] 존재를 사유함은 존재를 가능성으로 'Entwerfen(기투)'함이며, 이는 존재의 'Werfen(말 건넴)'에 'Ent-werfen(응답)'함이다.[109]

'행'의 본질은 어떤 결과나 성과를 산출하는 데 있지 않다. 'Bewirken(초래함)', 'Wirkung(작용)', 'Wirklichkeit(현실계)'가 아니라 오히려 'Lassen(하게 함)', 'Vollbringen(온전하게 함)', 'Wiederholen(자각적으로 이해함)'이다. "행의 본질은 'Vollbringen'이고, 'Vollbringen'은 'etwas(어떤 것)'를 그의 충만한 본질로 'Entfalten(계발)'하는 것이다. ……(그리고) 'Vollbringen(온전하게 함)'할 수 있는 것은 다만 이미 있는 것이며 무

---

106. Vgl. *ÜH*, S. 7.
107. Vgl. *ÜH*, S. 46.
108. Ibid., S. 45.
109. Vgl. ibid., S. 25.

엇보다도 앞서 '있는 것'은 존재이다."[110] '행'의 본질은 'Subjekt(주체)'로서의 인간이 무엇을 자기 외의 대상으로 만들어내는 것이 아니라 이미 있는 것을 다만 있게 하는 것sein-lassen일 뿐이다. 아니 '있게 한다'는 것도 인간의 주체성의 작용으로 생각되기 쉽기 때문에 'Lassen(하게 함)'이 아니라 오히려 'Gelassenheit(부동성不動性/임운자재任運自在/적연부동寂然不動)'라는 표현이 더 적절하다. 인간이 능동적으로 존재를 있게 하는 것이 아니라 (왜냐하면 존재는 존재자가 아니기 때문에) 존재 자체의 존재적 성격에 의해서 이미 있게 해놓은 것이다. 즉 'Lassen(하게 함)'과 'Gelassenheit(부동성)'에는 시간적 선후가 지배하는 것이 아니라, 언제나 동시근원적인 탈자적 시간성이 지배한다.

하이데거는 'Handeln(행)'이란 말을 고의적으로 기피하고 있고 대부분 경우에는 주체주의의 형이상학이 표상하는 'Handeln'을 비판적으로 부정하고 있다. 그럼에도 불구하고 그가 그의 독자적 의미에서 사용하는 'Handeln'은 'Aktivität(능동성)'도 'Passivität(수동성)'도 아니며 'Gelassenheit(부동성)'라고 규정한다면[111] 이것은 도대체 무슨 의미를 갖는가? 존재자를 표상하는 전통적 형이상학의 견지에서 보면 그것은 'nichts(아무것도 아님/공무空無)'이다. 그러나 우리가 '표상하는 대상적 사유'를 버린다면 그것은 'nichts(공무)'가 아니라 'Nichts(진무眞無)'이며 바로 존재 자체로 개시된다. 존재가 존재자가 아닌 한 존재에 대한 인간의 관계로서의 '행'의 본질인 바 'Gelassenheit'는 결코 표상될 수 없다.

---

110. Ibid., S. 5.
111. Vgl. *Gelassenheit*, S. 33.

존재에 대한 인간의 관계, 즉 현존재의 존재의미로서 '행'의 본질을 'Gelassenheit(부동성)'에 둘 때, 그것은 마치 비현실적 관념에 침잠하여 '무위'를 능사로 삼는 퇴영적이고 부정적인 고답적 태도로 오해되기 쉽다. 그러나 'Gelassenheit'는 'Gleichgültigkeit(무관심)'가 아니라 차라리 'Gleichmut(태연함)'에 가까우며 "전자와 후자는 예의 구별되어야 한다."[112] 존재자에 대한 무관심이 아니라 존재에 대한 관심이며, 그러기에 그것은 자유롭고 역동적인 확고부동의 '부동심不動心'이다. 따라서 그것은 'Gerede(잡담)'에서가 아니라 'Gewissen(양심)'의 소리 없는 부름에 응답하는 'Schweigen(침묵)'에서만 가능한 'Verschwiegenheit(침묵 속에서 독자적으로 존재함)'[113]이다. 우리가 지금까지 '행'의 가장 구체적인 모습으로 규정한 'Vorlaufende Entschlossenheit(각오/선취적 자각)'는 바로 이러한 'Verschwiegenheit(침묵 속에서 독자적으로 존재함)'나 'Gelassenheit(부동성)'에서만 가능한 것이다.

부동성不動性/Gelassenheit이 능동성이 아니라 함은 인간의 자의적인 '작위作爲'를 부정하는 것이요 피동성이 아니라 함은 '무위無爲'를 부정하는 것이다. 이와 같이 '작위'와 '무위'를 부정하는 부동성은 '동動과 정靜', '주主와 객客', '능동과 피동'의 구별을 넘어서 있는 '동중정動中靜'이요 '정중동靜中動'으로서 '적연부동寂然不動'이며, 이는 바로 존재자에의 집착에서 각자적覺自的으로 해방되어 개시성으로서의 '진리(Unverborgenheit로서의 Wahrheit)' 안에 있는 자유 존재Frei-sein로서 존재 자체에의 성실

112. *SuZ*, S. 345.
113. *SuZ*, S. 296.

성을 의미한다. 하이데거는 각오Vorlaufende Entschlossenheit나 부동성 Gelassenheit을 다 같이 존재자에의 집착에서 존재 자체에로의 자유로운 해방으로 규정하고 있다.[114]

그러므로 '부동성'은 단순한 정지나 교착 상태가 아니라 "길이며 운동"[115]이고, 그러한 한에 있어서 언제나 'unterwegs(도상에 있음)'이다. 즉 단순한 부동이 아니라 적연부동이며, 인내로서의 대기Warten이다. 그리고 적연부동으로서의 대기는 수수방관 속수무책으로 앉아서 기다리는 것이 아니라 "이 세상의 여하한 'Tat(행위)'보다도, 그리고 인간의 여하한 작위Machenschaft보다도 일층 높은 행Tun이다."[116] 'Gelassenheit(부동성)'는 능동성이 아니기 때문에 'Warten(대기함)'이며 피동성이 아니기 때문에 'Erwarten(존재자를 기대함)'이 아니다.[117] 현존재의 행의 본질로서의 'Warten'은 시간성에서 보면 각자적 미래Eigentliche Zukunft[118]이며 존재자를 기대하는 'Gewärtigen(기대함)', 'Erwarten(기대함)' 및 'Warten auf…(…을 기다림)'는 망자적 미래[119]이다. 현존재의 존재구조가 'Daß es ist(그가 존재한다는 사실)'인 동시에 그것은 동시근원적으로 'Daß es zu sein hat(그가 존재해야 한다는 사실)'인데, 그리고 'Sein(존재)'은 탈자적이고 시간적이며 유한적인데 어떻게 존재를 망각한 채 수수방관할 수 있으며, 또 존재는 존

---

114. Vgl. *HW*, S. 55 및 *Gelassenheit*, S. 24, 59, 61.
115. *Gelassenheit*, S. 45.
116. Ibid., S. 33.
117. Vgl. *Gelassenheit*, 42 및 *SuZ*, S. 262.
118. *SuZ*, S. 329.
119. Ibid., S. 337.

재자가 아니라 단적인 초월인데[120] 주체로서의 인간이 어디에 실체로 현전해 있으며 또 무엇을 기대한단 말인가?

그런데 'Gelassenheit(부동성)'를 사유의 본질, 더구나 사유의 자발성의 순수한 본질이라고 할 때,[121] 그리고 작위도 무위도 아닌 'Warten(대기)'이며 더구나 존재자에의 'Erwarten(기대함)'이 아니라 단적으로 존재 곧 존재가능성에 대한 'Entwerfen(기투)'으로서의 'Warten'이라고 할 때 이러한 사유, 즉 존재사유는 가장 근원적인 의미에서 '행'으로 밖에 달리 어떻게 규정될 수 있겠는가?

'Vorlaufende Entschlossenheit(선취적 자각)'에서, 'Sorge(심려)'의 시간성에서, 'Geschehen(일어남)'으로서 역사성에서, 그리고 'Gelassenheit(부동성)'로서 'Warten(대기)'에서 현존재의 존재의미, 즉 '행'의 의미가 분명해졌다. 하이데거는 '의미(Sinn)'를 여러 가지 방식으로 정의하고 있지만[122] 단적으로 말해서 '존재이해'가 'Entwerfen(기투)'하는 'Woraufhin(지향축.志向軸)'이다. 즉 현존재의 존재의미는 존재자체, 즉 존재가능성이다. 왜냐하면 현존재에게 그의 '존재'에서 언제나 문제되고 그리고 이미 항상 문제되어 있는 것은 존재가능성으로서의 그의 '존재' 자체이기 때문이다.

따라서 "현존재의 존재의미는 자유로이 부동하는 'Anderes(타자)'가 아니라, 즉 자기 자신의 'Außerhalb(밖에 있는 것)'가 아니라 자신을 이해하는 현존재 자체이다."[123] 현존재의 존재의미는 현존재가 존재자가 아니

---

120. Vgl. *SuZ*, S. 38.
121. Vgl. *Gelassenheit*, S. 34, 59.
122. Vgl. *SuZ*, S. 151, 161, 324, 325.
123. *SuZ*, S. 325.

라 존재인 한, 즉 실존인 한 존재 밖에서 찾아질 수는 없다. 그러므로 우리는 언제나 자기 자신의 존재를 문제로 하는 'Sorge(심려)'를, 그리고 그의 시간성으로서의 미래를 현존재의 존재의미로 규정한 것이다. 존재의 의미는 'Etwas(그 무엇)'가 아니라 언제나 존재가능성으로서의 존재자체이기 때문에 존재에 대한 인간의 본질적 관계로서의 '행'은 'Machen(무엇을 만드는 것)'이나 'Bewirken(무엇을 성취하는 것)'이 아니라 'Warten(인내로서의 대기)'이며, 존재 밖에서 'Etwas(그 무엇)'를 'Warten(대기)'하는 것이 아니기 때문에 'Erwarten(존재자를 기대함)'이 아니라 순수한 존재가능성에 대한 'Warten(대기)', 즉 'Entwerfen(기투機投)'일 뿐이다.

그런데 현존재의 존재의미로서의 '행'의 본질을 형성하는 'Warten(대기)'은 그것이 'Erwarten(기대함)'이 아니라는 점에서 'Hoffnung(희망)'이라 이름하여 좋을 것이다. 하이데거는 희망을 공포Furcht와 반대되는 것으로서, 후자가 'malum futurum(미래의 재앙)'에 관계하는 데 반하여 전자는 'bonum futurum(미래의 행복)'에 대한 'Erwarten(기대함)'으로 규정하고 있지만 'Für-sich-erhoffen(자기를 위해 갈망함)'으로서의 'Hoffen(희망함)' 자체의 실존론적 의미를 부정하지는 않았다.[124]

각자적覺自的 희망은 아직 오지 않은 미래가 '좋은 미래'이기를 기다리는 것이 아니라 현실과 함께 개시되어 있는 존재의미를 자기 자신의 운명적인 존재가능성으로 자각함Wiederholen이다. 자기 자신의 존재의미가 바로 존재가능성으로서 존재자체이며, 그리고 그 존재가능성은 본질적으로 무성無性/Nichtigkeit에 의해서 근거되어 있는 'Ab-grund(무근

---

124. Vgl. *SuZ*, S. 345.

거)'임을 선명하게 자각하면서도Gewissenhaben 바로 그 '무'의 무언의 부름에 불안을 각오하고angstbereit 적연부동의 자세로 운명적인 순간순간을 영원으로 살리면서 '존재'의 'Werfen(부름)'에 'Ent-werfen(응답)'하는 'Warten(대기)'이야말로 실존론적 의미에서 'Eigentliche Hoffnung(각자적 覺自的 희망)'이라 불러 마땅할 것이다. 그리고 바로 여기에서 "역사적 실존, 즉 'homo humanus(인간다운 인간)'의 'humanitas(인간성)'"[125]가 그 진면목을 개시한다.

　존재의 사유는 곧 존재의 진리를 사유함이요 존재의 진리를 사유함은 인간적 인간의 인간성을 사유함을 뜻하기 때문에 존재사유로 규정된 '행'의 본질은 곧 인간에게 진정한 희망을 개시하는 새롭고도 근원적인 의미에서 '휴머니즘'이라고 할 수 있다.

---

125. *ÜH*, S. 43.

논문의 출처

01 「선·불학의 철학적 본성: 선험-현상학적 해명」,『哲學硏究』 86집 (대한철학회, 2003. 5): 191-230.

02 「선·불학과 21세기철학」,『哲學硏究』 92집 (대한철학회, 2004. 11): 187-212.

03 「반본환원과 선학의 현관: 선험현상학적 환원과의 유비적 해명」,『哲學硏究』 95집 (대한철학회, 2005. 8): 217-249.

04 "Direct Pointing to the Heart of Metaphysics: In Defense of Heidegger's Existential Metaphysics in the Spirit of the Mature Zen of Chinese Buddhism." *Philosophy and Culture*, vol. 2, *Metaphysics* (Korean Philosophical Association, 2007. 9): 17-32.

05 「현상학과 심리학」,『후설의 현상학적 심리학 I: 현상학적 심리학 강의』, 신오현 옮김 (서울: 민음사, 1992): 13-37.

06 「현상학적 철학개념: 후설의 제일철학이념」,『철학』 46집 (한국철학회, 1996년 봄): 93-143.

07 「하이데거에 있어서 '행'의 개념」,『철학연구』 3집 (철학연구회, 1968): 73-98.

찾아보기

■ 주요어 찾기

㉠